교정 교육 상담 포럼 **03**

교정의 복지학
CORRECTIONAL WELFARE

이언담 | 이동은 | 오영희 | 손외철 | 이명숙

솔과학

국내 최초로 대학에 교정학과가 개설된 것은 1987년 경기대학교이다. 그 후 얼추 30년의 세월이 흘렀다. 또한 학부교육과정의 성과를 토대로 2000년 경기대학교 일반대학원에 교정학 석ㆍ박사 과정이 개설되어 오늘에 이르고 있다. 이와 함께 최근 동국대학교, 백석대학교 등에 교정(보호)학과가 신설되고 있는 것은 교정학문의 발전을 위한 매우 고무적인 일이라 할 수 있다. 그러나 교정업무의 중요성에 비추어보면 그 발전 속도가 매우 더디다는 안타까운 생각을 떨쳐버릴 수가 없다. 이러한 이유는 교정학이 인간 이해를 바탕으로 하는 종합학문의 성격인 점을 감안하더라도 교정학문으로의 정체성을 확립하지 못한데 그 원인이 있다고 본다. 교정학이 행형법을 중심으로 한 법학의 일부인지 아니면 사회학이나 심리학의 관점에서 이해되어야 하는지 등에 대한 충분한 논의나 연구가 부족했다는 점이다. 이는 결국 교정학이 교정현장에 필요한 이론적 지지체계의 기능을 다하지 못하고, 개론수준에 머무를 수밖에 없는 원인이 된 것으로 추론할 수 있다.

이러한 즈음에 경기대학교 이명숙 교수님을 중심으로 뜻을 함께 한 한국 교정 교육상담 포럼의 발족은 그 의미가 크다 하겠다. 포럼은 먼저 교정교육상담자격 과정을 열어 관련 전문가들이 영역별 강좌를 개설하고, 수 회에 걸친 강의록을 바탕으로 체계적인 교재로 발전시킨 것이 제 1서 교정의 심리학, 제 2서 교정의 심사평가론, 제 3서로 교정의 복지학이 탄생하게 된 배경이 되었다.

　본 교재는 먼저 시설 내 처우 및 소년보호 나아가 보호관찰영역에 이르기까지의 단계별 처우를 복지적 차원에서 재해석했다는 점에서 의미가 있다. 이를 통해 이 분야에 관심이 있는 분들이 교정단계에 있는 이들에게 어떻게 교정복지를 실현해 갈 것인가에 대한 안내서로서의 역할을 할 수 있다는 점이 또 다른 의미라 하겠다.

　교재의 구성은 범죄자 처우와 복지, 시설 내 교정복지, 교정복지와 사례관리, 소년보호기관의 교정복지, 보호관찰과 교정복지, 교정복지의 국제기준과 실제의 순으로 기술하였다.

　앞에서도 밝힌 바와 같이 본 교재는 각 분야별 이론과 실무경험이 풍부한 분들의 적극적인 참여로 완성되었다. 바라는 것은 이 책이 교정복지를 이해하고자 하는 분들에게 안내서로뿐만 아니라 관련내용에 대한 우정어린 비평으로 교정복지학 발전의 초석이 될 수 있기를 바라는 마음이다.

　마지막으로 공동집필이라는 어려운 과정에 기꺼이 함께 해 주신 이명숙 교수님, 이동은, 오영희, 손외철 님께 깊은 감사를 드린다. 아울러 다소 불안정한 수요예측에도 불구하고 기꺼이 이 책의 출판을 맡아 주신 솔과학 김재광 사장님과 편집과정에서 세심하고 정성스럽게 노력해 주신 관계자 여러분께 진심으로 감사의 마음을 전한다.

2017년 4월에

저자 대표 **이 언 담**

차례 CONTENTS

제1장

교정복지의 이해
집필 _ 이언담

교정복지와 사례관리

집필 _ 이동은

차례 CONTENTS

제3장

소년보호기관의 교정복지

집필 _ 오영희

차례 CONTENTS

제4장

보호관찰과 교정복지

집필 _ 손외철

제5장

교정복지의 국제 기준과 실제

집필 _ 이 명 숙

서언
범죄자 처우와 복지

– 이명숙

범죄자처우의 유형을 구분하는 모델은 학자에 따라 다양하다. 대체로 동의하는 구분은 처우가 행해지는 사법기관의 성격에 따라 사법적 처우, 시설내처우, 사회내처우로 나누는 견해이다. 사법적 처우는 경찰, 검찰 및 법원의 각 단계에서 행해지는 조치를 말하고, 시설내처우는 교도소 등 교정시설내에서 행해지는 처우이며, 이를 통상 협의의 교정처우로 불리운다. 끝으로 사회내처우는 범죄자에게 사회생활을 허용하면서 지역사회 내에서 이루어지는 보호관찰 등 처우를 의미한다(정동기 등, 2016:447)[1]. 여기서 시설내처우 또는 사회내처우의 구분은 처우의 실시장소에 따른 구분일 뿐, 처우의 내용 및 기능에 대한 정보는 전혀 제시하지 못한다.

처우의 내용과 기능에 초점을 맞춘 개념을 살펴 보자. '처우treatment' 라는 용어는 범죄자를 치료해야 할 대상으로 보는 의료모델에 그 뿌리를 두고 있어서, 범죄자에 대한 적절한 심사분류와 그에 근거한 교정치료 프로그램의 적용이 강조된다. 따라서 처우 개념은 '범죄자의 인격을 고려하고 관련학문의 지식을 활용한 전문적 조치' 로 정의할 수 있으며, 처우 담당자 또한 범죄자에 대한 지식과 진단 및 치료능력을 지닌 행동과학 전문가로 구성하는 것이 바람직하다. 이와는 대조적으로 '지도감독supervision' 이라는 용어는 '대상자의 재범방지를 위한 감시감독과 행동통제 뿐만 아니라 그들의 건전한 사회복귀를 지원하기 위한 다양한 사회적 서비스 제공활동' 을 의미한다. 같은 맥락에서 '보호관찰처우' 란 범죄자의 변화 및 성행개선, 원활한 사회복귀, 당면한 문제해결 등을 위하여 심리치료 및 상담기법, 사회복지실천 기술 등을 활용한 체계적, 전문적 조치 '라고 정의되기도 한다(정동기 등, 2016:452-453).

본 서에서는 '교정처우correctional treatment' 는 의료모델에 입각하여 '범죄자의 인격을 고려하

---

1) 정동기 · 이형섭 · 손외철 · 이형재 (2016). 보호관찰제도론. 서울:박영사.

고 과학적인 심사분류와 그에 근거한 교정치료 프로그램을 적용하는 전문적 조치'라고 정의하고 자 한다. 또한 처우와는 구분되는 개념으로서 '교정복지correctional welfare'는 사법적 처우의 근본 목적에 해당하는 재범방지를 위한 감시감독과 행동통제는 제외하고 '범죄자의 원활한 사회복귀를 지원하기 위하여 대상자의 요구needs에 기초한 다양한 사회적 서비스를 제공하는 활동'으로 정의한다. 따라서 교정처우 및 교정복지는 시설안 또는 시설밖 등 어디에서 실시되는가는 무관한 개념이다.

교정복지의 대표적인 분야는 보호관찰이다. 보호관찰제도는 범죄행위에 대한 법집행적 요소 (예: 준수명령, 전자발찌 등)와 개인으로서 범죄인이 가진 문제를 해결할 수 있도록 조언과 지원을 해주는 케이스워크적 사회복지적 요소가 서로 융합되어 있다. 케이스워크case work는 해결해야 할 문제, 즉 needs는 가지고 있지만, 자기능력으로는 해결하지 못하는 개인에 대해 그가 가진 능력과 가능성에 관한 조언, 지원을 해줌으로써 문제에 대응하고 환경에 적응할 수 있도록 돕는 원조활동인 것이다. 이를 위하여는 범죄인 각자를 대상으로 하는 사례관리, 수퍼비전 등 사회복지 실천 기술들을 폭넓게 활용하는 것이 필요하다(정동기 등, 2016:482).

CORRECTIONAL WELFARE

제 1 장

교정복지의 이해
　　　　　　　　– 집필 이언담

제1절
서론

1. 교정복지의 의의

교정복지 또는 교정사회사업이란 범죄인에 대한 처우를 통해 범죄인의 가치와 행동을 지역사회의 가치와 행동에 모순되지 않도록 변화시키는 사회복지의 전문분야(남진열, 2002), 범죄인이나 비행청소년이 심리·사회적으로 가장 편안한 상태를 유지하면서 사회에 적응해 갈 수 있도록 돕는 활동(최옥채,2003), 범죄인 또는 비행자를 교화·개선시켜 건전한 사회인의 한 사람으로 사회에 복귀하게 하는 일련의 활동(홍봉선, 2007) 등으로 정의하고 있다. 이를 종합해 보면, 광의적으로는 범죄인에 대한 일련의 사법절차 과정 다시 말해 범죄행위로 인한 체포 – 구속 – 수사 – 재판 – 수용 – 사회복귀에 이르는 전 과정에서 성공적인 사회복귀를 위한 복지적 지원 사업이라고 정의할 수 있고, 협의로는 시설에 수용된 수용자의 사회복귀를 위한 일련의 교육, 직업훈련, 치료 등 처우전반에 대한 지원활동이라고 정의할 수 있다. 그러나 본 교육과정에서 사용되는 교정복지 용어는 법무부 교정본부 산하 교정시설 즉 교도소와 구치소에 수용된 수용자로 한정하여 설명하기로 한다.

2. 교정복지 대상자

교정복지 대상자는 교정시설에 수용되어 있는 모든 사람을 의미한다. 형집행법[2]은 교정시설에 수용되어 있는 모든 사람을 '수용자'라고 하고, 수용자 중에 형이 확정된 사람을 '수형자', 형사

---

[2] 본서 제1장에서 「형집행법」은 「형의 집행 및 수용자 처우 등에 관한 법률」을 약칭한 것이다.

피의자 또는 형사피고인으로 체포되거나 구속영장의 집행을 받은 사람을 '미결수용자', 사형의 선고를 받아 그 형이 확정된 사람을 '사형확정자'로 분류하여 처우하고 있다.

<표 1-1> 수용자의 분류

수형자	징역형·금고형 또는 구류형의 선고를 받아 그 형이 확정된 사람과 벌금 또는 과료를 완납하지 아니하여 노역장 유치명령을 받은 사람을 말한다.
미결수용자	형사피의자 또는 형사피고인으로서 체포되거나 구속영장의 집행을 받은 사람을 말한다.
사형확정자	사형의 선고를 받아 그 형이 확정된 사람을 말한다.

출처: 이언담(2015).

3. 교정복지 종사자

교정복지 종사자로서 대표적인 구성원은 교정공무원과 자원봉사자인 교정위원을 들 수 있다. 교정공무원 중에는 사회복귀업무, 분류심사 업무 등 다양한 직무로 나눠져 교정복지 업무의 상호 유기성을 유지하고 있다는 점에서 모든 교정공무원이 교정복지 종사자라고 할 수 있다. 교정위원은 교정시설에 가장 정형화된 자원봉사자로 교육, 의료, 직업훈련 등 다양한 분야의 전문성을 가진 봉사자가 참여하고 있다. 이외에도 강사활동, 특별활동 등을 위한 일시적인 봉사활동자도 다수 교정복지 종사자라고 할 수 있다. 본 절에서는 교정공무원과 교정위원을 중심으로 살펴보고자 한다.

1) 교정공무원

교정직교도관

교정직교도관은 수용자 생활지도, 수용자 행실관찰, 작업감독, 안전사고 예방, 청원처리, 위생관리, 인원점검, 호송 등의 업무를 공평처우 원칙하에 수행한다.

사회복귀업무 교도관

교정직교도관 중 사회복귀업무를 수행하는 사회복귀업무 교도관은 수용자의 서신·집필, 수용자의 종교 · 문화, 수형자의 교육 및 교화프로그램, 수형자의 귀휴, 사회견학, 가족 만남의 집 또는 가족만남의 날 행사, 수형자의 사회복귀 지원 등의 업무를 수행한다. 또한 수형자 교화상담업무를 수행하는데, 수형자 중 환자, 계호상독거수용자 및 징벌자에 대하여 처우상 필요하다고 인정하는 경우에는 수시로 교화상담을 실시하여야 하고, 사형확정자나 사형선고를 받은 사람의 심리적 안정을 위하여 수시로 상담을 하여야 하며, 필요하다고 인정하는 경우에는 외부인사와 결연을 주선하여 수용생활이 안정되도록 하여야 한다. 더불어 성격형성 과정의 결함으로 인하여 심리적 교정이 필요한 경우, 대인관계가 원만하지 못하고 상습적으로 규율을 위반하는 경우, 가족의 이혼, 재산의 손실 등으로 가정에 문제가 있는 때, 가족 등 연고자가 없는 경우에도 적절한 상담을 실시하고 있다.

분류심사업무 교도관

교정직교도관 중 분류심사업무를 수행하는 교도관은 수형자의 인성, 행동특성 및 자질 등의 조사 · 측정 · 평가, 교육 및 작업의 적성판정, 수형자의 개별처우계획 수립 및 변경, 가석방 업무를 수행한다. 분류심사업무 교도관은 개별처우 계획을 수립하기 위해 수형자의 인성, 지능, 적성 등을 측정 · 진단하기 위한 검사를 하고, 교정성적을 평가하며, 분류심사, 처우등급 부여 및 가석방 신청 등을 위하여 필요한 경우는 수형자와 상담할 수 있다.

보건위생직 교도관

의무직 교도관은 수용자의 건강진단, 질병치료 등 의료조치와 교정시설의 위생업무를 담당하고, 약무직 교도관은 약의 조제, 의약품의 보관 및 수급, 교정시설의 위생보조업무를, 간호직 교도관은 환자 간호업무 등을 식품위생직 교도관은 식품위생 및 영양관리업무를 담당한다.

직업훈련교도관

직업훈련교도관은 수형자의 훈련계획을 수립하고 교안을 작성하여 훈련을 받는 수형자에게 이론교육과 실습훈련을 실시한다.

2) 교정자원봉사자

교정위원의 분류

교정시설의 자원봉사자는 일반적으로 외부교정참여인사로 칭하고 있으나 법무부 교정위원운영지침에 의하면 자원봉사자로 교정위원 및 준 교정위원으로 분류하고 있다. 교정위원은 법무부장관의 위촉을 받아 수용자 교육 및 교화활동에 참여하는 민간자원봉사자를 말하고, 준 교정위원은 교도소, 소년교도소, 구치소, 지소의 장 (이하 "소장"이라 함)의 승인을 받아 수용자 교육 및 교화활동에 참여하는 민간자원봉사자를 말한다. 민간자원봉사자에 의한 교화활동 대상은 수형자로 하며 미결수용자는 본인의 신청이 있거나 처우상 필요하다고 인정되는 경우에 한한다. 교정위원은 교화, 종교, 교육, 의료, 취업·창업분야 등으로 봉사자의 전문성을 반영하여 운영하고 있다.

교정위원의 자격

교화분야 교정위원은 지역사회에서 신망이 두텁고 학식과 경험이 풍부한 자로서 수용자 교정교화사업에 헌신적으로 봉사할 수 있는 자질과 능력을 갖추어야 한다. 종교분야에 참여할 교정위원은 기독교, 불교, 천주교 등 우리나라의 국민정서에 반하지 않는 종교단체에 소속된 자로서 수용자 신앙 지도에 헌신적으로 봉사할 수 있는 자질과 능력을 갖추어야 한다. 교육분야에 참여할 교정위원은 수용자 학과교육 및 각종 전문교육 등의 한 과목을 담당하여 지도할 수 있는 전문지식을 가지고 수용자 교육에 헌신적으로 봉사할 수 있는 자질과 능력을 갖추어야 한다. 의료분야에 참여할 교정위원은 수용자 의료상담 및 진료 등을 지원할 수 있는 전문지식을 가지고 수용자 의료처우에 헌신적으로 봉사할 수 있는 자질과 능력을 갖추어야 한다. 취업·창업분야에 참여할 교정위원은 수용자 직업훈련, 취업 및 창업을 지원할 수 있는 전문지식을 가지고 수용자 취업 및 창업 지원에 헌신적으로 봉사할 수 있는 자질과 능력을 갖추어야 한다.

교정위원의 추천과 위촉

각 기관 교정협의회에서는 신규위원을 추천하고자 할 때에는 소속 교정위원 2인 이상이 서명한 '교정위원 추천서'를 소장에게 제출하여야 한다. 요건을 갖춘 교정위원 추천자 중에서 법무부장관이 위촉하며, 위촉기간은 3년으로 하고, 활동실적 등에 따라 3년 단위로 재위촉할 수 있다.

교정위원은 2개 이상의 교정기관에 중복하여 위촉될 수 없다. 교정위원은 명예직이고 공무원의 직무상 활동에 관여할 수 없다.

교정위원 활동분야

수용자 상담, 결연활동 및 인성교육, 수용자 문예 등 특별활동반 지도 및 교육교화프로그램 진행, 수용자가 신봉하는 종교 교의에 따른 신앙지도 및 종교활동 지원, 학업 및 기술습득에 필요한 교육, 취업·창업 알선 및 출소 후 사회정착 지원, 불우수용자 및 그 가족지원 활동, 진료와 간호, 의료상담과 보건지도 등 각종 의료서비스 지원, 기타 소장이 추진하는 교정·교화사업의 직·간접적으로 지원한다.

교정위원 준수사항

교정위원은 교정시설의 안전과 내부질서를 존중하여야 하며, 교정시설 출입 시에는 교정관계 법규에 규정된 절차를 따라야 하며, 교정시설 내에서는 교도관의 안내를 받아야 한다. 또한 교정 시설의 보안상태 및 수용자의 신상에 관한 사항을 외부에 누설하거나 공개하여서는 아니 되고, 수용자와 금전 또는 물품 등을 수수할 경우에는 교정관계법규에 규정된 절차를 따라야 한다.

〈표 1-2〉 교정위원 전체 현황   (2016. 12. 31.기준, 단위 : 명)

총 계	교화위원[3]	종교위원[4]	교육위원[5]	의료위원[6]	취업위원[7]
4,763	1,798	1,926	298	102	639

출처 : 교정본부(2016) 자료.

---

3) 교육 62명, 법조 41명, 사회사업 76명, 실업가 1,225명, 공무원 25명, 기타 339명이 참여하고 있다.
4) 기독교 911명, 불교 652명, 천주교 331명, 원불교 32명 등이 참여하고 있다.
5) 교수 82명, 교사 17명, 학원강사 28명, 직업훈련 강사 3명, 일반강사 168명 등이 참여하고 있다.
6) 의사 89명, 한의사 6명, 약사 2명, 간호사 1명, 기타 4명 등이 참여하고 있다.
7) 실업 422명, 사회사업 30명, 교육 49명, 공무원 및 정부산하기관 63명, 기타 75명 등이 참여하고 있다.

4. 교정조직의 이해

1) 교정본부와 지방교정청

교정본부

교정행정을 총괄하는 중앙기구로는 법무부장관과 법무부차관 아래에 교정본부장이 있다. 교정행정전반에 걸쳐 교정본부장을 보좌하는 기구로서 교정정책단장과 보안정책단장이 있으며, 각 소관업무에 관하여 정책을 입안하는 교정기획과, 직업훈련과, 사회복귀과, 복지과, 보안과, 분류심사과, 의료과, 심리치료과 등 8개과가 있다.

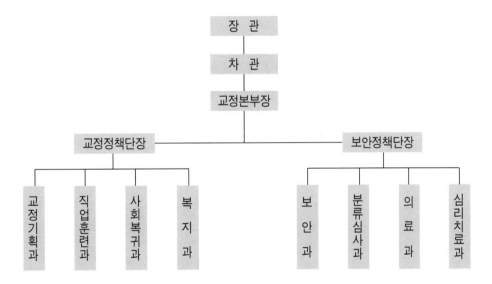

지방교정청

교정본부와 일선교정기관의 중간에 위치하여 일선기관 업무집행의 지휘 · 감독을 관장하는 중간감독기관이다. 서울(서울, 인천, 경기, 강원 관할), 대구(대구, 울산, 부산, 경남, 경북 관할), 대전(대전, 충남, 충북 관할), 광주(광주, 전남, 전북, 제주도 관할) 4개 도시에 지방교정청을 설치 · 운영하고 있다. 지방교정청에는 총무과 · 보안과 · 사회복귀과를 둔다. 다만, 서울지방교정청에는 전산관리과를 따로 둔다(법무부와 그 소속기관 직제 시행규칙 제15조 제2항).

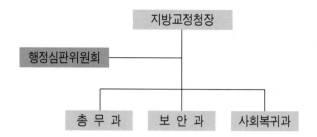

2) 교도소와 구치소

전국에 수용자 처우를 담당하고 있는 교정시설은 교도소 39개소, 구치소 11개소, 지소 3개소 등 총 53개 기관이 있다.

교도소

교도소는 징역형, 금고형 등 형이 확정된 수형자를 처우할 목적으로 수형자 형 집행 업무 및 교정교화를 통한 사회복귀 지원에 관한 사무와 구치소가 없는 지역의 교도소에서는 미결수용자의 수용에 관한 업무를 관장한다. 소장을 정점으로 총무과, 보안과, 분류심사과, 직업훈련과, 사회복귀과, 복지과, 의료과 7개과를 두고 있다(교도소에만 있는 과 : 직업훈련과).

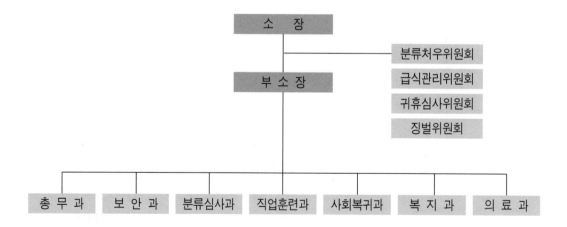

구치소

구치소는 주로 미결수용 업무를 관장한다. 소장을 정점으로 총무과, 보안과, 분류심사과, 출정과, 수용기록과, 민원과, 사회복귀과, 복지과, 의료과 9개과를 두고 있다(구치소에만 있는 과 : 출정과, 수용기록과, 민원과).

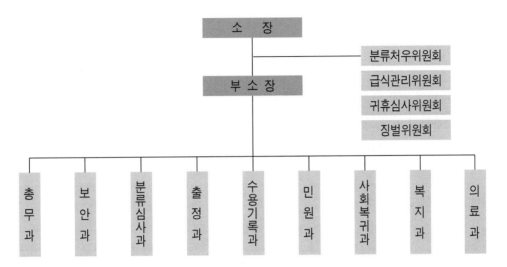

> **경찰서 유치장**
>
> 구치소나 미결수용실에 준하는 시설로는 각 경찰서의 유치장인 대용교도소(대용감방)가 있다. 이곳은 검찰에 송치된 이후의 피의자나 피고인을 수용하고 구류형을 받은 자의 형을 집행하기도 한다. 경찰관서에 설치된 유치장은 교정시설의 미결수용실로 보아 이 법을 준용하도록 하고 경찰관서에 설치된 유치장에는 수형자를 30일 이상 수용할 수 없도록 규정하고 있다(형집행법 제87조, 동시행령 제107조).

3) 기능별 분류

소년교도소

소년은 자기행위에 대한 인식력과 환경적 자극에의 저항력이 약하고 모방심이 강하다. 이러한 소년을 성년수형자와 혼거수용하게 되면 범죄성이 전파될 우려가 있으므로 성인과의 분리를 통해 보호할 필요가 있다. 19세 이상 수형자는 교도소에 수용하고, 19세 미만 수형자는 소년교도소에 수용한다(형집행법 제11조). 수형자가 소년교도소에 수용 중에 19세가 된 경우에도 교육교화프로그램, 작업, 직업훈련 등을 실시하기 위하여 특히 필요하다고 인정되면 23세가 되기 전까지는 계속하여 수용할 수 있다(형집행법 제12조 제3항). 징역 또는 금고를 선고받은 소년에 대하여는 특별히 설치된 교도소 또는 일반 교도소 안에 특별히 분리된 장소에서 그 형을 집행한다. 다만, 소년이 형의 집행 중에 23세가 되면 일반 교도소에서 집행할 수 있다(소년법 제63조).

여자교도소

여자의 신체적 · 심리적 특수성과 남녀 혼거수용으로 인한 폐단을 방지하기 위하여 각국에서는 동일 교도소 내에 남자 수용동과 여자 수용동으로 구분수용하거나 여성만을 위한 교도소를 별도로 설치 · 운용하고 있다. 형집행법은 "남성과 여성은 분리하여 수용한다"고 규정하여 분리주의를 원칙으로 하고 있다(형집행법 제13조 제1항).

남녀 공동 · 공학교도소

최근 미국에서 남녀 분리수용의 문제에 대응하여 설립 · 운영하고 있는 것으로, 이는 요법사회화 취지에 적합하며 교정시설의 공동사용, 처우의 공동참여 등 다양한 형태로 남녀를 포함한 교육 · 교화프로그램이 등장하고 있다.

특수목적 교도소

결핵환자 · 정신질환자 수용을 전담하고 있는 진주교도소, 집체직업훈련을 전담하고 있는 화성 · 경북직업훈련교도소, 시각장애인 수용을 전담하고 있는 여주 · 청주교도소, 외국인 수용을 전담하고 있는 천안교도소 등이 있다.

1. 생물학적 원인

신체적 특징

롬브로조Lombroso는 범죄의 원인을 얼굴의 특징와 관련성이 있다는 연구를 통해 생래적 범죄 인론을 주장하면서 범죄원인에 대한 실증적 접근이 이루어졌다. 이후 신체적 특징과 관련한 범죄 연관성에 대한 다양한 연구가 있지만, 일원적 범죄원인으로 설명하는 데는 한계가 있다.

체형 이론

독일의 정신병리학자 크레취머Kretschmer는 일정한 체격형은 그와 병존하는 성격 내지 기질을 나타내며 또 그에 상응하는 정신병질 및 정신병이 존재한다고 하여 체형과 범죄와의 관련성을 설명하였다. 폭력범에는 운동형의 체형을 가진 사람들이 많고, 절도범이나 사기범 중에는 세장형이 많으며, 비만형은 대체로 사기범이 많고 그 다음으로 폭력범죄를 저지르고, 혼합형의 체형을 가진 사람들은 주로 풍속범죄나 질서위반범죄를 저지르고 때로는 폭력범죄를 자주 저지른다고 하였다. 글룩Glueck 부부는 범죄소년 500명과 일반소년 500명을 비교 연구한 결과 비행소년은 체격적으로 투사형(중배엽우월성, 신체긴장형)이 많고 기질적으로도 보통소년과 차이점이 있다고 지적하였다.

유전과 범죄

특정범죄인의 조상들에 대한 종단적 조사를 통하여 가계의 특징인 유전조건에서 범죄의 원인을 찾으려는 데 초점을 둔 연구이다. 덕데일의 쥬크Jukes家의 연구(1877), 고다드Goddard는 정신박약자 가계인 칼리카크Kallikaks家의 연구(1912)에서 범죄성의 유전성을 긍정하였다.

쌍생아 연구

랑게Lange는 쌍생아 연구를 체계화하고 쌍생아 연구방법을 범죄생물학(범죄학)에 도입하였다. 그는 13쌍의 일란성 쌍생아와 17쌍의 이란성 쌍생아를 대상으로 연구한 결과, 일란성 쌍생아에서 쌍생아 모두가 범죄를 저지른 비율이 이란성 쌍생아에서 쌍생아 모두가 범죄를 저지른 비율보다 높다는 것을 확인하였다. 허칭스와 메드닉Hutchings & Mednick의 양자연구에서는 범죄유발은 유전적 요인뿐만 아니라 환경적 요인도 중요하다는 결과를 얻었다. 연구결과 실부 · 양부가 모두 범죄자(유전과 환경의 복합적인 산물의 결과) > 실부만 범죄자(유전이 우세) > 양부만 범죄자(환경이 우세) > 실부 · 양부가 모두 비범죄자 순으로 나타났다.

현대적 생물학이론(염색체 연구)

제이콥스와 스트롱Jacobs & Strong은 염색체 구조와 범죄의 관계를 조사하여, 남성성을 나타내는 Y염색체가 일반 남성보다 많은 XYY형 남성은 폭력적이며 강한 범죄성향을 가진다고 주장하였다. 이 연구는 유전적 특성이 가계전승과 같이 세습되는 것이 아니라 수태전후의 변이에 의해 유전적 특성이 형성된다고 봄으로써 유전적 결함에 관한 연구들과 차이가 있다. 오늘날 성염색체와 범죄와의 상관성에 대해 회의적인 시각이 지배적이다.

> **성염색체**
>
> 염색체는 23쌍 46개로 구성되어 있는데 그중 1쌍인 2개의 염색체가 성염색체에 해당된다. 이중 상염색체(성염색체 이외의 모든 염색체. 22쌍) 이상일 경우 다운증후군 등의 문제가, 성염색체 이상일 경우 클라인펠터증후군(Klinefelter), 초남성 등의 문제가 발생한다.

2. 심리학적 원인

프로이드(Freud)의 정신분석

정신분석은 정신치료와 성격이론구성의 기반이 된 것으로, 강조하는 개념은 원초아 · 자아 · 초자아로 구성되는 성격구조, 무의식 · 전의식 · 의식으로 구성되는 정신 구조와 성에너지인 리비도에 의한 5단계 성적 발달 단계이다. 정신분석학적 입장에서는 범죄를 퇴행에 의하여 원시적이고 폭력적이며 비도덕적인 어린 시절의 충동이 표출한 것으로 유아적 충동과 초자아의 통제의 불균형의 표출이라고 본다. 즉 3가지 인격 구조의 불균형과 성적 발달단계에서의 고착이 범죄의 가장 큰 원인이라는 입장을 취한다.

〈표 1-3〉 프로이드(Freus)의 성격구조론

Super ego 초자아	• 자아비판과 양심의 힘을 가르키는 것으로서 개개인의 특수한 문화적 환경에서의 사회적 경험으로부터 유래하는 요구를 반영한다. • 도덕의식이나 윤리의식과 같이 스스로 지각할 수 있는 요인과 무의식 상태에서 영향력을 행사하기도 한다(어렸을 때 부모와 맺는 애정관계의 중요성을 강조).
Ego 자아	• 의식할 수 있는 성격 내지 인격으로서 현실원리를 말한다. • 본능적인 충동에 따른 이드의 요구와 사회적 의무감을 반영하는 수퍼에고의 방해 사이에 중재를 시도하며 살아가는 현실세계를 지향한다.
Id 원초아	• 생물학적 · 심리학적 충동의 커다란 축적체를 가르키는 것으로서 모든 행동의 밑바탕에 놓여 있는 충동들을 의미한다. • 이는 영원히 무의식의 세계에 자리 잡고 있으면서 이른바 쾌락추구원칙에 따라 행동한다.

출처 : 이언담(2016).

융(Jung)의 분석심리학

스위스의 심리학자인 융은 프로이드와 마찬가지로 무의식을 중시하였으나 리비도를 성적 욕구에 한정하지 않고 모든 행동의 기초를 이루는 '심적 에너지'로 이해하여 그러한 차이를 중심으로 분석심리학의 체계를 정립하였다. 인간의 태도를 외향성과 내향성으로 분류하고, 외향적인 사람이 범죄에 친한 반면 내향적인 사람은 신중하고 사회규범 등에 대한 학습능력이 높으므로 상습범죄자가 되기 어렵다고 한다.

아들러(Adler)의 개인심리학

아들러는 인간의 심층심리에 작용하는 원동력은 프로이드가 말하는 성욕이 아니고 '힘의 의지'라며 프로이드의 성욕설을 비판하였다. 인간은 힘(권력)에 대한 의지와 자기보존욕구를 가지는데 이러한 욕구가 충족되지 못할 때 열등감 콤플렉스를 지니게 되고 이를 지나치게 보상하려는 시도에서 범죄나 비행을 저지르게 된다고 한다.

정신병리적 성격

정신병리적 성격이란 정신의학 분야에서 범죄발생의 원인으로 특히 중요시하는 사항이다. 정신병리적 성격 혹은 사회병리적 성격, 반사회적 성격으로 불리우는 이러한 성격은 성격의 이상 정도가 정상성을 크게 벗어나 거의 병적으로 볼 수 있는 경우이며 정신병리자란 이러한 성격을 소지한 사람을 뜻한다. 대표적인 학자인 슈나이더Schneider의 정신병질 10분법은 다음과 같다.

〈표 1-4〉 슈나이더(Schneider)의 정신병질 10분법

구 분	성격의 특징	성격의 특징
발양성	• 자신의 운명과 능력에 대한 과도한 낙관	• 상습사기, 무전취식, 죄의식 결여, 충동적 행동
우울성	• 염세적 · 회의적 인생관, 자책성 불평이 심함	• 자살 유혹, 강박관념에 의한 성범죄 간혹 범함
의지박약성	• 인내심과 저항력 빈약	• 상습누범자, 성매매여성, 마약중독자
무정성	• 고등감정 결여, 자기중심적, 사이코패스	• 생래적 범죄인, XYY범죄인
폭발성	• 자극에 민감하고 병적 흥분자	• 살상, 폭행, 모욕, 손괴 등 충동범죄
기분이변성	• 기분동요가 많아 예측이 곤란	• 방화, 도벽, 음주광, 과음에 따른 격정범
과장성	• 자기중심적, 자신애, 허언 남발	• 구금수형자 중 꾀병자, 고등사기범
자신결핍성	• 능력부족 인식, 주변 의식 강박관념에 시달림	• 도덕성이 강해 범죄와의 관련은 적음
광신성	• 개인적 · 이념적 사항에 열중하여 행동	• 종교적 광신자, 정치적 확신범
무력성	• 심신의 부조화 상태를 호소, 신경질적임	• 범죄와의 관련성은 적음

· 적극적 범죄관련 : 기분이변성, 무정성, 발양성, 의지박약성, 폭발성, 과장성, 광신성(열광성)
· 소극적 범죄관련 : 무력성, 자신결핍성, 우울성

출처 : 이언담(2016).

3. 사회학적 원인

사회해체이론

급격한 도시화, 산업화는 지역사회에 기초한 통제의 붕괴를 낳게 되고, 이는 사회해체로 이어지며, 구성원의 일탈을 유발하게 된다. 즉 해체된 지역은 관습과 가치관을 대신하는 범죄성을 발달시키게 된다. 사회해체의 단계는 제1단계가 사회의 분화, 가치규범의 갈등, 사회이동 등 사회해체의 사회문화적 조건이 발생하며, 제2단계는 사회해체가 내적 사회통제를 약화시키는 단계로 진행한다고 보았다.

출처 : 이윤호(2002).

문화전달이론

비행지역에는 범죄를 야기하는 사회적 요소가 지역주민들 간에 계승되어 고유한 비행문화가 세대 간에 전달되며 범죄는 그 지역 특유의 사회문화적 환경에 따른 비행적 문화의 전달 및 학습의 결과라는 이론으로 1930년대 쇼와 멕케이Show & Mackay가 제시한 것이다. 문화전달이론의 연원은 따르드Tarde의 모방이론에서 비롯되고 사회해체이론을 계승한 것으로, 이후에 서덜랜드Sutherland의 차별적(분화적) 접촉이론에 큰 영향을 주었다.

아노미이론(Anomie Theory. 사회문화구조압력설)

뒤르껭Durkheim의 영향을 받아 머튼Merton이 체계화한 이론으로 범죄는 무규범 혹은 무규율lacking in rules, 신념체계의 갈등 또는 붕괴상태, 도덕적 유발, 부적응 등을 말하며 '무슨 수단을 쓰더라도 출세하면 된다'와 같은 사회풍조에서 비롯된 것이다. 특히 개인적 차원의 무규범상태(목표상실감 · 불안 · 자기소외 등)를 아노미아Anomia라고 한다.

	뒤르껭(Durkheim)의 아노미	머튼(Merton)의 아노미
의 의	• 무규범, 사회통합의 결여상태	• 문화적 목표와 제도적 수단의 불일치 상태
인간관	• 성악설적 인간 • 인간의 욕구를 생래적인 것으로 파악	• 성선설적 인간 • 인간의 욕구는 사회관습이나 문화적 전통에 의해 형성
발생 시기	• 사회적 변혁기	• 사회일상적 상황
범죄 원인	• 욕망의 분출 또는 좌절에 의한 긴장의 해소(개인적 차원)	• 강조되는 문화적 목표에 비해 제한된 성취기회(사회구조적 차원)

출처 : 이언담(2016).

하위계층 문화이론

밀러Miller는 하층계급의 독자적인 문화규범에의 동조가 중산층문화의 법규범에 위반함으로써 범죄가 발생한다는 견해를 밝혔다. 밀러는 청소년조직범죄집단의 형성과 활동은 하위계층문화의 결과이며 하위계급문화는 중산계층의 행동기준으로부터 독립된 별개라고 보고 하위계층의 '관심의 초점 또는 중심가치' 로 6가지를 제시하였다.

〈표 1-6〉밀러의 하위계급 문화의 규범

Trouble (말썽 · 걱정 · 사고치기)	• 주위사람들의 주목을 끌고 높은 평가를 받기 위해 사고를 치고, 법이나 법집행기관 등과의 말썽이 오히려 영웅적이거나 정상적이며 성공적인 것으로 간주
Toughness (강인 · 완강)	• 남성다움과 육체적 힘의 과시, 용감성 · 대담성에 대한 관심
Smartness (교활 · 영리)	• 도박, 사기, 탈법 등과 같이 기만적인 방법으로 다른 사람을 속일 수 있는 능력 • 남이 나를 속이기 이전에 내가 먼저 남을 속일 수 있는 교활함
Excitement (흥분 · 자극 · 스릴)	• 하위계급이 거주하는 지역에서 도박, 싸움, 음주 등이 많이 발생하는 것은 흥분거리를 찾는 과정에서 발생, 스릴, 모험 등 권태감을 모면하는 데 관심
Fatalism (운명 · 숙명)	• 자신의 미래가 스스로 통제할 수 없는 운명에 달려 있다는 믿음, 범죄를 저지르고 체포되더라도 이를 운수가 좋지 않았기 때문이라고 판단 • 빈곤한 사람은 때로 그들의 생활이 숙명이라고 생각하며 현실을 정당화
Autonomy (자율 · 자립)	• 권위로부터 벗어나고, 다른 사람으로부터 간섭을 받는 것을 혐오 • 사회의 권위있는 기구들에 대하여 경멸적인 태도를 취하는 등 타인으로부터 명령과 간섭을 받고 있는 현실에 대한 잠재의식적인 반발

출처 : 이언담(2016).

비행적하위 문화이론

코헨Cohen은 비행하위문화이론(집단문화이론)을 설명하면서 일반문화체계에서 구별되는 문화 안의 부문화에 대한 개념으로 비행집단에 공통된 특정한 가치관이나 신념·지식 등을 포함하는 사고나 그에 기초한 행동양식이 곧 범죄행위로 나타난다고 보았다. 하위계층 청소년들 사이에서 반사회적 가치나 태도를 옹호하는 비행문화가 형성되는 과정을 규명하였다. 비행하위문화의 특징으로 비공리성, 악의성, 거부주의, 변덕, 단락적 쾌락주의, 집단자율성의 강조 경향을 들고 있다.

〈표 1-7〉 코헨의 비행적 하위문화 특성

비공리성	• 다른 사람의 물건을 훔치는 경우에 그 경제적 효용가치보다 스릴이나 동료들로부터 인정받고 지위를 얻기 위한 행위로 생각
악의성	• 다른 사람들에게 불편을 주고 고통당하는 모습에서 쾌감을 느낌
부정성(거부주의)	• 합법적 사회규범이나 어른들의 문화를 부정 또는 거부하고 그들 나름대로의 문화를 정당화 • 사회의 일반문화와 정반대되는 방향으로 하위문화의 가치나 규범을 설정하는 과정을 반항형성(反抗形成)이라는 개념으로 표현
변덕	• 일정한 체계 없이 매 순간 바뀌는 마음과 가치체계
단락적 쾌락주의	• 장기적 계획이나 목표가 아닌 현실적 쾌감에 급급하는 심리
집단자율성	• 외부에 대한 극도의 적개심(반항)과 내부에 대한 응집력

출처 : 이언담(2016).

제3절
형사사법제도의 이해

1. 형사사법제도의 발전

역사시대 이래로 형벌은 인류사회를 유지하는 필수적인 기능을 해 왔으나, 오늘날과 같은 사법 체계를 세우기까지는 긴 변혁의 과정을 겪어야 했다. 특히 중세암흑기를 거쳐 18C 중엽 공리주의 사회철학자인 이탈리아 베까리아Beccaria(1738~1794)와 영국의 벤담Bentham(1748~1832)으로 대표되는 계몽주의자들에 의해 펼쳐진 형사사법제도 개혁운동은 오늘날 형사사법제도의 모태가 되었다. Beccaria는 1764년 「범죄와 형벌」을 통해 당시 만연되어 있던 형벌의 오남용을 바로잡 기 위해 형사사법제도의 개혁을 주장하였고, 이는 1791년 프랑스형법전과 현대 형사법체계에 가 장 크게 영향을 미친 것으로 평가받고 있다(이수성, 한인섭, 1995).

〈표 1-8〉 Beccaria의 형사사법제도 개혁안

계약사회와 처벌의 필요성	• 법은 사회를 형성하기 위한 조건이고 이를 위반하면 처벌해야 한다는 계약사회와 처벌의 필요성을 강조하였다.
죄형법정주의	• 입법을 통해 판사는 이미 설정되어 있는 범위를 넘어 범죄자들에게 형벌을 부과할 수 없도록 하여야 한다는 입법의 역할을 강조하였다.
죄형균형론	• 범죄의 중대성 : 범죄의 속성은 사회에 미친 해악에 따라 판단되어야지 범죄자의 의도에 의해 결정되어서는 안 된다. • 비례적 형벌 : 범죄는 사회에 대한 침해이며 침해의 정도와 형벌 간에는 적절한 비례관계가 성립하여야 한다. • 형벌의 정도 : 형벌이 그 목적을 달성하기 위해서는 형벌로 인한 고통이 범죄로부터 얻는 이익을 약간 넘어서는 정도가 되어야 한다.
처벌의 확실성 · 엄중성 · 신속성	• 형벌이 범죄예방 효과를 거두기 위해서는 범죄 발생이후 신속하게 처벌이 이루어져야 하고, 범죄를 지은 모든 사람들은 확실하게 처벌받아야 하며, 법에 정한 바에 따라 엄중하게 처벌되어야 한다. 형벌의 제지효과는 확실성, 엄중성, 신속성의 순이다.

범죄예방주의	• 범죄를 처벌하는 것보다 범죄를 예방하는 것이 더욱 중요하며 처벌은 범죄예방에 도움이 된다고 판단될 때에 정당화된다는 범죄예방주의를 표방하였다.
사형과 사면의 폐지 주장	• 범죄의 심각성과 형벌의 강도는 연관성이 없기 때문에 사형은 예방목적의 필요한 한도를 넘는 불필요한 제도이고, 사회계약설에 근거해 볼 때도 사형제도는 폐지되어야 한다. • 사면제도는 자비의 얼굴을 한 가면으로 형사제도의 무질서와 법에 대한 존중심의 훼손을 초래하므로 폐지되어야 한다.
공리성	• 형사사법제도 내에서 개인의 권리를 강조하고 처벌에 대한 유일한 정당화와 진실한 목적은 공리성에 있다고 주장하였다.

출처: 이언담(2016).

2. 우리나라 형사사법 체계와 형벌

1) 형벌과 보안처분

형사사법체계는 수사–공소–재판–형 집행으로 이어지는 일련의 형사절차를 말한다. 우리나라는 수사와 공소 제기권 및 형 집행권 모두 검사에 속해 있다. 다만, 형사사법의 실무적 운영주체는 수사의 경우 경찰과 검찰, 공소제기는 검찰, 재판은 법원, 형 집행권한은 검찰이 갖되, 자유형의 집행은 교정기관에서 수행하고 있다. 범죄에 대한 형사제재는 범죄행위에 대한 책임을 전제로한 형벌과 범죄 위험성에 대한 범죄예방처분인 보안처분으로 나누고 있다.

형벌

형벌이란 국가가 형벌권의 주체가 되어 범죄에 대한 법률상의 효과로서 범죄자에게 과하는 법익의 박탈을 말한다. 형벌의 주체는 국가이므로 형벌은 언제나 공형벌이며, 또한 형벌은 범죄에 대한 법률효과이므로 범죄가 없으면 형벌도 있을 수 없지만, 형벌은 범죄에 대하여 과하는 것이 아니라 범죄인에 대하여 과하는 제재이다.

보안처분

보안처분은 형벌로는 행위자의 사회복귀와 범죄로부터 사회방위가 불가능하거나 부적당한 경우에 범죄행위자 또는 장래 범죄의 위험성이 있는 자에 대하여 과해지는 형벌 이외의 범죄예방처분을 말한다. 이는 형벌의 책임주의에 따른 사회방위수단으로서의 한계를 보충하기 위한 수단이다. 현행 헌법은 보안처분 법정주의를 선언하고 있다(헌법 제12조 제1항).

〈표 1-9〉 형벌과 보안처분의 구별

형 벌	보안처분
• 책임주의 : 책임을 전제로 하고 책임주의의 범위 내에서 과하여 진다. • 과거 : 과거 침해행위를 대상으로 하는 형사제재이다.	• 위험성 : 행위자의 사회적 위험성을 전제로 하여 특별예방의 관점에서 과하여진다. • 미래 : 장래에 대한 예방적 성격을 가진 형사제재이다.

출처: 이언담(2016).

2) 형벌의 정당성 논의

형벌의 목적은 무엇이어야 하는가에 대한 논의로 범죄행위에 대한 대가로서 응보여야 한다는 주장과 범죄인의 행위에는 다른 원인이 있기 때문에 이를 바로잡아줄 교육이 되어야 한다는 주장이 맞서고 있다.

응보형주의(절대주의, 절대설)

형벌의 본질을 범죄에 대한 응보로서의 해악으로 이해하는 사상으로 형벌은 범죄를 범하였기 때문에 당연히 과하여지는 것이지 다른 목적이 있을 수 없다고 본다. 즉 형벌의 본질은 응보로서 그 자체가 목적이 된다.

목적형주의(상대주의, 상대설)

목적형주의는 '형벌은 그 자체가 목적이 아니라 범죄로부터 사회를 방어·보호하는 목적을 달성하기 위한 수단이라고 한다. 장래의 범죄 예방을 목적으로 형벌이 필요하다는 주장으로 범죄예방의 대상이 누구냐에 따라 일반예방주의와 특별예방주의로 나눈다. 일반예방주의는 범죄예방의 대상을 일반인에 두고 형벌의 목적은 일반인에게 겁을 주어 범죄가능성이 있는 잠재적 범죄인이 장차 범죄를 범하지 않도록 예방함에 있다고 보는 견해이다. 반면에 특별예방주의는 범죄예방의 대상을 범죄인에 두고 형벌의 목적은 범죄인을 개선·교화하여 다시는 범죄를 범하지 않도록 재사회화하는 데 있다고 보는 견해이다.

결합설(절충설)

형벌은 본질상 해악에 대한 응보로서의 성질을 가지면서도 예방의 목적을 달성할 수 있어야 한다는 견해이다. 이러한 논리에 의하면 어떤 경우에도 범죄자의 책임의 상한선을 넘어서는 안 되지만, 책임에 밑도는 가벼운 형벌을 과하는 것은 범죄자의 이익을 위하여 허용된다. 즉 책임은 형벌의 상한을 제한할 뿐이며, 형벌의 하한은 일반예방과 특별예방의 목적에 의하여 결정된다.

3) 형벌의 종류

우리나라 형법에서 정하고 있는 형벌은 사형, 징역, 금고, 구류, 자격상실, 자격정지, 벌금, 과료, 몰수 등 9가지이다. 이를 생명형인 사형, 자유형인 징역, 금고, 구류, 자격형인 자격상실, 자격정지, 재산형인 벌금, 과료, 몰수 등으로 나눈다.

생명형(사형)

사형은 수형자의 생명을 박탈하여 그를 사회로부터 영구히 제거시키는 형벌로서, 형벌의 역사는 사형의 역사라 할 만큼 가장 오랜 유래를 가지고 있다. 중세에는 정치적·종교적으로 남용되어 사형의 전성기라고 부르고 있다. 18세기 이후 계몽사상가와 인도주의 사상의 영향을 받아 사형의 적용범위를 제한하거나 폐지에 대한 논의가 활발히 이루어졌고, 오늘날까지 그 논의는 계속되고 있다.

<표 1-10> 사형제도의 폐지와 존치논거

폐지론	존치론
• 사형은 야만적이고 잔혹하므로 인간의 존엄성에 반하고, 국가는 사람의 생명을 박탈하는 권리를 가질 수 없다고 한다. 또한 사형집행은 오판이 있을 경우 이를 회복할 방법이 없고, 사형이 일반사회의 기대처럼 범죄억제효과가 크지 않으며 형벌의 교육적·개선적 기능을 전혀 달성할 수 없으면서 피해자에 대한 손해배상이나 구제에도 도움이 되지 않는다.	• 사람을 살해한 자는 생명을 박탈해야 한다는 것이 국민의 법 감정이다. 흉악범 등 중대범죄에 대하여는 사형으로써 위하하지 않으면 법익보호의 목적을 달성할 수 없다. 극악한 인물은 국가사회에 대하여 유해하므로 사회방위를 위해서는 사회로부터 완전히 제거되어야 한다. 사형에 대한 오판의 우려는 지나친 염려이며 사형은 무기형보다는 정부의 재정적 부담을 덜어준다. 사형은 위하에 의한 범죄억제력의 효과가 있다.

자유형

자유형은 수형자의 신체적 자유를 박탈하는 것으로, 현행 형법은 징역, 금고 및 구류의 세 가지 자유형을 인정하고 있다. 자유형의 주된 목적은 교화개선을 통한 수형자의 재사회화에 있다.

최초로 자유형을 실시한 교정시설은 1595년 네덜란드의 암스테르담 노역장Work House으로, '노동을 통한 범죄인 개선' 이라는 교육형주의의 관점에서 형벌을 집행하였다. 다른 형벌과 비교하여 가장 늦게 발전했다는 이유로 자유형을 '막둥이 형벌' 이라고 한다. 암스테르담 여성 노역장 방직공장 출입문 위에는 "두려워 말라. 나는 악행에 대하여 복수하려는 것이 아니고, 너희를 선도하려는 것이다. 비록 나의 손은 엄하나 나의 마음은 자비로 가득 차 있다"라는 문구는 범죄인의 교화개선의 목적을 잘 표현하고 있다.

<표 1-11> 자유형의 개선논의

자유형 단일화론	단기자유형 폐지론
• 징역과 금고형으로 나누어진 자유형을 목적형·교육형주의의 입장에서 자유형의 내용에 따른 구별을 폐지하고 자유형을 자유박탈을 내용으로 하는 형벌로 단일화하여 행형의 통일을 기하고자 하는 주장이다.	• 수형자의 개선을 위해서는 너무나 짧은 기간이지만, 그를 부패시키는 데는 충분한 기간이다. 이는 형사정책상 무용할 뿐만 아니라 해롭기까지 한 형벌이어서 폐지되어야 한다.

명예형

명예형은 범인의 명예 또는 자격을 박탈하거나 제한하는 형벌로서 형법은 자격상실과 자격정지 두 가지를 인정하고 있다. 자격상실은 사형, 무기징역 또는 무기금고의 판결을 받은 자는 공무원이 되는 자격 등의 자격을 상실하며, 자격정지는 일정기간 동안 일정한 자격의 전부 또는 일부를 정지시키는 것을 말한다. 형법은 자격정지를 선택형 또는 병과형으로 규정하고 있으며, 일정한 형의 판결을 받은 자에게 당연히 정지되는 당연정지와 판결의 선고로 정지되는 선고정지가 있다.

재산형

재산형은 범죄인으로부터 일정한 재산을 박탈하는 것을 내용으로 하는 형벌로 형법에서는 벌금, 과료 및 몰수 세 가지를 규정하고 있다. 벌금은 5만원 이상의 재산형을 의미하지만, 감경하는 경우에는 5만원 미만으로 할 수 있다(형법 제45조). 벌금을 선고할 때에는 동시에 그 금액을 완납할 때까지 노역장에 유치할 것을 명할 수 있다(형법 제69조 제1항 단서). 벌금을 선고받은 자는 판결확정일로부터 30일내에 납입하여야 하는데, 벌금을 납입하지 아니한 자는 1일 이상 3년 이하의 기간 노역장에 유치하여 작업에 복무하게 한다(형법 제69조). 이밖에 소액벌금제도라고 할 수 있는 과료형이 있다. 2천원 이상 5만원 미만으로 하고(형법 제47조), 판결확정일로부터 30일내에 납입하여야 한다. 과료를 납입하지 아니한 자는 1일 이상 30일 미만의 기간 노역장에 유치하여 작업에 복무하게 한다(형법 제69조). 몰수는 범죄의 반복을 막거나 범죄로부터 이득을 얻지 못하게 할 목적으로 범행과 관련된 재산을 박탈하여 이를 국고에 귀속시키는 재산형이다. 법관의 자유재량에 속하는 임의적 몰수가 원칙이지만(형법 제48조 제1항), 수뢰죄의 경우에 '범인 또는 정을 아는 제3자가 받은 뇌물이나 뇌물에 제공할 금품'에 대해서는 필요적 몰수를 인정하고 있다(형법 제134조).

4) 양형의 결정

양형이란 형법상 일정한 범죄에 대하여 그에 해당하는 형벌의 종류와 범위를 규정함에 있어서 그 범위 내에서 법관이 피고인에 대하여 선고할 형을 구체적으로 정하는 것을 의미한다. 형벌은 책임을 전제로 하고 책임의 정도에 따라 정해져야 하므로 양형에서 정해지는 형벌의 양은 행위자의 개별적인 책임과 균형을 이루는 범위 내에서 정해져야 한다는 책임주의 원칙이 형벌의 기본적인 전제가 된다. 형법은 형벌을 과함에 있어서 참작하는 양형인자로 범인의 연령 · 성행 · 지능과 환경, 피해자에 대한 관계, 범행의 동기 · 수단과 결과, 범행 후의 정황 등을 고려하도록 하고 있다(형법 제51조).

제4절
교정시설의 교정복지 실제

교정복지 대상자인 수용자는 수형자, 미결수용자, 사형확정자 모두를 의미한다. 교정시설에서 이들에 대한 처우는 모두 통일된 것이 아니라 각각의 신분별 다른 처우를 하고 있다. 다음에서는 모든 수용자를 대상으로 하는 일반적인 공통처우와 수용자별 다른 기준에 의한 처우내용을 서술한 것이다.

1. 수용자의 처우원리

19세기 중반 이후 행형개량운동, 신고전학파에 의한 형벌의 개별화운동 등을 통하여 자유형의 응보적·징벌적 집행에 대한 반성으로 수형자에 대한 '처우'의 관념이 처음으로 등장하였다. 이는 국가의 형사사법절차에서 범죄자의 인격이나 기타 개인적 특성을 고려하여 그에 상응한 대우와 취급을 위한 일정한 원칙을 수립하여 범죄인 처우에 일반적으로 적용시키기 위한 원칙을 말한다(이언담, 2015).

인도적 처우

인간존엄성과 최소한의 생활조건이 보장되어야 한다는 가장 기본적인 이념으로 헌법, 국제규약 등에 그 의지를 담고 있다. 이러한 규정은 수용자도 기본적 자유권의 보장 및 적극적으로 처우를 받을 권리가 보장되어야 함을 확인하고 나아가 수용자에 대해 사회적응을 위한 치료나 교육적 목적을 이유로 기본적 인권의 침해행위를 정당화할 수 없음을 규정한 것이다. 우리 헌법은 '모든 국민은 인간으로서의 존엄과 가치를 가지며 행복을 추구할 권리를 가진다. 국가는 개인이 가지는 불가침의 기본적 인권을 확인하고 이를 보장할 의무를 진다'(헌법 제10조)고 규정하고 있고, 형집행법은 '수용자의 인권은 최대한으로 존중되어야 한다'(형집행법 제4조)고 선언하고 있다.

공평처우

수용자 처우에 있어서 공정하고 사적인 치우침이 없어야 함을 의미한다. 그러나 헌법상의 평등원칙은 불합리한 차별의 금지를 의미하고 불평등한 것을 불평등하게 대하는 합리적 차별은 가능하다. 모든 국민은 법 앞에 평등하다. 누구든지 성별, 종교 또는 사회적 신분에 의하여 정치적 · 경제적 · 사회적 · 문화적 생활의 모든 영역에 있어서 차별을 받지 아니한다(헌법 제11조). 수용자는 합리적 이유 없이 성별, 종교, 장애, 나이, 사회적 신분, 출신지역, 출신국가, 출신민족, 용모 등 신체조건, 병력, 혼인여부, 정치적 의견 및 성적지향 등을 이유로 차별 받지 아니한다(형집행법 제5조).

개선목적에 적합하고 법적지위에 상응한 처우

범죄인 처우는 교화개선을 통한 재사회화의 목적에 적합해야 하고, 범죄자 수용이나 각종 처우는 자의가 아닌 법적지위에 상응한 처우가 이루어져야 함을 의미한다.

처우의 과학화

처우의 과학화는 여러가지 유형의 범죄자에 대하여 그에게 적합한 유형의 처우를 실시함으로써 처우효과를 증대시키려는 노력으로 수형자의 과학적 분류제도의 확립을 전제로 한다. 법무부장관은 수형자를 과학적으로 분류하기 위하여 분류심사를 전담하는 교정시설을 지정 · 운영할 수 있다(형집행법 제61조). 소장은 수형자에 대한 개별처우계획을 합리적으로 수립하고 조정하기 위하여 수형자의 인성, 행동특성 및 자질 등을 과학적으로 조사 · 측정 · 평가하여야 한다(형집행법 제59조 제1항).

처우의 개별화

처우의 개별화는 범죄의 원인 및 환경, 범죄인의 특성 등에 따라 범죄인 처우의 내용을 달리해야 한다는 것으로 실증주의적 관점에서 강조되고 있는 원리이다. 즉, 수형자의 범죄적 결함이 각각의 다른 결함에서 비롯되었듯이 각 수형자에 알맞은 개별적 처우로 재사회화를 도모해야 한다는 것을 의미한다. 소장은 분류처우위원회의 의결에 따라 수형자의 개별적 특성에 알맞은 교육·교화프로그램, 작업, 직업훈련 등의 처우에 관한 계획을 수립하여 시행한다(형집행법 제56조 제1항). 수형자는 분류심사의 결과에 따라 그에 적합한 교정시설에 수용되며, 개별처우계획에 따라 그 특성에 알맞은 처우를 받는다(형집행법 제57조 제1항).

처우의 사회화

교정의 궁극적 목적은 수형자의 재사회화를 통한 성공적인 사회복귀에 있으므로, 수형자는 가능한 한 외부사회와의 접촉이 계속 유지되어야 함을 의미한다. 독일 행형법 제3조 제1항(수형생활은 가능한 한 일반인의 생활상태와 유사하게 하여야 한다)의 유사화원칙類似化原則은 행형의 사회화원칙을 천명한 것이다(배종대, 정승환, 2002). 수용자처우 사회화방식으로 귀휴제도, 외부통근제도, 외부통학제도, 개방처우, 중간처우소 등이 있고 사회자원의 시설내 활용으로 교정위원제도, 가족만남의 집, 자매결연, 가족합동접견, 각종 위원회의 외부인 참여제도 등이 있다.

2. 범죄인 처우의 유형과 종류

범죄인에 대한 처우 유형은 크게 교도소 시설 내 처우인 폐쇄적 처우와 교도소와 사회의 중간 단계인 사회적(개방) 처우, 그리고 사회 내 처우로 크게 나눌 수 있다. 사회적 처우는 시설 내에 처우의 기반을 둔 귀휴, 외부통근, 부부만남의 집 등과 주로 출소 전 단계에서 사회적응을 돕기 위한 중간처우소, 사회 내 처우센터 등을 의미한다. 사회 내 처우는 광의적으로 중간처벌과 보호관찰을 포함하는데, 중간처벌은 구금과 보호관찰 사이에 존재하는 다양한 처벌적 형태의 처우를 의미하고, 협의의 사회 내 처우는 가석방과 보호관찰 등을 의미한다.

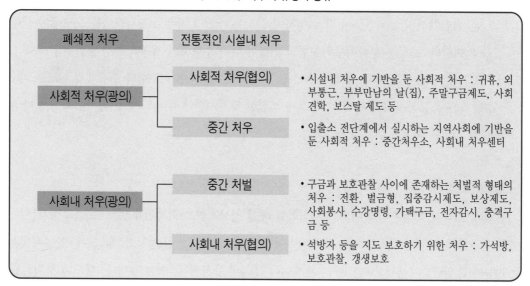

출처: 이언담(2016).

3. 모든 수용자에게 적용되는 공통처우

물품지급과 금품관리

수용생활에 필요한 적정한 물품지급은 수용자의 구금 및 교정교화라는 측면에서 교정목적을 달성하는 데 필수적이다. 형집행법은 입소 시부터 출소 시까지 필요한 기본적인 물품지급에 대한 상세한 규정을 두고 있다. 이에 대비하여 영치금품은 수용자가 입소 시 휴대한 금품과 수용 중 자비로 구입한 물품을 교정시설에서 보관 또는 처분하는 절차이다. 영치의 법적성격은 수용자의 재산권에 대한 지배권의 일시정지 또는 제한으로 소유권에 대한 박탈은 아니다.

보건, 의료

수용자가 건강한 생활을 하는 데에 필요한 위생 및 의료상의 적절한 조치를 하고 있다. 수용자가 사용하는 모든 설비와 기구가 항상 청결하게 유지되도록 하여야 하고(형집행법 제30~제31조), 수용자 또한 자신의 신체 및 의류를 청결히 하여야 하며, 자신이 사용하는 거실·작업장, 그 밖의 수용시설의 청결유지에 협력하여야 한다. 또한 수용자는 위생을 위하여 두발 또는 수염을 단정하게 유지하여야 하는 등 청결의무가 부과된다(형집행법 제32조). 수용자의 건강유지를 위하여 1년에 1회 이상 건강검진을 실시하고, 특히 19세 미만의 수용자와 계호상 독거수용자에 대하여는 6개월에 1회 이상 실시하고 있다(형집행법 제34조 및 동 시행령 제51조).

외부교통

외부교통은 사회적 존재로서의 인간의 본성을 유지하기 위해서 필요하다. 가족관계의 유지를 통해 안정된 수용생활을 유도할 수 있고, 사회적 기반의 유지를 통해 출소 후 원만한 사회생활을 가능하게 할 수 있다. 협의로는 형집행법에 규정되어 있는 접견과 서신 그리고 전화통화만을 의미하지만, 광의적으로는 신문·잡지 등의 구독이나 TV·라디오의 시청 등 외부의 정보를 입수할 수 있는 모든 방법과 귀휴제, 외부통근제, 교정위원과의 상담 등 외부와의 접촉을 포함한다.

> **외부교통의 제한원리**
>
> 수용자의 외부통근권은 무제한 허용되는 것은 아니며, 일정한 기준에 의해 제한하는 바, 헌법상 '명백하고 현존하는 위험'의 법리를 원용한 제한, 교도소장의 제한이나 판단에 따른 제한 등이 있으나 외부교통을 제한하는 경우 헌법상의 제한원리 중 시설의 유지·관리에 명백하고 현존하는 위험을 생기게 하는 경우로 한정하고, 부분적으로 경우에 따라 전문·기술적인 부분에서 교도소장의 판단이 필요할 것이다.

종교

사회로부터 격리된 수용자의 심적 안정과 자기반성을 위한 종교행사와 종교상담 등의 보장은 수용자 모두에게 정신건강을 위해 중요한 요소이다. 다만 헌법상 기본권인 종교의 자유와 관련하여 종교의 자유 중 신앙의 자유는 법률로써도 제한 할 수 없으나, 종교적 행사의 자유, 종교적 집회·결사의 자유, 선교의 자유 등은 헌법 제37조 제2항에 의하여 제한이 가능하다.

특별한 보호

수용자 중에 소수약자보호 차원에서 여성, 노인, 장애인, 외국인, 소년 등에 대해서는 특별한 보호규정을 두고 있다. 여성수용자의 경우 여성의 신체적·심리적 특성을 감안하여 건강검진 시 나이·건강 등을 고려하여 부인과질환에 관한 검사를 포함시키고, 미성년자인 자녀와 접견하는 경우에는 차단시설이 없는 장소에서 접견하게 할 수 있도록 하고 있다. 또한 여성의 신체·의류 및 휴대품에 대한 검사는 여성교도관이 하도록 하고(형집행법 제93조 제4항), 특히 필요하다고 인정하는 경우가 아니면 남성교도관이 야간에 수용자거실에 있는 여성수용자를 시찰하지 못하게 하고 있다(형집행법 시행령 제7조). 임신 중이거나 출산(유산을 포함)한 경우에는 모성보호 및 건강유지를 위하여 정기적인 검진 등 적절한 조치를 하고(형집행법 제52조 제1항), 유아의 양육(대동유아)을 희망하는 경우 생후 18개월에 이르기까지 허가하고 있다(형집행법 제53조). 65세 이상의 수용자를 노인수용자로, 시각 · 청각 · 언어 · 지체 등의 장애로 통상적인 수용생활이 특히 곤란하다고 인정되는 사람으로서 법무부령으로 정하는 수용자를 장애인 수용자로, 대한민국의 국적을 가지지 아니한 수용자를 외국인 수용자로 분류하고, 이들에 대해서는 각각의 특성을 고려하여 적정한 처우를 하도록 하고 있다. 더불어 19세 미만인 소년에 대해서도 나이 · 적성 등을 고려하여 적정한 처우를 하도록 하고 있다(형집행법 제54조 제4항).

경계와 보호작용

계호인 경계와 보호작용은 범죄인으로부터 사회의 안전을 도모하고, 수용시설 내외에서 수용자 보호 및 개선을 목적으로 한다는 점에서 교정의 두 가지 목표 즉 사회 안전과 수용자 보호의 목표를 모두 함축하는 의미로 사용되고 있다. 이는 교정시설의 안전 및 구금 질서유지를 목적으로 하는 일체의 강제력이다. 구체적으로 경계는 구금확보에 장애가 되는 요소를 예방하고 배제하는 작용을 말한다. 보호는 수용자나 제3자로부터 수용자의 생명 · 신체에 대한 장해나 위험을 예방하거나 배제하는 작용을 말한다. 교정이념의 발달에 기초하여 종래에는 구금의 확보와 교도소의 규율유지라는 소극적인 경계기능을 계호라고 보았지만 오늘날은 실질적인 목적이 수용자의 교화개선에 있다는 측면에서 적극적인 보호기능, 즉 보육 내지 복지증진작용을 계호의 의미로 보는 견해가 지배적이다.

상우와 징벌

상우는 수형자 자신의 발전적 변화와 교정행정의 목적에 기여한 바가 크다고 판단되는 행위를 하여 다른 수형자에게 모범이 될 때 그 수형자에게 행형상의 이익된 처분을 보장해 주는 제도이다(형집행법 제106조). 징벌은 교정시설 내의 구금확보와 시설의 안전과 질서유지를 위하여 규율을 위반하거나 위반할 우려가 있는 수용자에 대하여 행형상의 불이익처분을 과하는 것이다(형집행법 제107조~제115조). 수용자에 징벌은 행정처분으로써 질서벌에 해당하는 것으로 형기에 반영되는 것은 아니다.

<표 1-13> 징벌제도 운영상의 원칙

명확성의 원칙	• 징벌의 요건 · 절차 · 내용 등을 법률이나 권한 있는 행정기관의 규칙으로 정확히 명시되어야 한다.
필요최소한의 원칙	• 구금의 목적과 질서유지를 위해 필요한 최소한에 그쳐야 한다.
보충의 원칙	• 질서유지를 위해 달리 다른 방법이 없는 경우에 한하여 과해야 한다.
비례의 원칙	• 위반원인과 내용에 대한 정확한 분석을 통해 처벌내용의 적정을 기해야 한다.

출처: 이언담(2015).

<표 1-14> 징벌의 법적 성질(형벌과의 비교)

구 분	형 벌	징 벌
과벌근거	• 일반사회의 공공질서 침해	• 내부질서 문란행위
처벌대상	• 범죄에 대한 처벌	• 시설 내 규율위반에 대한 처벌
시 기	• 수용여부에 무관하게 적용	• 수용되어 있을 때에만 가능
대 상	• 위법한 국민(수용자 포함)	• 수용자

출처: 이언담(2015).

4. 수용자별 처우

1) 미결수용자 처우

형사피의자 · 피고인으로 체포되거나 구속영장의 집행을 받은 자를 구금하여 수사하고, 재판에서의 심리 및 형벌의 집행을 확보하기 위한 수단으로 궁극적으로 형사소송의 원활한 수행을 위한 수용자에 대한 처우이다. 그러므로 형사소송의 원활한 수행을 위한 목적을 실현하는 데 한하여 최소한의 통제에 그쳐야 하고, 형이 확정되기 전까지는 원칙적으로 무죄추정을 받는다(형집행법 제79조).

<표 1-15> 미결수용자 처우의 특례

- 참관금지
- 조사 등에서의 특칙
- 이발과 면도(본인의사 존중)
- 법률구조 지원
- 변호인과의 외부교통권 보장
- 신청에 의한 작업과 교육 · 교화프로그램
- 공범분리(분리수용, 호송시 분리)
- 도주 · 사망시 등 관계검사에 통보 및 기소 상태 법원 통보
- 수사 · 재판 등 사복착용

2) 수형자 처우

수형자 처우

미결수용자로서 자유형이 확정된 사람에 대하여는 검사의 집행 지휘서가 도달된 때부터 수형자로 처우할 수 있다(형집행법 시행령 제82조). 형이 확정된 수형자에 대하여는 교육 · 교화프로그램, 작업, 직업훈련 등을 통하여 교정교화를 도모하고 사회생활에 적응하는 능력을 함양하도록 처우하고, 분류처우위원회의 의결에 따라 수형자의 개별적 특성에 알맞은 교육 · 교화프로그램, 작업, 직업훈련 등의 처우에 관한 계획(개별처우계획)을 수립하여 시행한다(형집행법 제55조, 56조).

분류심사와 분류검사

소장은 수형자에 대한 개별처우계획을 합리적으로 수립하고 조정하기 위하여 수형자의 인성, 행동특성 및 자질 등을 과학적으로 조사 · 측정 · 평가(분류심사)하여야 한다. 다만, 집행할 형기가 짧거나 그 밖의 특별한 사정이 있는 경우에는 예외로 할 수 있다(형집행법 제59조 제1항). 소

장은 분류심사를 위하여 수형자를 대상으로 상담 등을 통한 신상에 관한 개별사안의 조사, 심리 · 지능 · 적성 검사, 그 밖에 필요한 검사를 할 수 있고, 분류심사를 위하여 외부전문가로부터 필요한 의견을 듣거나 외부전문가에게 조사를 의뢰할 수 있다(형집행법 제59조).

경비등급별 처우

수형자는 분류심사의 결과에 따라 그에 적합한 교정시설에 수용되며, 개별처우계획에 따라 그 특성에 알맞은 처우를 받는다. 교정시설은 도주방지 등을 위한 수용설비 및 계호의 정도(경비등급)에 따라 구분하되, 동일한 교정시설이라도 구획을 정하여 경비등급을 달리할 수 있다(형집행법 제57조).

<표 1-16> 경비등급별 시설

개방시설	• 도주방지를 위한 통상적인 설비의 전부 또는 일부를 갖추지 아니하고 수형자의 자율적 활동이 가능하도록 통상적인 관리 · 감시의 전부 또는 일부를 하지 아니하는 교정시설
완화경비시설	• 도주방지를 위한 통상적인 설비 및 수형자에 대한 관리 · 감시를 일반경비시설보다 완화한 교정시설
일반경비시설	• 도주방지를 위한 통상적인 설비를 갖추고 수형자에 대하여 통상적인 관리 · 감시를 하는 교정시설
중경비시설	• 도주방지 및 수형자 상호 간의 접촉을 차단하는 설비를 강화하고 수형자에 대한 관리 · 감시를 엄중히 하는 교정시설

출처: 이언담(2015).

교도작업 및 직업훈련

교도작업은 교도소 등 교정시설에서 수형자에 대하여 교정 작용의 일환으로 부과하는 노역으로 형법에 의한 징역형 수형자의 정역의무를 지칭한다. 교도작업은 본래 정역복무의무가 있는 징역형 선고자만을 대상으로 시행하는 강제작업이나, 현행법상 금고수형자 · 구류수형자 · 미결수용자인 경우에도 신청이 있을 경우 작업을 부과할 수 있다. 직업훈련은 수형자의 건전한 사회복귀를 위하여 기술을 습득시키고, 가지고 있는 기술을 향상시켜 보다 경쟁력을 갖춘 성공적인 사회복귀를 위한 교육훈련을 말한다.

교육과 교화프로그램

수형자에 대한 교육은 정서교육, 검정고시반과 방송통신대학과정 등 다양한 교육프로그램을 유지하고 있고, 교화프로그램은 문화프로그램, 문제행동예방프로그램, 가족관계회복 프로그램 등으로 구성되어 있다. 이러한 수형자 교육과 교화프로그램은 교정처우에 있어 중심적 처우로 제5절에서 상세히 서술하였다.

3) 사형확정자 처우

사형은 수형자의 생명을 박탈하여 그를 사회로부터 영구히 제거시키는 형벌로 형법에 규정된 형벌 중 가장 중한 것이다. 사형확정자는 독거 수용하지만 자살방지, 교육·교화프로그램, 작업, 그 밖의 적절한 처우를 위하여 필요한 경우에는 법무부령으로 정하는 바에 따라 혼거 수용할 수 있다. 사형확정자가 수용된 거실은 참관할 수 없다. 소장은 사형확정자의 심리적 안정 및 원만한 수용생활을 위하여 교육 또는 교화프로그램을 실시하거나 신청에 따라 작업을 부과할 수 있다(형집행법 제89조, 90조). 사형확정자의 접견 횟수는 매월 4회로 하고(동법 시행령 제109조), 사형확정자의 심리적 안정과 원만한 수용생활을 위하여 필요하다고 인정하는 경우에는 월 3회 이내의 범위에서 전화통화를 허가할 수 있다(동법 시행규칙 제156조). 사형은 교정시설의 사형장에서 집행하되, 공휴일과 토요일에는 사형을 집행하지 아니한다(형집행법 제91조).

5. 수용의 종료와 사회복귀 준비

수용의 종료

형집행법에 의한 수형자와 미결수용자, 소년법에 의한 보호처분대상자(소년원·소년분류심사원), 구 사회보호법에 의한 피보호감호대상자, 치료감호법에 의한 피치료감호대상자 등이 당해 시설에서 처우를 모두 마치고 구금 또는 보호처분이 해제되어 시설로부터 사회로 합법적으로 복귀하거나 시설처우 중 사망 또는 사형이 집행되는 것을 말한다.

<표 1-17> 시설 내 처우의 종료 형태

구 분	법정사유	기타사유
수형자	• 형기종료	• 가석방, 사면, 형의 집행정지 및 면제
미결수용자	• 구속기간의 종료, 무죄 • 구속영장의 효력상실	• 구속취소, 보석, 불기소, 구속집행정지, 면소,공소기각
소년분류심사원 위탁처우자	• 위탁기간 종료	• 심리불개시 또는 불처분 결정
보호소년 · 위탁소년	• 수용기간 종료(퇴원)	• 처분의 변경 · 취소, 임시퇴원
피치료감호대상자	• 기각 등의 선고	• 가종료, 치료위탁, 종료

출처: 이언담(2015).

석방전 준비제도

소장은 가석방 또는 형기 종료를 앞둔 수형자 중에서 법무부령으로 정하는 일정한 요건을 갖춘 사람에 대해서는 가석방 또는 형기 종료 전 일정 기간 동안 지역사회 또는 교정시설에 설치된 개방시설에 수용하여 사회적응에 필요한 교육, 취업지원 등의 적정한 처우를 할 수 있다(형집행법 제57조 제4항). 이에 따라 수형자의 건전한 사회복귀를 위하여 필요하다고 인정하면 석방 전 3일 이내의 범위에서 석방예정자를 별도의 거실에 수용하여 장래에 관한 상담과 지도를 할 수 있고, 형기종료로 석방될 수형자에 대하여는 석방 10일 전까지 석방 후의 보호에 관한 사항을 조사하여야 한다. 또한 특히 필요하다고 인정하면 한국법무보호복지공단에 그에 대한 보호를 요청할 수 있다(동법 시행령 제141조~144조).

석방시기

사면, 가석방, 형의 집행면제, 감형에 따른 석방은 그 서류 도달 후 12시간 이내에 행하여야 한다. 다만, 그 서류에서 석방일시를 지정하고 있으면 그 일시에 행한다. 형기종료에 따른 석방은 형기종료일에 행하여야 한다. 권한이 있는 자의 명령에 따른 석방은 서류 도달 후 5시간 이내에 행하여야 한다(형집행법 제124조).

피석방자의 보호

소장은 피석방자가 질병이나 그 밖에 피할 수 없는 사정으로 귀가하기 곤란한 경우에 본인의 신청이 있으면 일시적으로 교정시설에 수용할 수 있고, 피석방자에게 귀가에 필요한 여비 또는 의류가 없으면 법무부장관이 정하는 범위에서 이를 지급하거나 빌려 줄 수 있다(형집행법 제125조, 제126조).

6. 수용자의 법적지위와 권리구제

1) 수용자의 법적지위

절차적 권리(Procedural Rights)

수용자 처우에 있어 적법절차가 준수되어야 함을 의미하며, 이는 교도관의 모든 재량권을 통제하지는 않지만 일부 자의적 결정을 줄이고 결정에 대한 검증의 기회를 제공할 수 있다. 즉 교도관의 자의를 방지하고 적법절차due process에 의해서 처우 받을 권리를 말한다. 시설 내의 적용사례로는 징벌이나 중대한 훈육 등에 있어 적법절차가 요구된다. 이러한 적법절차의 요구는 교정시설에 대한 법원의 가장 중대한 개입으로 받아들여지고 있다. 절차적 권리가 필연적으로 수용자에 대한 최고의 보호라고 할 수는 없지만 적어도 교정에 있어서 오랫동안 불가침의 성역으로 여겨졌던 직원의 재량권에 직접적인 도전으로 간주되고 있다(이윤호, 1995).

실질적 권리(Substantive Rights)

실질적 권리는 헌법이 보장하는 인간의 기본적 권리와 관계된 것을 말한다. 말을 하거나 집회를 하는 등 무엇인가를 할 수 있는 자유 또는 잔인하거나 비정상적인 처벌을 경험하지 않을 자유 등 특정한 조건으로부터의 자유와 관련된 권리이다.

외부와의 교통(서신검열)

일종의 언론과 표현의 자유이다. 그러나 보안이라는 교정시설의 이익과 언론 및 표현의 자유라는 수용자의 이익과의 균형을 맞추려고 노력하고 있다. 형집행법은 수용자가 주고받는 서신의 내용에 대한 검열제를 폐지하고 집필에 있어서도 사전허가제를 폐지하였다(형집행법 제43조).

종교의 자유

무엇을 종교로 인정할 것인가, 종교적 신념을 행사하는 데 있어 어느 정도로 제한할 것인가의 문제이다. 교정당국은 보안, 질서, 교화개선이라는 범주로서 제한에 대한 기초로 삼고 있다.

잔혹하고 비정상적인 처벌을 받지 아니할 권리

일반적 양식에 비추어 충격적이거나 인간의 존엄성을 위협하는 형태의 처벌을 받지 않을 권리를 말한다. 처벌이 과다하다면 그것은 잔혹하고 비정상적인 처벌이 된다.

처우 받을 권리와 거부할 권리

처우가 수용자에 대한 일종의 보상 또는 특전이라는 인식 외에 이를 처우되는 것을 거절할 권리뿐만 아니라 그로 인하여 처벌받지 않을 권리도 인정되어야 한다는 주장이다.

2) 권리구제

교정시설에 수용된 수용자가 교도소 등으로부터 받은 부당한 처분 또는 권리침해에 대하여 그 취소 또는 시정을 통하여 수용자의 권리보장과 행형의 적정화 조치를 구하는 불복신청제도로 사법적 권리구제와 비사법적(행정적) 권리구제로 나눌 수 있다.

(1) 사법적 권리구제

행정소송

행정소송은 행정소송절차를 통하여 행정청의 위법한 처분 그 밖에 공권력의 행사·불행사 등으로 인한 국민의 권리 또는 이익의 침해를 구제하고, 공법상의 권리관계 또는 법적용에 관한 다툼을 적정하게 해결하기 위한 사법구제절차이다(행정소송법 제1조). 수용자는 교정당국에 의하여 위법하게 권리를 침해당한 경우 행정소송법에 의거하여 법원에 처분의 취소, 부작위 위법확인 등 항고소송을 통하여 권리를 구제받을 수 있다.

민사·형사소송

수용자는 교도관의 계호작용, 즉 강제력의 행사, 보호장비·무기의 사용 등에 있어 사용요건 등 절차상의 하자나 내용상 불법을 이유로 당해 공무원이나 국가를 상대로 국가배상법에 의한 민사소송 또는 당사자에 대한 형사처분을 구하는 소를 제기할 수 있다.

헌법소원

공권력의 행사 또는 불행사로 인하여 헌법상 보장된 기본권을 침해받은 자는 법원의 재판을 제외하고는 헌법재판소에 헌법소원심판을 청구할 수 있다. 다만, 다른 법률에 구제절차가 있는 경우에 그 절차를 모두 거친 후가 아니면 청구할 수 없다(보충성의 원칙)고 규정하여 수용자의 헌법소원제기를 보장하고 있다(헌법재판소법 제68조 제1항).

(2) 비사법적 권리구제

청 원

수용자가 교도소 등의 처우에 불복이 있을 때 이를 해결하기 위하여 법무부장관이나 지방교정청장 또는 순회점검공무원에게 호소하여 적절한 구제를 요구하는 절차이다. 그러나 청원의 제기만으로는 당해 처분의 정지와 같은 효과는 발생하지 않으며(집행부정지원칙), 당해 소장 또는 상급감독청의 취소명령이 있음으로써 그 효력이 발생하고 이때 소장의 취소명령은 반드시 문서로 할 필요는 없다.

소장면담

주로 교도관의 위법·부당한 행위를 시정하는 데 있어 청원이나 소송을 제기하기 전 조속한 시정을 호소하는 제도로 활용되고 있다. 수용자는 그 처우에 관하여 소장에게 면담을 신청할 수 있다(형집행법 제116조 제1항).

행정심판

행정청의 처분 또는 부작위는 다른 법률에 특별한 규정이 있는 경우를 제외하고는 행정심판법에 의하여 그 심판을 청구할 수 있다(행정심판법 제3조 제1항). 수용자는 일선 교정시설의 직근 상급행정기관인 관할 지방교정청장에게 행정심판을 청구할 수 있다. 현재 전국 4개 지방교정청에 행정심판위원회가 구성되어 있다.

국가인권위원회 진정

인권침해나 차별행위를 당한 사람 또는 그 사실을 알고 있는 사람이나 단체는 위원회에 그 내용을 진정할 수 있다. 위원회는 진정이 없는 경우에도 인권침해나 차별행위가 있다고 믿을 만한 상당한 근거가 있고 그 내용이 중대하다고 인정할 때에는 직권으로 조사할 수 있다(국가인권위원회법 제30조).

> **불이익한 처우 금지**
>
> 수용자는 청원, 진정, 소장과의 면담, 그 밖의 권리구제를 위한 행위를 하였다는 이유로 불이익한 처우를 받지 아니한다(형집행법 제118조).

제5절
수용자 교육과 교화프로그램

수용자 교육과 교화프로그램은 형이 확정된 수형자를 대상으로 한다. 다만 일부 프로그램의 경우 미결수용자나 사형확정자의 신청이 있는 경우 그 대상으로 할 수 있다. 형집행법에 근거한 수형자 교육과 교화프로그램의 종류는 다음과 같다.

〈표 1-19〉 수형자 교육과 교화프로그램 종류

교육(법 제63조)	교화프로그램(법 제64조)
정서교육	문화프로그램
검정고시반	문제행동예방프로그램
방송통신고등학교과정	가족관계회복프로그램
독학에 의한 학위취득과정	교화상담
방송통신대학과정	그 밖에 법무부장관이 정하는 교화프로그램
전문대학 위탁교육과정	
정보화 및 외국어 교육과정	

1. 교육프로그램

의 의

교정시설에서 수형자의 사회적응력을 높이기 위하여 행하는 각종 교육을 총칭하는 것으로 학과교육, 종교교육, 직업훈련 등을 포함한다. 교정교육은 목적형주의 중 특별예방주의하에서 시작되었다.

기본원리

교정교육의 기본원리는 일반교육원리와 크게 다르지 않은 인간존중, 자발성(자조원리), 신뢰, 개인차 존중, 사회화 등을 들 수 있다.

관련규정

소장은 수형자가 건전한 사회복귀에 필요한 지식과 소양을 습득하도록 교육할 수 있도록 하고, 「교육기본법」 제8조의 의무교육을 받지 못한 수형자에 대하여는 본인의 의사·나이·지식정도, 그 밖의 사정을 고려하여 그에 알맞게 교육하도록 하고 있다(형집행법 제63조). 교육대상자는 교육의 시행에 관한 관계법령, 학칙 및 교육관리지침을 성실히 준수하여야 하고, 방송통신대학 등 일부 교육과정의 경우 소요되는 비용은 특별한 사정이 없으면 교육대상자의 부담으로 한다(동법 시행규칙 제102조). 교육은 검정고시반, 방송통신고등학교과정, 독학에 의한 학위 취득과정, 방송통신대학과정, 방송통신 대학 교육과정, 전문대학 위탁교육과정, 정보화 및 외국어 교육과정을 설치 운영하고 있다.

1) 집중인성교육(정서교육)[8)]

수형자 내면의 근본적 변화를 유도할 수 있는 실질적인 교정교화 프로그램 시행으로 재범 방지 효과 제고 및 안전한 사회 구축을 위한 인간으로서의 기본적인 자질과 태도, 품성을 배양하기 위한 교육이다. 대상자는 잔여형기 3개월 이상 형기 5년 미만 수형자로 100시간의 기본 과정과 형기 5년 이상 또는 심화과정이 필요하다고 인정되는 수형자를 대상으로 220시간의 심화 과정으로 운영되고 있다. 교육내용은 권리와 의무·분류처우 등 수용생활 오리엔테이션, 헌법가치교육, 인문학, 동기부여, 분노조절, 가족관계회복, 의사소통기술, 긍정심리, 기타 수형자의 교화 또는 건전한 사회복귀에 필요한 내용으로 구성되어 있다. 기본과정은 각 교정시설에서 실시하고, 심화과정은 전담교정시설에서 시행한다. 강사진은 교정시설 내부강사 외에 교정시설이 위치하고 있는 대학의 심리학과 및 상담심리연구소, 전문교육기관 등의 협력을 통해 진행하고 있다. 2014년 262

---

8) 교정시설의 교육과 교화프로그램은 법규상 분리 규정하고 있으나 내용상 분명한 준별은 쉽지 않다. 특히 2013년부터 시행된 집중인성교육은 그동안 시행되어 오던 수형자 인성교육을 확대개편한 것으로 그 성격이 교육과 교화프로그램이 어우러진 통합프로그램으로의 성격을 띠고 있다.

회 5,763명을 대상으로 집중인성교육을 실시하였다(법무연수원, 2016).

<표 1-20> 집중인성교육과정과 내용

교육과정	교육대상과 내용	
기본과정 (100시간)	형기 5년 미만 (잔형기 3개월 이상)	• 재범위험성 개선 요인에 따른 교육프로그램
심화과정 (220시간)	형기 5년 이상	• 교육시간 조정, 전문강사제 도입 • 5년마다 재교육 실시

❖ 심화과정 전담교도소 : 여주(교), 부산(교), 대전(교), 청주(여)정보화 및 외국어 교육과정

출처: 교정본부(2016) 자료.

2) 검정고시와 방송통신고등학교 운영

안양교도소 등 41개 기관에서 초졸, 중졸 및 고졸 검정고시반은 운영하고 있다. 우리 사회의 고학력 추세에 따라 교육인원은 점진적으로 감소하고 있으나 연 2회 치루어지는 검정고시에 여전히 높은 합격률을 보여준다. 검정고시와 함께 김천소년교도소에는 방송통신고등학교를 운영하고 있다. 주간에는 작업장에서 작업을 하고, 야간에 거실에서 자습을 하며 출석수업 위주의 강의를 지역학교 교사의 지원을 받아 실시하고 있다.

<표 1-21> 검정고시 합격자 현황

구분 \ 연도	2004	2005	2006	2007	2008	2009	2010	2011	2012	2013	2014	2015	2016
응시인원	1,344	1,109	1,022	795	819	864	711	734	672	686	780	723	618
합격인원	1,132	927	766	702	597	548	481	514	558	571	565	575	533
고 졸	693	569	478	415	355	330	291	325	390	370	390	394	383
중 졸	376	315	233	246	209	205	169	162	130	187	163	147	133
초 졸	63	43	55	41	33	13	21	27	38	14	12	34	17

출처: 교정본부(2016) 자료.

3) 전문대학 위탁교육과 방송통신대학교

순천교도소에 지역 대학인 청암대학 호텔외식조리과를 위탁운영하고 있다. 전국 수형자를 대상으로 매년 25명 내외의 입학생을 모집하여 전문인력을 배출하고 있다. 방송통신대학교는 여주 · 전주 · 포항 · 청주(여)교도소에서 운영하고 있는데, 청주여자교도소 10명, 타 기관 각각 30명 내외의 정원으로 운영하고 있다. 독학에 의한 학위취득과정은 지속적으로 확대되어 2015년에는 39명이 합격생을 배출하였다.

4) 외국어 교육과 한글 미해독자 교육

외국어 교육

희망하는 수용자를 대상으로 영어, 중국어 등 1년 과정의 외국어 교육을 실시한 바 주목할 만한 성과를 거두고 있다. 다음 매년 실시하고 있는 외국어 능력평가시험 결과를 보여주고 있다.

〈표 1-22〉 외국어 능력평가시험 결과

교육과정	만점	최고점수 (평균점수)					
		2010년	2011년	2012년	2013년	2014년	2015년
영 어 (TOEIC)	990	970 (703)	985 (703)	975 (806)	990 (700)	975 (784)	915 (804)
일 어 (J P T)	990	890 (622)	920 (659)	965 (668)	935 (621)	960 (637)	980 (616)
중국어 (C P T)	1000	656 (412)	960 (476)	848 (407)	840 (497)	656 (420)	720 (412)

출처: 교정본부(2016) 자료.

한글 미해독자 교육

미결수용자를 포함하여 한글 미해독 수용자에 대해 체계적이고 지속적으로 한글교육을 실시하여 열등감 극복 및 사회 복귀에 대한 자신감을 도모하고 있다. 교육과정에는 한글 읽고 쓰기, 문장표현 익히기, 기초 수리계산 등을 포함하여 운영하고, 특히 외국인의 경우 대전교도소와 천안교도소, 청주(여) 외국인 수용자 대상으로 매주 1~2회, 90분 교육을 실시하고 있다.

2. 교화프로그램

교화프로그램이란 종교 기타 방법으로 수형자의 덕성을 함양하고 인격을 도야하여 장차 건전한 사회인으로 살아갈 수 있도록 재사회화를 돕는 교화방법을 의미한다. 형집행법에서 규정하고 있는 교화프로그램은 다음과 같다.

교화프로그램의 종류

■ 문화프로그램
수형자의 인성 함양, 자아존중감 회복 등을 위하여 음악, 미술, 독서 등 문화예술과 관련된 다양한 프로그램을 도입하거나 개발하여 운영(형집행법 시행규칙 제115조).

■ 문제행동 예방프로그램
수형자의 죄명, 죄질 등을 구분하여 그에 따른 심리측정 · 평가 · 진단 · 치료 등의 문제행동예방프로그램을 도입하거나 개발하여 실시(동법 시행규칙 제116조).

■ 가족관계 회복프로그램
수형자와 그 가족의 관계를 유지 · 회복하기 위하여 수형자의 가족이 참여하는 각종 프로그램 운영(동법 시행규칙 제117조).

■ 교화상담
수형자의 건전한 가치관 형성, 정서안정, 고충해소 등을 위하여 교화상담을 실시(동법 시행규칙 제118조).

---

1) 문화프로그램

독서치료 프로그램

독서를 통한 수용자의 심성 순화 및 자아 발견 기회 부여하기 위해 2010. 9. 교정본부 · 한국간행물윤리위원회와 MOU를 체결하여 기관별 10~15명씩 주 1회 2시간씩 8차시 교육을 시행하고 있다. 수형자의 성별, 연령별, 인지능력, 학습수준에 맞는 프로그램 운영하고 기본프로그램 외 영화, 음악 등 다양한 매체 자료를 활용하여 진행하고 있다.

문화예술 프로그램

수용자의 문화예술 활동 참여를 통한 사회적 통합기능의 확대를 위해 한국문화예술교육진흥원과 협력체제를 유지하여 체험형 문화예술프로그램을 시행하고 있다. 2016년의 경우 43개 단체가 51개 기관에 참여하여 826명을 대상으로 실시하였고, 한국문화예술위원회 협력에 따른 찾아가는 문화공연은 8개 단체 52개 기관에서 15,000여명을 대상으로 실시한 바 있다.

인문학교육

52개 교정기관과 57개 대학 및 학술문화단체와 MOU를 체결하여 인문학 교육을 실시하고 있다. 2017년에는 인문학 교육과정을 집중인성 교육과정에 편입하여 중복교육을 방지하면서 내실을 기하고 있다.

문예지「새길」발간

수용자의 정서순화 및 교화 · 개선을 촉진하기 위해 수용자 · 직원 · 교정위원 문예작품, 교육 관련 수용자 준법 수기를 내용으로 하는 문예지를 발간하고 있다. 1948년 4월 창간 이래 현재까지 통권 제434호(2016년 여름호)를 발행하여 관련기관에 배포하고 있다.

원예활동 프로그램

씨앗뿌리기, 모종심기, 작물기르기, 실내정원 만들기 등 참가 수형자와 미 참가자에 대한 사전검사 및 사후검사로 프로그램의 운영효과에 대한 연구하고 있다. 2011년 의정부 교도소를 시작으로 경북북부제1교도소, 김천소년교도소 등으로 확대 시행되었다.

여자수형자 교화프로그램

청주여자교도소 '하모니 합창단'('97. 3. 창단)을 통해 매년 1~2회 외부공연을 실시하고, 정서순화를 위한 서화지도, 수형자 양육유아 돌잔치 등 여자수형자 맞춤형 교화프로그램을 시행하고 있다.

2) 문제행동 예방프로그램

교정상담

교정상담은 수형자가 자신이 처한 문제 상황에 대하여 보다 효율적으로 대처·관리할 수 있게 하고 나아가 잘못된 인생관 및 생활방식을 바람직한 방향으로 변화를 유도하거나 고충을 해소하기 위하여 실시하는 상담을 의미한다. 관련규정으로는 소장은 수형자의 교화 또는 건전한 사회복귀를 위하여 필요하면 교육학·교정학·범죄학·사회학·심리학·의학 등에 관한 학식 또는 교정에 관한 경험이 풍부한 외부전문가로 하여금 수형자에 대한 상담·심리치료 또는 생활지도 등을 하게 할 수 있다(형집행법 제58조). 또한 소장은 수형자의 교정교화를 위하여 상담·심리치료, 그 밖의 교화프로그램을 실시하여야 한다(형집행법 제64조 제1항).

성폭력수용자교육

성폭력수용자 교육은 「성폭력범죄의 처벌 등에 관한 특례법」 및 「아동·청소년의 성보호에 관한 법률」에 따른 징역형 이상의 실형과 병과된 이수명령을 받은 경우 교정시설의 장이 집행하고 있다. 교육과정은 재범위험성과 이수명령시간을 기준으로 기본·집중·심화교육으로 구분운영한다. 집단상담 형식으로 운영하며 개별상담 등을 보조적으로 한다. 교육프로그램은 왜곡된 성의식 수정, 범죄원인분석 및 대처훈련, 피해자공감 및 책임수용, 대인관계 및 사회적응능력 향상 등으로 한다. 성폭력수용자에 대한 체계적인 치료교육을 위해 2011년 10월 서울남부교도소에 13세 미만 아동 및 장애인을 대상으로 한 성폭력범죄자의 「교정심리치료센터」를 연 이후, 2015년 현재 각 지방청별로 1곳씩 센터를 개설하여 전문상담치료 프로그램을 운영하고 있다.

성폭력수용자 과정별 교육대상 및 시간

1. 기본교육 : 재범위험성 '저' 수준 혹은 이수명령시간 100시간 이하 수형자, 100시간

2. 집중교육 : 재범위험성 '중' 수준 혹은 이수명령시간 101-200시간 이하 수형자, 200시간

3. 심화교육 : 재범위험성 '고' 수준 혹은 이수명령시간 201시간 이상 수형자, 300시간

마약류수용자교육

4범 이하의 투약자 중 집합교육에 적합하다고 판단되는 자를 중심으로 주 1회 이상, 3개월 내외의 기간 교육을 실시한다. 교육내용은 마약문제의 인식, 피해자각, 단약의지 증진, 자신감 강화 등이고, 강사는 소속 간부직원 또는 내부강사를 활용하되, 한국마약퇴치운동본부 등의 외부전문 강사를 초빙하여 교육을 실시한다.

아동학대수용자교육

「아동학대범죄의 처벌 등에 관한 특례법」에 따른 아동학대 치료프로그램 이수명령이 확정된 수용자를 대상으로 200시간 이내의 재범방지 교육을 시행한다. 교육내용은 아동학대 행동의 진단·상담, 보호자로서의 기본 소양, 그 밖에 아동학대행위자의 재범예방을 위하여 필요한 사항을 포함하도록 하고 있다. 교육과정은 기본 100시간으로 운영하고, 이수명령 시간이 100시간 이상인 자에 대해서는 별도의 전문가 개별상담, 분노조절방법, 자녀양육기술 또는 반복교육 등 아동학대 재범예방을 위한 교육을 추가로 실시한다.

정신보건센타 운영

우리사회의 정신질환자 증가현상과 같이 교정시설에도 정신질환자 수는 전체 수용인원 대비 점증하는 추세에 있다. 이들에 대한 보다 체계적인 처우를 위해 2012년 군산교도소에 최초 정신보건센터를 연 이후 2015년 현재 전국 각 청별로 1곳씩 개설하였다. 정신보건센터는 정신분열, 우울증, 정동장애 등으로 판정된 수형자 중 정신보건센터 교육을 감당할 수 있는 잔형기 6개월 이상의 수형자를 대상으로 인지행동치료, 사회기술훈련, 집단심리치료, 미술치료, 개인 및 집단상담 등을 실시하여 정신질환으로 인한 자살예방효과와 출소자의 재범방지 및 사회 안전에 기여하고 있다.

고충처리상담제도

교정시설에서 수용자의 일상적 고충처리를 포함하여 가장 광범위한 상담업무를 수행하는 제도이다. 고충처리팀은 수용관리를 전담하고 있는 보안과에 두고, 수용질서 확립차원의 조사팀, 정신질환자·장애인·신입자·석방예정자 등을 위한 상담팀, 청원·고소·고발 등 각종 진정·소송 관련 고충처리를 위한 송무팀, 수용생활을 돕기 위한 생활지도팀 등으로 조직을 세분하여 운영하고 있다. 구성원은 법학·심리학·사회학·사회사업학·교육학 등 관련학문을 전공한 사람을 우선하여 선발하고 필요시 교정위원·의무관·분류업무담당·직업훈련교사·교회업무담당 등을 고충처리위원으로 위촉할 수 있도록 하고 있다.

3) 가족관계 회복프로그램

가족사랑 캠프

부모의 수형생활로 인해 소년소녀 가장이 된 자녀와 수형자에게 가족사랑캠프 운영을 통한 사회적 소외감 해소 및 가족해체를 방지하기 위해 가족사랑캠프를 운영하고 있다. 배우자나 자녀가 있는 위기가정을 가족관계 회복이 필요한 사람으로 지정하고, 기관별 연 4회 이상 실시하는 데, 내용은 오리엔테이션을 가진 후 이해의 장, 용서와 화해의 장, 화합의 장 및 실천의 장으로 구성하고, 합동 가족화 그리기 및 사랑의 편지쓰기 등을 통해 가족간의 협동심을 경험하게 하는 등 다양한 프로그램으로 진행하고 있다. 2016년에는 48개 기관에서 수용자 401명, 가족 1,151명이 참여한 바 있다.

가족만남의 날

교정시설 내에서 가족과 자유로이 식사를 하면서 담소를 나눌 수 있는 기회를 제공하여 수형자의 심적 안정 및 가족과의 유대강화를 위한 목적으로 이루어지는 프로그램이다. 설날, 중추절 등 명절과 가정의 달, 장애인의 날, 교정의 날 등 특정기념일 전후 기관 실정에 맞게 시행하고 있다.

<표 1-23> 가족만남의 날 연도별 실적 (단위 : 명)

연도	2009	2010	2011	2012	2013	2014	2015	2016
인원	6,807	11,078	11,566	11,681	11,578	11,855	12,670	14,393

출처: 교정본부(2016) 자료.

가족만남의 집

구금생활로 단절된 가족관계 회복을 위해 가족과의 만남의 기회를 제공하여 수형자 사회적응 능력을 높일 목적의 가족관계 회복 프로그램이다. 시행초기 부부만남의 집으로 운영하다가 가족 단위로 확대시행하고 있다. 대상자는 개방경비처우급(S1), 완화경비처우급(S2)이며 특히 필요시 일반경비처우급(S3급)까지 허용하되, 수형자의 배우자, 직계존비속, 배우자의 직계존속, 형제자 매와 그 배우자 및 그 비속 등 5인 이내 인원이 교정시설 개방지역에 설치된 독립가옥에서 1박 2 일간의 시간을 함께 보낼 수 있다.

<표 1-24> 가족만남의 집 연도별 실적   (단위 : 명)

연도	2009	2010	2011	2012	2013	2014	2015	2016
인원	795	1,223	1,120	1,177	1,261	1,338	1,390	1,431

출처: 교정본부(2016) 자료.

가족접견실

수용자의 갑작스런 구금으로 인해 가족관계 해체위기를 맞은 이들을 위한 가족관계 회복을 위한 프로그램이다. 교정시설 구내에 소파 및 탁자가 구비된 일반가정의 거실형태의 아늑한 분위기로 조성된 접견실을 마련하고 가족관계 유지·회복이 필요한 자를 우선적으로 배우자, 자녀 등을 대상으로 1~2시간 이내 접견이 가능하다. 최근에는 결혼 관행의 서구화, 동거혼의 거부감 완화, 비혼 가정의 증가 등에 따른 가족형태의 다양성을 반영하여 사실상 혼인관계인 배우자까지 이용 자 범위를 확대 운영하고 있다. 가족만남의 집은 개방지역에서 주로 1박 2일간 함께 지낸다는 점, 가족만남의 날은 수십 명의 방문객이 한데 어울려 행사를 진행해야 하는 문제점을 보완할 수 있 다는 점 때문에 발전 가능한 프로그램으로 인정받고 있다.

위기수용자 가족 긴급지원서비스

수용자 중 이혼위기, 경제적 곤란, 자녀양육 문제 등을 겪는 수용자에게 전화, 가족접견, 상담 등의 서비스를 위기개입 차원에서 긴급 지원하고자 하는 프로그램이다.

4) 사회복귀 적응 프로그램

귀 휴

수형자에게 일정기간 가정 및 사회에서 생활할 수 있도록 함으로써 석방 전 가족과의 유대 강화 및 사회적응 기회를 부여하기 위한 것으로 6월 이상 복역한 수형자, 그 형기 1/3을 경과하고 교정성적 우수자 중 1년에 20일 이내 사회에 휴가를 보내는 프로그램이다. 귀휴제도는 부모가 상을 당하거나 자녀가 결혼을 하는 등 특별한 사유가 발생한 경우 일반귀휴와 별도로 특별귀휴 프로그램을 운영하고 있다.

사회견학 및 봉사활동

급변하는 사회 체험과 고아원, 양로원 등 봉사체험을 통해 수형자의 자존감 회복 및 사회적응 기회를 확대하기 위한 프로그램이다. 그 대상은 개방경비처우급S1, 완화경비처우급S2을 원칙으로 하고 예외적으로 특히 필요시 일반경비처우급S3급 수형자로 하고, 산업시설, 문화유적지 탐방, 박물관 등의 견학과 문화공연 관람, 독거노인·소년소녀가장, 복지시설, 지역 공공시설 등 봉사활동을 겸하도록 하고 있다.

합동 봉사활동

수형자·교도관·교정위원이 포함된 합동 봉사단을 구성, 지역사회에 봉사활동을 실시하는 것으로, '보라미 봉사단'을 운영하고 있다. 합동봉사활동은 지역주민 일손돕기(연탄나르기, 김치담그기), 무료급식소 일손봉사, 시설노인 목욕·세탁봉사 지역사회 환경 정리·청소 등에 참여한다.

<표 1-25> 보라미 봉사단 주요 실적 　　　　　　　　　　　　　　　　(단위 : 명)

연도별	횟수	최고점수			
		계	수형자	직원	교정위원
2014년	375회	0	3,236	2,533	1,017
2015년	317회	6,112	2,939	2,339	834
2016년	354회	6,591	3,419	2,486	686

출처: 교정본부(2016) 자료.

중간처우(소망의 집)

출소예정자에게 일정기간 가정과 같은 시설에서 생활하며 개방지역 공장 출·퇴근 등 사회적 응훈련을 실시하는 프로그램이다. 이들에 대한 처우는 시설적응단계 → 근로적응단계 → 사회복귀단계로 이루어지며, 주간에는 개방지역 공장 등에 취업하고, 공휴일 등에는 귀휴를 나가거나 사회봉사 활동을 시행한다. 안양교도소를 비롯하여 창원, 춘천, 청주여자, 순천 등의 기관에서 운영하고 있다.

중간처우(사회적응훈련원)

천안개방교도소를 과실범 개방처우 중심에서 중·장기 수형자 사회적응훈련 중심으로 특성화하여 다양한 사회생활 체험훈련을 통한 성공적인 사회복귀 도모하기 위한 프로그램이다. 형기 3년 이상(2범 이하) 수형자로서 중간처우 개시일로부터 4개월 ~ 1년 내외로 가석방이 가능한 자를 대상으로 단계별 교육을 실시하고 있다.

〈표 1-26〉 사회적응훈련원 단계별 교육내용

교육단계	교육기간	교육내용
제1단계 (시설적응)	1개월 이내	• 교육계획 수립 • 개방환경 적응교육(가석방예정일 고지)
제2단계 (근로적응)	4~8개월 내외	• 근로적응훈련(외부통근작업 등) • 제한적 체험훈련 및 대인관계향상교육
제3단계 (사회복귀)	가석방 전 1개월	• 전면적 체험훈련, 취업·창업지원교육 • 귀휴 등 사회적 처우 활성화

출처: 교정본부(2016) 자료.

중간처우(지역사회 내)

교정시설 내 처우를 시작으로 중간처우 시작 단계인 사회적응훈련원을 거쳐 사회복귀의 마지막 단계인 지역사회 내 중간처우시설에서 자율출퇴근 등을 통한 실질적 사회복귀를 지원하는 제도이다. 2013년 밀양희망센터를 시작으로 최근 아산희망센터를 열고 전면적인 취업·창업지원 교육 등 체험훈련을 통한 실질적인 사회복귀역량을 키우고 있다.

〈표 1-27〉 지역사회내 중간처우자의 처우

세부 처우 내용
● 자치회 운영 ● 식사는 회사 구내 식당 이용 ● 개인복장(기업체 복장) ● 주말, 공휴일을 이용한 자유접견 ● 스마트폰 등 핸드폰 개인 소유 ● 신문구독의 종류와 수량 제한 없음 ● TV시청, 생활관 내 여가시간 자율 허용 ● 컴퓨터 생활관 내에서 자율 허용 ● 문화·종교행사 공휴일 허용 ● 귀휴·사회견학·봉사활동 주말, 공휴일 이용

출소지원(무의탁 출소자 지원)

출소자 중 귀주지까지 갈 여비 부족 또는 미소지자에게 여비 지급, 계절에 맞는 피복·운동화를 지급하여 안전하게 귀가할 수 있도록 지원하는 제도이다.

사회복귀 지원 안내책자 발행

출소예정자에 대하여 출소 후 사회적응 과정에서 기본적으로 필요한 '행복한 내일을 위한 사회복귀지원 안내' 소책자를 발행, 보급하고 있다. 내용은 보호관찰제도, 가석방자 준수사항 등을 포함하여 주민등록 재등록 및 재발급 등 신용회복절차, 국민기초생활 보장제도, 긴급복지지원제도 등 사회보장절차, 취업 및 보호시설[9] 등을 안내하고 있다.

---

9) 출소자 지원을 위한 법인으로는 2016년 12월 31일 현재 기독교세진회, 한국교정복지회, 한국불교교화 복지선도회, 새생명 운동본부, 한국교정선교회, 천주교사회교정사목위원회, 교정자원봉사지원센터, 새희망 교화센터, (재)같이함께 등이 있다.

민간갱생보호법인 활동

무의탁 출소자에 대해 안정된 사회복귀지원을 위해 민간갱생보호법인과 숙식제공 및 취업 지원 등을 위한 협력관계를 유지하고 전국 교정시설 출소예정자 교육시 법무부 산하 민간갱생보호법인이 참여하여 사전면담을 통해 주거지원 및 취업을 알선하고 있다.

<표 1-28> 민간갱생보호법인 현황

법인명 구분	담안 선교회	한국교화 복지재단	세계교화 갱보협회	열린낙원	빠스카 교화복지회	양지뜸	뷰티플 라이프
소재지	서울시 중랑구	서울시 강남구	서울시 은평구	경기 부천시	경북 칠곡군	전주시 덕진구	충북 청주시
인원	135명 (남,여)	10명 (남)	25명 (남,여)	20명 (남)	13명 (남)	15명 (남)	20명 (남)
대상자	무의탁 출소자, (장애인, 약물중독, 환자 가능)	무의탁 출소자 (마약,알콜, 환자 제외)	보호관찰 대상 무의탁 출소자	무의탁 출소자 (성범죄, 마약, 환자 제외)	무의탁 출소자 (상담입소)	보호처분 청소년	무의탁 출소자 (상담입소)
사업내용	무료 숙식 제공 및 취업 알선 협력 병원 연계 환자 치료	무료 숙식제공 및 취업 알선	무료 숙식제공 및 취업 알선 등	무료 숙식 제공 및 취업 알선 지역사회 봉사활동	무료 숙식제공 및 취업 알선	청소년 학업지원 및 무료 숙식	취업과 숙식제공

출처: 범죄예방정책국(2016) 자료.

제6절
교정복지의 새로운 동향

1. 미국의 리엔트리(Re-entry) 전략 [10]

1) 배 경

출범배경

미국은 연간 60만 명 이상이 교정시설에서 출소하고 있고, 1,140만 명 이상이 구치소를 거쳐 가고 있으며, 성인들 중 1/3 가량이 체포기록을 갖고 있다. 이러한 범죄경력들로 인하여 상당한 기간 혹은 일평생 동안 일자리를 찾거나, 주택을 공급받고, 신용대출 등을 받는 데 많은 장애를 초래하여 왔으며 사회적으로 큰 문제가 되어 왔다. 구체적으로 1980년과 1989년 사이에 연방교정국 수용자 수는 24,500명에서 58,000명으로 대폭 증가했으며, 2013년 말경에는 220,000명까지 폭증하였다. 이는 미국이 전세계 인구의 5%에 불과 하지만, 수용자 비율은 25%를 차지할 만큼 많은 사람들을 수용하고 있으며, 이는 수용자뿐만 아니라 그들의 가족, 지역사회, 국가경제에 심각한 영향을 미치고 있음을 보여주는 것이다. 이러한 배경에서 수용자의 성공적인 사회복귀를 위해서 재사회화위원회가 탄생하게 되었다.

추진경과

연방재사회화위원회FIRC는 2011. 1. 법무부 장관 Eric Holder에 의해 재범을 줄여 안전한 사회를 구축하고, 전과자들의 재사회화를 도와 생산적인 시민이 되도록 인도하며, 구금에 소요되는 비용을 줄여 세제 낭비를 줄이는 것을 목적으로 설립되었다. 이는 2016. 4. 29 오바마 대통령의

---

10) 미국의 리엔트리(Reentry)전략은 필자가 2016년 10월 미국 법무부와 연방교정국을 방문하여 관계자와의 면담 및 관련 자료를 수집하여 정리한 것이다.

행정명령에 의해 공식적으로 출범하였는데 그것은 재범을 줄이고, 전과자들의 지역사회에 성공적으로 정착할 수 있도록 법무부 내 재사회화 위원회를 통해 20개 이상의 정부부처간의 협력을 공식화 한 것이다.

■ 2016. 4. 29. 미 대통령 버락 오바마 행정명령

미국은 두 번째 기회의 나라임, 수용자들에게 직업 및 삶의 기술을 가르치고, 정신건강 및 각종 중독문제에 대한 치료를 확대하는 등의 노력은 각 개인이 성공적인 재사회화를 할 수 있는 가능성을 높여줄 것임. 성공적인 재사회화에 대한 장애요소의 제거는 전과자들의 취업, 주거확보, 가족 부양 등에 도움이 될 것임. 이러한 것들은 재범률의 감소에 결정적인 영향을 미칠 것이고 우리 사회를 강화시키는 것임."

■ 2016. 4. 7. 법무부 장관 Loretta Lynch 연설

"매해, 600,000명 이상의 수용자가 연방 및 주 교도소의 복역을 마치고 석방되고, 1,140만명의 사람들이 지역 구치소를 거쳐 옴. 모든 숫자 하나 하나는 각각의 사람임. 각각의 사람들은 가족의 일원이고, 모든 가족은 공동체사회의 일원임. 이러한 사람들은 우리의 경제를 지탱할 수 있고, 우리의 가족을 지원할 수 있으며, 그들의 공동체를 보다 나은 삶의 영역으로 변화시킬 수 있음. 우리가 진실로 이런 존귀한 인적 자원을 제대로 활용할 수 있으려면, 그들이 삶의 기술 등을 가지고, 단순히 거주자로서가 아니라, '리더'로서 사회에 기여할 필요가 있음. 단순히 생존하는 삶이 아니라, '성공'하는 삶을 말함. 우리는 우리의 형제, 자매, 어머니, 아버지, 우리 – 미국인 – 들이 – 진정으로 집으로 돌아올 수 있는 것을 보장해야 함.

범정부적 노력

FIRC는 법무부 소속으로 개인기업 및 관계 부처의 협력을 이끌어 내어 미美 국민들이 가급적 사법시스템에 들어오지 않도록 검찰, 법원 그 밖의 법률 집행기관(보호관찰 등을 포함한 law enforcement)에서 총체적 노력을 기울이고 있다. 또한 교정시설에 구금된 수용자들의 사회복귀를 위해 직업교육, 학위교육, 취업알선 등을 위해 힘쓰고, 출소 후에도 무주택자들의 주거마련, 취업알선 등 지원에 나서고 있다.

성 과

이와 같은 노력으로 34년 만에 처음으로 2014년 말경부터 연초대비 5,149명의 수용자 수가 감소하였고, 이와 같은 감소추세는 지속되고 있다.

[그림 1-1] 2015. 7. 16. 오바마 대통령 오클라호마 소재 El Reno 연방교정시설 수용자들과 대화

2) 성공적 재사회화를 위한 장벽제거

취업기회의 확대

평등고용기회위원회The Equal Employment Commission, 이하 "EEOC"는 체포 및 판결기록의 사용에 관한 지침서를 발간하고, 미인사국The Office of Personnel Management, 이하"OPM"은 "Ban the Box" 규칙을 제정하여 연방정부의 직업 고용에 있어서 조건부 고용이 되기까지 전과기록을 조회하는 것을 금지하도록 하였다. 중소기업청The Small Business Admistration, 이하 "SBA"은 소액융자적격 조건을 확대하고 노동부와 법무부는 재사회화를 위해서 보조금 지원 등의 활동을 하고 있다.

교육의 기회 확대

교정교육프로그램이 재범방지, 고용창출, 세제낭비를 줄일 수 있다는 연구에 근거하여, 교육부는 법무부와의 협조로 다양한 방법으로 교정교육의 기회와 재사회화프로그램을 확대하고 있다. 또한 무상장학금제도를 도입하여 약 12,000명의 수용자들이 장학금을 받고 대학교육 이상을 수

료할 수 있도록 지원하였고, 교정시설과 일반사회교육의 교육수준 격차를 줄이는 등의 노력[11]을 하고 있다.

전과자 주거지원

주택도시개발부는 전과자들의 주거공간 확보를 용이하게 하기 위해서 전과기록이 있는 사람들과 주거계약을 거부하는 것은 공정 주거법을 위반하는 행위임을 명시한 공정 주거 지침서를 제공하고 있다.

건강보험 및 육체적 행동건강서비스 제공

보건사회복지부는 만성적 질환에 노출되어 있는 전과자들이 건강보험 혜택을 쉽게 받을 수 있도록 하고 있다.

전과기록 삭제 및 비밀정보화에 대한 새로운 시도

자격이 되는 청소년들에 대해 전과를 삭제하거나 비밀 정보화하여 이들의 취업과 교육에 대한 기회를 제공하고 있다.

기업들을 대상으로 취업홍보

백악관 등은 정기적으로 기업인들을 초청해서 전과자들의 취업을 독려하고 있으며, 이와 같은 노력의 결과 100여개 이상의 유관기관에서 전과자들의 고용을 약속하는 '공정기회서약서'에 동참하고 있다.

---

11) 각 교정시설에서는 수용자들이 학력이 없는 수용자들에게 GED(General Educational Development, 고등학교 졸업중)를 수료하도록 권고 및 교육하고 있으며, 나아가 지역 유명 대학과 제휴하여 교수진들이 교정시설을 방문하여 강의를 하고, 수용자들이 학위를 받을 수 있도록 하고 있다.

백악관의 전과자 고용동참 촉구	개인사업주의 전과자고용동참서

[그림 1-2] 백악관 등의 전과자 고용동참 홍보

수용자 자녀에 대한 조력

5백만 명 이상 혹은 7%의 아동이 같이 거주하던 부모가 교정시설에 수감되어 있는 것으로 추정하고 있다. 부모의 수감으로 아이들은 무주거, 재정불안정, 학교부적응, 행동 정신장애(우울증, 행동장애) 등을 겪을 위험도 크다는 점에 착안하여 이러한 아동들과 접촉하는 교사, 멘토, 그리고 교정직원들을 포함한 서비스 제공자들을 위한 안내자료를 발간하고, 교정국에서는 수용자와 그들의 자녀와 화상통화 시스템 구축을 통해 가족 간의 유대를 유지할 수 있도록 하고 있다.

[그림 1-3] 구금된 부모를 위한 안내자료

3) 형사사법 개혁 (Smart On Crime, 2013. 8.)

2013년 초 법무부는 한정된 예산을 효율적으로 사용하고 공정한 법 집행을 위하여 심각한 범죄(국가안보, 폭력범죄, 사기 등)에 검찰 기소를 집중하고, 우선순위에 따라 연방검찰의 기소에 관한 명확한 가이드 라인을 마련하였다.

이에 따라 비폭력적이고, 경범죄를 범한 사람들에 대해서는 구금이 아닌 다른 대체수단을 강구하여 검찰이 기소할 경우에 최소 형량이 너무 가혹하지 않도록 하고 있다.

2. 회복적 사법의 교정단계 도입

의 의

원상회복주의 또는 보상주의와 회복주의로 불리는 현대적 처벌관으로 이는 1977년 Randy E. Barnett에 의해 선도적으로 설파되었다(이백철, 2015). 과거 응징적 · 강제적 · 사후대응적 사법제도에 대한 반성에서 출발하여 범죄자들로 하여금 보다 생산적이고 책임감 있는 시민이 되도록 능력개발이 이루어져야 한다는 목표를 지향하는 적극적인 형사패러다임의 강조사상으로 일반적인 형사사법보다는 소년사법에서 중시되고 있다. 회복적 사법의 핵심가치는 피해자, 가해자 욕구뿐만 아니라 지역사회 욕구까지 반영하는 것이며 범죄가 발생하는 여건 · 환경에 관심을 둔다. 범죄로 인한 손해의 복구를 위해 중재, 협상, 화합의 방법을 강조하며 피해자 권리운동의 발전과 관련이 깊다.

교정단계에서의 도입검토

법무부 교정본부는 그동안 축적해 온 회복적 사법의 연구 성과를 바탕으로 이를 교정단계에 단계별 도입을 검토하고 있다. 회복적 사법정책이 목표와 취지에 비추어 교정현장에서 충분한 공감대의 형성이 우선 과제이기 때문이다. 1단계는 수용자로 하여금 범죄피해자 공감교육을 실시하고 2단계에서 제도설계를 한 다음 3단계에서 형집행법 개정 등 입법화하고, 마지막 4단계에서 정책프로그램을 본격적으로 실시할 예정이다.

교정단계 회복주의 사법의 단계별 접근	
1단계	**2단계**
▸ 피해자 공감 교육 개설 ▸ 범죄피해자 단체 초청 강연 추진 ▸ 새길誌 등에 용서 편지 마당 신설 ▸ 조정과 화해 적합 범죄 선별	▸ 우리나라 교정단계에서 회복적 사법의 도입 가능성에 대한 관련자 전수 조사 ▸ 자료 분석 및 제도 설계
3단계	**4단계**
▸ 형집행법 개정 등 입법 추진 ▸ 조정 모델 등 다양한 회복적 사법 도입을 위한 종합 계획 수립 및 시범 사업 전개	▸ 입법 반영을 통한 조정 모델 도입 ▸ 그 밖의 회복적 사법을 위한 정책 프로그램 본격 추진

출처: 교정본부(2017).

3. 유엔의 최근 교정 전략

유엔의 인식

전 세계적으로 많은 교정시스템은 위기단계에 직면에 있으며, 수용자, 그들의 가족 그리고 사회적으로 심각한 문제가 발생되고 있다. 많은 교정시설의 실상은 국제적 기준에서 많이 뒤처져 있을 뿐 아니라, 구금형의 본질적인 목적을 상실하고 있다. 2013년 기준 약 1,200만의 사람들이 교정시설에 구금되어 있고, 평균적으로, 전 세계 인구 십만 명당 144명의 사람들이 수용생활을 하고 있다. 교정시설에 수감됨으로써 각 개인은 가난의 굴레를 벗어나지 못하고 있으며, 국가도 재정적으로 많은 부담을 안고 있다. 지역적으로 차이가 있지만, 교정시설 과밀화는 심각한 수준이며 수용자 처우의 최소 처우 규칙 적용에 심각한 장애가 되고 있다. 교정시설이 과밀화되고 제대로 운영이 되지 않으면, 교도소는 수용자와 직원들에게 위험한 장소로 전락할 위험이 있을 뿐 아니라, 범죄학교 또는 과격단체를 양성하는 공간으로 바뀔 수 있다.

유엔의 전략

UN은 이러한 교정시설의 위기를 유발하는 다양한 원인을 고려하여, HIV/AIDS 예방, 관리 및 치료를 포함한 등의 영역에서 다음의 3가지 목표에 따라 형법개혁을 추진하고 있다. 구금 범위의 축소, 교정시설 환경개선, 전과자들의 출소 후 사회통합이다. 전략의 핵심은 회원 국가들의 형법 개혁 프로그램의 시작과 적용에 있으며, 가시적인 결과를 도출해 내는 것이고, 회원국가들이 요구시 구금의 대체안을 제시하고 전과자들의 사회적 통합으로 재범률을 줄이는 데 기여하는 데 있다. 이러한 형법개혁안이 성공적으로 지속되기 위해서는 교정행정과 보호관찰소의 노력에 그치지 않고, 입법자, 정책입안자 그리고 경찰, 검찰과 같은 형사사법 관계자, 법원과 같은 총체적인 관심과 노력이 필요하다는 인식을 하고 있다.

유엔 피구금자 처우최저기준 개정

UN 피구금자 최소처우 규칙Standard Minimum Rules for the Treatment of Prisoners은 1955년 제정된 이후 교정시설 운영과 수용자 처우에 표준으로 인식되어 왔으나, 그동안 국제법과 국제적 교정의 변화에 맞게 개정할 필요성이 대두되어 2011년 UN 총회에서 정부간 전문가 그룹의 의견, 관계 시민사회 및 관계 UN 기구가 동참하여 개정하게 되었다. 피구금자 처우 규칙 중에 약 35% 가량이 변경되거나 대체되었으며, 제 4차 전문가 그룹 회의에서 세계 인권, 평등, 민주주의 평화 문화 제고를 위해 노력하다 27년간 수감생활을 보낸 넬슨 만델라Nelson Rolihlahla Mandela 故 아프리카 대통령을 기리기 위해 만델라 규칙으로 개칭하기로 했다.

> "사람들은 그 나라의 구치소에서 생활해 보기까지는 그 나라에 대해 안다고 할 수 없다고 합니다. 국가는 그 나라의 상류층에 대해 어떤 처우를 하는 가에 평가받는 것이 아니라, 가장 취약계층에 대한 처우에 따라 평가받아야 합니다."(고 넬슨 만델라 대통령)

참고문헌

배종대,정승환 (2002). **행형학**. 서울:홍문사.

법무부 (2016). **교정위원운영지침.**

법무부 (2016). **수용자교육교화지침.**

법무연수원 (2016). **범죄백서 2015**. 충북: 우리사.

오영근 · 조미숙 · 신석환 · 문상식 (2013). **교정복지론**. 서울:양서원.

이백철 (2015). **교정학**. 서울: 교육과학사.

이수성,한인섭 역 (1995). **범죄와 형벌**(Cesare. B:1764). 서울:길안사.

이언담(편) (2015). **신경향 교정학**. 서울: 가람북스.

이언담(편) (2016). **신경향 형사정책**. 서울: 가람북스.

이윤호 (1995). **교정학**. 서울: 박영사.

이정찬 (2000). **교정복지학**. 서울: 한국교정선교회.

홍봉선 (2007). **교정복지론**. 서울:공동체.

최옥채 (2003). **교정복지론**. 서울: 아시아미디어리서치.

교정본부 (2016). **사회복귀과 통계 자료.**

Calliess. R & Müller—Dietz. H(2000). Strafvollzugsgesetz, 8.Aufl., München.

Goddard. H. (1920). *Efficiency and Levels of Intelligence.* Princeton, N. J.: Princeton University Press.

Lange, J.(1929). *Verbrechen ist Schicksal.* Studien an Kriminellen Zwillingen.

Mednick, S. A./Gabrielli, W. F./Hutchings, B.(1984). *Genetic Influences in criminal convictions*: Evidence from an adoption cohort, 891—894.

Freud.S.(1963). *An Outline of Psychoanalysis, translated by James Strachey.* New York: Norton.

Cohen, A. (1955). *Delinquent Boys*, New York.

Miller, W.(1958), *Lower Class Culture as a Generating Milieu of Gang Delinquency*, in : Journal of Social Issues 14, 5-19.

Siegel, L. J. (2007). *Criminology: Theories, Patterns, and Typologies*. 9 Ed. 이민식 · 김상원 · 박정선 · 신동준 · 윤옥경 · 이성식 · 황성현 역, (2008), 범죄학: 이론과 유형, CENGAGE Learning.

CORRECTIONAL WELFARE

제 2 장

교정복지와
사례관리   – 집필 이동은

제1절
교정복지의 개념

1. 교정복지의 정의

교정복지Correctional Social Work or Forensic Social Work는 사회복지 실천 영역의 한 분야이다. 우리 나라 사회복지사업법 시행규칙에는 '교정복지론'이 사회복지학 전공 교과목의 하나로 지정되어 있으며, 한국사회복지사협회에서는 교정사회복지사를 '법무부 산하의 교정시설에서 범죄인의 재활과 범죄 예방에 개입하고 있는 사회복지 전문직'으로 규정하고도 있다. 하지만 교정복지의 개념에 대해서는 아직까지 공식적으로 정의된 것은 없다. 미국의 교정사회복지사협회National Organisation of Forensic Social Work에서는 교정복지를 사법 영역에서 사회복지사들이 법을 위반한 사람들의 범죄동기와 행동, 재활이나 회복 능력과 의욕 등을 조사하고 예측하여 법원에 평가 자료 등을 제공하는 활동이라고 하였고(Sheehan, R. 2016), Barker & Branson(2014)은 아동 양육 분쟁, 아동 학대, 이혼 등에서 법적 증거를 제공하고 범죄행동의 사례 조사나 법적 지원 등을 하는 활동이며, 사회법과 휴먼서비스와의 접점에 초점을 두는 전문적인 특성을 가진다고 하였다. 국내 학자들의 경우에는, 배임호 등(2007)이 '범죄인과 피해자, 그들의 가족, 범죄가 발생되는 지역사회의 문제 해결과 예방적 관점에서 범죄와 비행에 의한 영향으로부터 정상적인 상태로 회복시키고자 행해지는 일체의 활동을 교정복지라고 하였으며, 홍봉선(2007)은 사회복지의 한분 야로서 범법 행위를 한 사람과 가족을 대상으로 사회복지의 철학과 가치관을 근간으로, 사회복지의 정책과 실천기술을 활용하여 그들의 삶의 질을 높이는 활동이라고 하였다. 최옥채(2010)는 '개별사회사업, 집단사회사업, 지역사회사업, 사례관리 등 기초적인 사회복지 실천 방법론을 활용하여 범죄인이나 비행 청소년이 심리적, 사회적으로 가장 편안한 상태를 유지하면서 사회에 적응해 나갈 수 있도록 돕는 활동'으로, 조흥식과 이형섭(2014)은 "형사재판의 집행단계인 '교정'이라는 특수한 사회복지 실천 영역에서, 범죄인 및 비행청소년의 원활한 사회복귀와 사회적 기능수행 회복, 범죄원인과 관련된 문제해결 및 범죄 피해의 원상회복 등을 위하여 사회복지 철학과 가치를 기초로 전문적 사회복지 실천방법론을 활용하는 복지실천"이라고 하였다. 이들의 정의를 종합하면 교정복지[12]란 '사회복지의 철학적 가치[13] 하에 전문적인 실천기술을 활용하여 비행소년과 범죄인의 재범을 예방하고 해결하며 사회복귀를 도모하는 총체적인 활동' 이라고 정의할 수 있다.

> **교정복지**
>
> 사회복지의 철학적 가치 하에 전문적인 실천기술을 활용하여 비행청소년과 범죄인의 재범을 예방하고 해결하며 사회복귀를 도모하는 총체적인 활동.

2. 교정복지에 사례관리의 적용

교정복지 현장에는 다양한 사회복지 실천방법들이 활용되고 있다. 그렇지만 아직까지 사례관리가 생소한 것은 사실이다. 사례관리는 시설수용의 한계, 복합적인 욕구를 가진 클라이언트에 대한 체계적이며 통합적인 서비스, 비용억제의 필요성 등에 의해 부각된 실천방법이다. 이러한 등장 배경은 시설에서의 박탈을 경험하고(한영선 · 이명숙, 2016), 복합적인 욕구를 가진 비행청소년과 재소자들에게 사례관리가 효과적인 교정 방법이 될 수 있음을 시사한다.

그동안, 낙인의 폐해를 주장하는 사람들은 비행청소년과 재소자들의 시설 내 처우가 낙인의 부작용과 범죄의 답습, 사회 재적응에 부정적인 영향을 미칠 수 있다고 하였다. 이들은 소년원이나 교도소의 시설처우 보다는 사회 내 처우인 탈시설화deinstitutionalization가 필요하다고 하였으며, 이

---

13) 본 원고에서의 정의는, '교정복지'를 '아동복지, 노인복지' 등과 같이 사회복지 전문실천영역의 관점에서 파악하고 , 사회복지협회와 학자들의 정의를 요약 · 정리한 것이다.

14) 사회복지의 철학적 가치는 사회복지사 윤리강령에 잘 드러나 있다. 한국 사회복지사 윤리강령 내용 : 사회복지사는 인본주의 · 평등주의 사상에 기초하여, 모든 인간의 존엄성과 가치를 존중하고 천부의 자유권과 생존권의 보장활동에 헌신한다.
특히 사회적 · 경제적 약자들의 편에 서서 사회정의와 평등 · 자유와 민주주의 가치를 실현하는 데 앞장선다. 또한 도움을 필요로 하는 사람들의 사회적 지위와 기능을 향상시키기 위해 저들과 함께 일하며, 사회제도 개선과 관련된 제반 활동에 주도적으로 참여한다. 사회복지사는 개인의 주체성과 자기결정권을 보장하는 데 최선을 다하고, 어떠한 여건에서도 개인이 부당하게 희생되는 일이 없도록 한다. 이러한 사명을 실천하기 위하여 전문적 지식과 기술을 개발하고, 사회적 가치를 실현하는 전문가로서의 능력과 품위를 유지하기 위해 노력한다(이하 생략).

들의 주장은 다양한 전환처우diversion로 이어졌다(김준호 외, 2009:127). 전환처우는 경찰이나 법원단계에서 감금이나 투옥 대신 치료를, 교도소에서는 다양한 치료프로그램과 가석방 실시, 출소 후에는 재범 예방 프로그램 지원 등으로 다양하다. 외국에서는 이미 다양한 전환처우에 사례관리가 적용되는 예가 많으며, 사례관리를 받은 재소자가 사례관리를 받지 않은 재소자에 비해 재범이 감소되었다는 효과성 보고도 있었다(Loveland & Boyle, 2007). 하지만, 국내에서는 전환처우가 외국에 비해 다양하지 않으며, 출소 후 처우방법도 소년보호협회나 한국법무보호복지공단 등의 단기간 갱생지원이나 자활 도모가 전부일 뿐, 기관 간의 연계도 부족하고 지속적인 관리도 이루어지지 않고 있으며, 더욱이 사례관리의 적용이나 효과성 검증은 전무한 실정이다(법무연수원, 2015). 사례관리는 시설 수용에 대한 대안과 더불어, 클라이언트의 복합적인 문제를 지역사회에서 지속적으로 관리하고 해결하도록 대두된 실천 모델인(Summers, 2012) 바, 재소자들이 낙인의 부작용을 최소화하고 지역사회에 효과적으로 적응하기 위해 사례관리를 적극 활용할 필요가 있다.

한편, 비행청소년이나 재소자들의 대부분은 복합적이며 상습적인 문제와 욕구를 가진 사람들이다. 우울장애나 공격성 같은 정신·행동적 문제와 가정과 사회적으로 열악한 환경에 처해 있는 이들을 교정하기 위해서는 정신과 신체를 포괄하는 종합적인 대책과 공식적·비공식적인 지원체계가 마련되어 있어야 한다(Loveland & Boyle, 2007). 사례관리는 복합적이고 장기적인 욕구를 가진 클라이언트에게 개별 상담과 치료 서비스는 물론, 지역사회의 공적, 사적 자원을 조정하고 통합하여 서비스를 포괄적으로 제공해주는 실천방법이다(Summers, 2012). 때문에 교정영역에 사례관리를 적용하여 비행청소년과 성인 범죄자들의 복합적인 문제와 욕구를 포괄적이며 효과적으로 해결해 주어야 할 것이다.

마지막으로, 사례관리는 교정에 있어 비용 효과성과 효율성을 도모할 수 있다. 사례관리는 1970년대에 지역사회 서비스의 중복과 시간 소모적이고 비효율적인 기존의 전통적인 접근 방법을 극복하기 위해 부각된 실천 방법이다(Gursansky et al., 2003). 사례관리의 핵심은 자원의 연계와 조정으로, 사례관리를 사용하는 대부분의 목적은 클라이언트의 문제를 효과적이고 효율적으로 해결하기 위해서다(Summers, 2012). 다시 말해 사례관리는 클라이언트 개인에게 맞는 체계적인 사례관리 계획을 세우고 다양한 서비스를 조정하고 통합하여 비용대비 효과성과 효율성을 가져올 수 있다. 현재, 우리나라의 한해 교정비용은 성인재소자 1인당 1,000~2,000만원, 학과교육 등이 포함되는 소년은 3,000~4,000만원으로 추산된다(안윤숙, 2015). 적지 않은 비용이 교정에 투입되고 있지만 최근 재범률은 여전히 증가하는 것으로 보고되고 있다(법무연수원, 2015). 따라서 효율성과 효과성을 강조하는 사례관리를 교정 현장에 적용하여 비행청소년과 재소자의 재범 예방에 비용대비 효과성을 검증하고 효율적인 교정이 되도록 해야 할 것이다.

제2절
사례관리의 이론적 배경

1. 사례관리의 정의

현재, 사례관리[14]의 개념은 학문분야나 적용 대상에 따라 약간씩 차이가 있으며, 사회복지실천 안에서도 학자나 사례관리 주체에 따라 다양하게 정의되고 있다. 미국 사회복지사협회에서는 사례관리를 '서비스를 연결하고 조정하여 개인의 욕구를 충족시킬 수 있는 포괄적인 프로그램'으로, 호주사례관리협회(2006)는 질적으로 향상되고 비용 효과적인 돌봄을 추구하며, 이용 가능한 자원을 가지고 사정, 계획, 촉진, 옹호 등을 하는 협업과정이라고 하였다(Cooper & Roberts, 2006). 우리나라 주요기관이나 협회에서는 '만성적이고 복합적인 문제를 가진 클라이언트와 가족을 대상으로, 다양한 지역사회 자원을 연결시켜 지속적이고 효과적인 사회복지서비스를 제공하는 통합적인 원조대책이며 실천 방법이라고 정의하였다(한국보건복지인력개발원. 2008; 한국사례관리학회, 2014; 유성호 외, 2015). 학자들은, 옹호와 서비스를 통해 효과적이고 효율적으로 욕구를 보장하는 과정이고, 목표, 이념, 기능 등 구조적인 체계를 가지며(Intagliata, 1982), 전통적 사회복지실천방법의 모든 측면을 통합한 것으로, 사회복지 실천의 새로운 접근법이자(이영호, 2015), 클라이언트의 독특하고 다양한 서비스 조각들을 묶는 접합제(Frankel & Gelman, 2012)라고 하였다. 이러한 정의들을 정리하면 사례관리란 '복합적인 욕구를 가진 클라이언트의 기능을 회복하기 위해 클라이언트와 지역사회 자원을 활용하여 통합적이고 지속적인 서비스를 제공하는 사회복지실천의 한 방법'이라고 할 수 있다.

---

15) 사례관리(case management)는 관리(management)라는 용어가 클라이언트나 가족을 관리대상으로 인식될 수 있다는 비판 때문에 외국에서는 보호관리(care management), 보호조정(carecoordination), 서비스 조정(service coordination) 등으로 사용되고 있다(한국사례관리학회, 2014; Woodside & McClam, 2007). 그렇지만 우리나라에서는 관리서비스 체계 등을 원활하게 운용한다는 의미에서 처음 번역된 관리(management)라는 용어를 지금까지 사용하고 있다(한국장애인복지관협회, 2013).

<표 2-1> 사례관리의 다양한 정의

학 자	사례관리 정의
미국사회복지사협회 (1984)	개인의 욕구 충족을 위해 서비스를 연결하고 조정하는 포괄적인 프로그램
호주사례관리협회 (2006)	개인의 욕구를 충족시키는데 있어, 질적으로 향상되고 비용 효과적인 돌봄을 위해 이용 가능한 자원을 가지고 사정, 계획, 촉진, 옹호 등을 하는 협업과정
한국사회복지협의회 (유성호 외, 2015)	복합적인 원인으로 요보호 상태에 있는 클라이언트에게 다양한 지역사회 자원을 연결시켜 관리하는 원조대책으로서 여러 가지 욕구를 조기에 적절하게 대응하는 지역보호 체계
한국보건복지 인력개발원(2008)	장기적이고 복합적인 문제를 가진 클라이언트를 대상으로 사례관리자가 오랜 기간 동안 책임지고 필요로 하는 서비스들을 다양한 원천으로부터 동원하여 연결하고 모니터하는 활동
Intagliata (1982)	사례관리 대상자를 옹호, 서비스 조정, 서비스 제공 등을 통해 효과적이며 효율적으로 욕구를 보장하는 과정이며, 목표, 이념, 기능 등의 구조적인 체계
Rubin(1992)	사례관리대상자와 지역사회자원을 연결하여 사례관리대상자를 돕는 과정
Frankel & Gelman(2012)	클라이언트의 독특하고 다양한 서비스 조각들을 묶는 접합제 역할
이영호(2015)	전통적 사회복지실천방법의 모든 측면을 통합한 것으로서, 다양하고 복합적인 욕구를 가진 클라이언트를 대상으로 그들의 욕구를 충족시키고 사회적 기능을 향상시키기 위하여 고안된 사회복지 실천의 새로운 접근법
윤철수 · 김연수 (2014)	클라이언트의 복합적인 욕구를 충족시키기 위해 지역사회자원과의 네트워크를 기반으로 임상 및 행정과 관련된 다양한 실천업무를 수행하는 것
한국사례관리학회 (2014)	만성적, 복합적 욕구가 있는 클라이언트와 가족의 사회적 기능 회복을 위해 운영체계를 확립하고, 이를 기반으로 체계적 사정과 지역사회의 다양한 자원을 활용하여 지속적이고, 효과적인 사회복지서비스를 제공하는 통합적 실천 방법
사례관리	복합적인 욕구를 가진 클라이언트의 기능 회복을 위해 개인과 지역사회 자원을 활용하여 통합적이고 지속적인 서비스를 제공하는 것

이상으로 교정복지와 사례관리 정의를 종합하여 정리하면 다음과 같다.

교정사례관리(correctional case management)

복합적인 욕구를 가진 범죄인과 비행소년의 기능을 회복하기 위해 교정보호기관의 자원과 지역사회내 자원을 활용하여 통합적인 교정서비스를 제공하는 복지실천의 한 방법.

---

2. 사례관리 등장 배경

사례관리는 휴먼서비스분야에서 클라이언트를 돕기 위해 오랜 기간 사용된 방법이다(Wood-side & McClam, 2007). 1848년 매사추세츠 정신장애시설 아동들에게 시행된 욕구사정, 정신과 신체의 통합적 서비스, 자료 수집과 정보관리, 퇴소 후 방문치료사 파견, 1889년 Hull House 복지관의 클라이언트 기록관리, 빈곤근로자 옹호, 1895년 뉴욕 Henry 복지관의 방문간호사업, 멕시코 내전 군인가족에게 진행된 미국적십자의 지속적인 서비스, 개별사회사업을 정립한 Mary Richmond의 자료수집과 조사, 사례기록, 치료의 과정들은 모두 사례관리의 원형들이다(Sum-mers, 2012; Woodside & McClam, 2007).

사회복지 역사에서 이와 같이 다양하게 사례관리의 요소들이 발견되지만 사례관리가 관심을 받게 된 것은 1960년대 탈시설화 때문이다. 탈시설화는 정신장애인의 시설수용에 대한 비판과 함께, 정신장애인을 가정과 지역사회에서 치료와 보호를 받게 하자는 운동이었다. 미국에서는 탈시설화 영향으로 1963년 지역사회정신보건법, 1965년 미국노인복지법등이 제정되고, 지역사회 재가 프로그램들이 확대되었다(이영호 외, 2010). 하지만, 이들 서비스는 분산되었고 단편적이어서 시설에서 나온 정신장애인은 물론, 지역에서 증가하기 시작한 고령자, 재해자 등 복합적인 욕구를 가진 클라이언트들이 서비스를 이용하기에는 한계가 많았다. 즉, 단순하고 파편적이며 중복된 지역사회 서비스를 조정하고 통합해야 할 필요성이 대두되었고, 서비스를 조정하고 통합·관리하는 것으로 인식된 사례관리가 주목받게 되었던 것이다.

1970년대는 사례관리가 더욱 부각되었다. 당시에는 가족, 친지와 같은 비공식적 자원의 중요성과 공식적인 자원과 비공식적인 자원의 통합이 강조되었으며, 사례관리가 상담이나 치료, 정보

제공과 같은 전통적인 개별사회사업은 물론, 지역사회와 집단 사회 사업를 연계하고 통합하는 것으로 알려져 사회복지실천 방법으로 사례관리가 한층 강조되었다(한국사례관리학회, 2014; 최선화, 2015; Woodside & McClam, 2007).

1980년대는 사회복지비용의 절감이 보다 더 구체적으로 진행되는 시기였다. 자원의 효율적인 배분과 복지비의 축소를 주장하는 신자유주의의 등장으로 사회복지서비스가 지방정부로 이관되는 가운데, 비용 효과적으로 인지된 사례관리가 사회복지서비스 실천방법으로 집중적인 선택을 받았다. 이는 1988년 가족지원법에 AFDC 공공부조 대상자들의 사례관리를 의무화하도록 명시하였고, 1996년 개인책임 및 근로기회법에 공공부조 대상자가 구직과정에서 서비스 조정과 같은 사례관리를 받도록 하였다(한국사례관리학회, 2014).

한국에서는 1990년대부터 재가복지사업의 실천방법으로 사례관리가 등장하였다. 1990년대 초 한국정신보건사회복지학회의 정신보건 전문요원양성 인턴쉽 과정에 사례관리를 명시하였으며, 1993년에는 김만두 교수가 사례관리 편역서를 발간하였다. 1995년에는 정신보건법 개정시에 필수사업의 하나로 사례관리가 지정되었으며, 2009년에는 한국사례관리학회가 창설되었다. 2010년에는 보건복지부가 기초생활보장 수급자와 차상위계층, 긴급지원가구를 대상으로 공공사례관리를 전국으로 확대 시행하였으며, 여성가족부 산하 시ㆍ도 건강가정지원센터, 경기도 16개 시ㆍ군 무한돌봄센터와 민간네트워크 센터에서도 심층적인 사례관리가 진행되었다(한국사례관리학회, 2014).

사례관리는 현재, 기존 사회복지 실천방법과의 중복성, 재정이나 네트워크의 미흡 등을 지적받고 있으나(이영호, 2015), 다양한 계층을 대상으로 효과성을 검증한 연구들이 발표되고 있으며 (손지훈 외, 2015; 이명수 외, 2016; 정순둘ㆍ고미영, 2003; Goodwin et al., 2003; Loveland & Boyle, 2007; Ozcelik et al., 2014; Saleh et al., 2002). 사회복지실천 교과서에 사례관리가 독자적인 실천방법으로 제시되는(김현호 외, 2015; 이영호, 2015; 최선화, 2015; 홍봉수 외, 2015) 등 독립적인 영역을 구축해 가고 있다.

3. 사례관리의 이론적 관점

사례관리에 관한 이론적 접근에는 강점관점, 생태체계이론, 네트워크 이론, 임파워먼트, 옹호 등이 강조된다.

강점관점은 사람들이 강점에 초점을 두었을 때 그들의 삶을 창조적으로 변화시킬 수 있고 가장 성공적으로 문제를 해결할 수 있다고 주장한다(Hall et al., 2002). 강점관점은 인간의 가능성, 능력, 잠재력 등을 중시하며(윤철수·김연수, 2014), 모든 사람이 강점을 가지고 있다고 가정한다. 강점관점은 클라이언트 자체 내에 문제를 해결하는 자원을 보유하고 있음으로, 클라이언트의 문제와 병리적 현상보다는 클라이언트의 잠재능력과 클라이언트의 역량에 초점을 맞추어 욕구를 사정하고 목표를 설정하게 한다.

생태체계이론은 환경 속의 인간을 강조하는 사회복지실천의 근간을 이루는 관점이다. 사례관리에서 생태체계이론은 개인을 가족과 지역사회체계에서 이해할 수 있게 하고 개인 문제의 해결을 위해 가족과 지역사회에 개입해야 한다는 실천논리를 제공해준다. 즉, 생태체계이론은 클라이언트와 클라이언트를 둘러싼 환경과의 상호작용을 도모하고 통합적인 접근을 유도하여 클라이언트의 다양한 문제들을 포괄적으로 사정하고 관리할 수 있게 한다.

임파워먼트 관점은 클라이언트가 역량을 최대한 발휘할 수 있도록 돕는 것을 말한다. 사례관리자는 임파워먼트 관점을 활용하여 클라이언트가 자신감과 능력을 회복하고 강점과 창의력을 최대한 강화시킬 수 있도록 도울 수 있다.

또한, 사례관리에서는 지역사회의 다양한 조직과 자원을 연계하고 조정·협력을 통해 중복된 서비스를 방지하고 적합한 서비스를 제공하는 네트워크이론도 강조된다. 사회복지역사에서 자선조직협회의 등장과 탈시설화 이후 사례관리가 중요하게 부각된 이유는 중복서비스를 방지하고 한정된 자원을 효율적으로 배분하기 위해서였다. 사례관리에서 네트워크 관점은 정보 등 자원의 공유를 통해 서비스에서 제외되거나 중복 수혜를 받은 클라이언트를 찾아내고 자원의 활용도를 높여 사례관리의 효과성을 극대화하는데 기여한다.

옹호는 사회복지의 가치가 가장 잘 반영되는 관점이다. 옹호는 전문가의 기본적인 의무로, 다른 사람을 직접적으로 보호하거나 대표하는 행위이며, 지지나 권한 부여 등을 통해 개인이나 집단, 지역사회의 권리를 지키고 보호하는 것이다(이철수 외, 2009). 사례관리의 클라이언트들은 상당부분 자신의 권리를 주장하는 능력이 미약하거나 합법적으로 관철하는 방법에 익숙하지 못한 취약한 대상들이다. 옹호는 이러한 클라이언트를 대신하여 직접적으로 말하거나 탄원하며, 간접적으로 이들의 역량을 강화하고, 법적·정책적 지원 활동을 하는 것을 말한다(엄명용 외, 2014).

4. 사례관리의 주요 구성요소

사례관리는 사례관리자와 사례관리 대상 클라이언트, 사회자원 등으로 구성된다. 사례관리대상의 주요 클라이언트는 아동, 청소년, 장애인, 노인 등 취약한 계층이며 복합적인 욕구를 가진 경우가 대부분이다. 사례관리자는 이들을 직접적으로 상담하거나 교육을 하며 자원을 연계하는 역할을 한다. 1960년대에 사례관리가 주목받기 시작한 초반에는 사례관리자의 역할이 클라이언트 개인을 코디네이터 하는 제너럴리스트였으나 그 이후에는 통합자, 고충 처리자, 위기 개입자, 환자의 대표자, 주primary치료자, 교사, 중개자, 중재자, 감독자, 사후관리자 등으로 역할이 다양해졌다(Frankel & Gelman, 2012; Intagllata, 1982). 이들 사례관리자는 직접적으로 서비스를 제공할 뿐만 아니라 사회자원을 발굴하거나 조직하고 조정하며 클라이언트의 자원이용을 촉진해야하므로 네트워킹 기능과 팀워크 기술 등이 필요하다(Woodside & McClam, 2007:4). 사례관리자는 협력기관 간 가치가 충돌하거나, 서비스를 원하지 않는 비자발적인 클라이언트를 만났을 때, 또는 한정된 자원이나 정책 규제, 다양한 역할에 따른 과도한 업무량으로 사례관리 과정에서 갈등과 소진이 초래될 수 있다(한국사례관리학회 외, 2014:78). 때문에 사례관리자를 관리하고, 사례관리를 총괄하는 사례관리 기관에서는 사례관리자를 위해 지속적인 교육과 더불어 소진을 예방하기 위한 지원 대책을 마련해야 한다.

사례관리에 있어 또 하나의 중요한 구성요소는 사회자원이다. 사회자원에는 행정기관과 같은 공식적인 자원과 가족과 이웃, 종교단체, 자원봉사 조직 등의 비공식적인 자원이 있다. 사례관리 대상 클라이언트들의 대부분은 비공식적인 자원인 가족이나 이웃 등이 역기능적인 경우가 많다. 때문에 사례관리자는 클라이언트의 비공식적인 자원은 기능적으로 변화시키고, 공식적인 자원은 클라이언트에게 효율적으로 연계시켜 공식적, 비공식적 자원이 클라이언트 문제를 통합적으로 해결할 수 있도록 해야 한다.

이외에도 사례관리에는 수퍼바이저, 외부 자문위원회, 사례관리자와 클라이언트를 총괄하는 통합사례관리팀이나 통합사례관리 지원단이 구성될 수 있다(한국사례관리학회, 2014).

5. 사례관리의 기능 및 기본 원칙

오늘날 사례관리는 다차원적이며 통합적인 기능을 한다. 사례관리가 주목받기 시작한 1970년 대에는 사례관리 기능이 필요한 서비스를 클라이언트에게 연계하고 조정하는 과정이 중심이었다. 하지만 최근에는 클라이언트 지지나 상담, 치료 등 직접적인 서비스 외에, 신체, 심리, 사회의 다학제적인 차원에서 창조적이고 통합적인 서비스 기능이 수행된다(이영호, 2015; 최선화, 2015; 한국사례관리학회, 2014: Ozcelik et al., 2014; Rothman, 2009). 즉, 사례관리는 상담을 통한 클라이언트 지지와 옹호 등 전통적인 사회복지 실천 기능은 물론, 클라이언트와 사회자원과 연계, 자원과 클라이언트의 상호작용 촉진, 사례관리기관 상호 간 조정 등 복합적인 기능을 한다 (이영호, 2015).

한편, 전미사회복지사협회(NASW, 2013)에서는 사례관리에서 지켜야 할 표준원칙들을 상세하게 제시하고 있다. 사례관리자는 사회복지전문직의 윤리와 가치를 고수하고 증진시켜야 하며 사례관리 이론과, 증거기반 실천 등에 관한 지식을 갖추어야 한다. 또한 문화 및 언어적으로 적절한 서비스를 제공해야하고, 클라이언트의 권리와 강점, 욕구옹호, 자원 연계, 동료 및 기관 간 협력 증진, 사례관리 평가 참여, 비밀보장, 기록화, 합리적인 사례량과 책임완수, 지속적인 교육이수 등의 원칙을 제시하고 있다(윤철수 · 김연수, 2014). 이 밖에 여러 학자들도 서비스의 개별성과 포괄성, 규모 있는 서비스, 클라이언트의 자기 결정 최대화, 클라이언트 자율성 증대, 서비스의 지속성과 연계성(이영호, 2015), 가족체계 기반의 개입과 자원연계(윤철수 · 김연수, 2014), 서비스의 통합, 보호의 지속성, 클라이언트의 역량강화, 평가 원칙 등을 제안하였다(최선화, 2015).

제3절
사례관리의 실천 및 예시

1. 사례관리 모델

　　사례관리를 수행하기 위한 모델은 매우 다양하다. 사례관리자가 클라이언트에게 직접 개입 하거나 자원만 연계할 수 있고, 클라이언트 개인이나 클라이언트 체계를 포함할 수 있으며, 사례관리자가 단독으로 개입하거나 사례관리 팀으로 개입할 수도 있다. 또한 클라이언트의 욕구 정도, 이론적 기반, 사례관리의 초점이나 목표, 사례관리 기관의 특성 등에 따라 개입의 형태가 달라지기도 한다. 학자들은 이러한 기준들을 가지고, '일반, 전문가, 가족, 심리적 회복, 지지, 자원자 모델(Levine & Fleming, 1987),' Eggert 등(1990)은 '가정 헬스 케어팀, 이웃팀, 중심화된 개인 모델(Frankel & Gelman, 2012),' Hall 등(2002)은 〈표 2-4〉에 제시한 'ICM 모형' 등으로 다양하게 사례관리를 모델화 했다.

1) 사례관리의 복합성 수준에 따른 모형

〈표 2-2〉 사례관리의 복합성 수준에 따른 모형

구분	단순형	기본형	종합형	전문관리형
사례관리의 근본 목적	클라이언트와 지역사회 자원 및 서비스를 단순히 연계	기초적인 조언과 상담 등 직접 서비스 제공. 클라이언트와 지역사회 자원 및 서비스 연계	문제 상황과 행동 치료. 지역사회 자원과 연계	직접 상담, 치료, 간접 서비스제공, 관리자로서 서비스 관리

사례관리자 역할	자원과 서비스 중재자	중개자, 상담자 (심층상담 제한), 교육자, 지지자, 서비스점검자. 가정 및 현장 방문 서비스 제공	자원 및 서비스 중개자, 상담자, 치료자, 옹호자	통솔자, 자원배분, 조정자, 상담자, 치료자, 교육자, 관리자, 계획자, 점검자
사례관리자 위치	기존의 조직과 업무 수행부서에서 수행 (전문가에 의한 엄격한 슈퍼비젼)	기존의 조직 내에서 수행 (경험 많은 사회사업 가의 슈퍼비젼)	독립된 부서운영 최소한의 슈퍼비전	독립된 팀 형성 슈퍼비전 필요 없음
담당사례수	5~100명 (비교적 많음)	30사례 정도	10~20사례	최소사례 (10사례미만)
개별/팀접근	주로 개별적 접근 (팀 접근 가능)	개별적 접근 선호	개별적 접근	팀 접근
사례관리자 자율성 정도	자율적인 결정권 없음	어느 정도 자율성 확보	자율적인 의사결정 보장	전문분야별 자율성 보장 그러나 공동결정 요망

2) 사례관리자의 업무 초점에 따른 분류

〈표 2-3〉 사례관리자의 업무 초점에 다른 분류

구분	역할 기반 사례관리	조직 기반 사례관리	책임 기반 사례관리
목적	클라이언트 욕구 충족을 위해 다양한 서비스 연결 -치료적 케어 -서비스의 효율성과 질 감독	모든 서비스를 한곳에서 이 용가능. 클라이언트 욕구 충 족을 위해 다양한 서비스 연 결	전문가에서 비전문가의 케어가 가능. 자원봉사자 도움 서비스 조정 클라이언트 역량강화
책임 범위	사례의 전 과정 책임	서비스 조정에서 전문가 팀운영까지만 책임	서비스 조정, 평가, 자원연계 등에 개인 또는 그룹이 책임
주요 역할	중개자, 조정자, 상담자, 계획 가, 문제 해결자, 기록보관자	옹호자, 중개자, 조정자, 계획가, 문제 해결자, 기록보관자	중개자, 조정자, 상담자, 계획가, 문제 해결자, 기록보관자
개입 길이	단기, 장기	장, 단기 개입	위기개입에 단기 개입. 신체, 정신, 장애 노화 등에 장기 개입

장점	서비스 제공자와 조정자로서 클라이언트에게 가깝게 개입. 클라이언트와의 강한 관계형성. 자율성보장	한 장소에서 서비스. 다방면에서 총체적으로 접근. 계획의 개별화와 쉬운 점검. 사례관리가 공동의 목적을 가지고 팀으로 기능	가족, 친구, 자원봉사자 등이 개인이나 그룹으로 개입. 비용 효과적. 지역사회가 독립적으로 개입하기도 함. 전문 사례관리자가 돌보는 사람 지지.
단점	많은 사례량, 불충분한 지원. 지역사회 개입에 제한.	필요로 하는 서비스가 센터에 없을 때 제한. 서비스가 불분명한 조직과 위계질서에 의존. 비공식자원의 개입 한계. 성장에 제한.	사례관리자가 클라이언트에 대한 관심 부족과 개입의 어려움. 서비스 지식이나 조정 등 기술 부족 비효과적 평가

출처: Woodside & McClam(2013:72-83).

3) ICM 사례관리 모형

ICM Iowa Case Management 모형은 Hall 등(2002)이 미국 Iowa주의 클라이언트들을 위해 개발한 강점관점의 사례관리 모델이다. Hall 등(2002)은 Ridgely와 Willenbring(1993)이 개념화한 Pole 모형과 이후의 PACT Program for Assertive Community Treatment와 MC Managed Care모델을 ICM모델과 비교하였다.

<표 2-4> Hall 등(2002)의 ICM 모델 비교

	Pole A	Pole B	PACT	MC	ICM
서비스 기간	무제한	시간 제한적	무제한	필요시 (최소한)	1년까지
접촉빈도	매일 접촉	분기별 접촉	잦은 접촉	필요시(최소한)	주나 월별 혼합
사례량	적음(1:10)	많음(1:75)	적음(1:5~1:15)	매우 많음	중간(1:15~30)
서비스 초점과 유형	넓음 (모든 종류의 서비스 제공)	협소 (타인에 의해 제공된 서비스관리	넓음 (팀치료로써 대부분 서비스 제공)	협소(타인에 의해 제공된 서비스 관리와 통제)	넓음(타인에 의해 제공된 서비스 기초적 관리)

서비스 이용시간	24시간	근무시간 내	24시간	24시간	근무시간과 저녁시간
사례관리 장소	클라이언트 생활환경	사무실에서만	클라이언트 생활환경, 사무실	전화	혼합(사무실과 지역사회)
소비자/ 클라이언트 주도성	소비자 주도	전문가 주도	전문가 주도	전문가 주도 (funding 주체)	클라이언트 주도의 목표설정, 계획 및 달성
옹호 및 감시 (gate-keeper)	서비스 접근을 얻기 위한 클라이언트 옹호자	서비스 요구에 대안을 찾는 시스템 감시자	혼합	감시자	클라이언트를 위한 옹호자
사례관리자 훈련	고학력 전문학위	근무지 훈련	전문학위	전문학위	사회복지나 타인을 돕는 직종의 석사 학위
사례관리 권한	넓은 권한, 행정적 통제	권한 없음, 설득만 가능	PACT팀 내 넓은 권한	충분한 재정 권한	권한 없음, 설득만 가능
사례관리 팀 구조	전체 팀 체제 (모든 사례관리자가 모든 클라이언트 공유)	개별적 사례를 가진 초기 사례관리자	다학제간 치료팀 체제	개별적 사례	개별적 사례/ 팀 슈퍼비젼

출처: Hall et al.(2002:135).

4) 인천광역시 종합사회복지관 사례관리 모델

인천광역시 종합사회복지관 사례관리 모델은 사례관리연구회가 2009년 3월부터 2010년 4월까지 종합사회복지관 운영체계를 사례관리 형태로 구축하는데서 형성된 모델이다(권지숙 외, 2011). 이 모델은 인천광역시 소재 17개 종합사회복지관이 사례관리 주체가 되어 관할 소재 기초생활보장 수급자와 차상위 계층을 사례관리하는 것이다. 모델의 구축 이후 종합사회복지관은 사례관리팀, 사례관리네트워크(통합사례관리팀), 전문 슈퍼바이저, 사례관리 자원망, Solution위원회, 사례관리 지원센터(사례관리연구회)로 재조직되었다. 사례관리팀은 독립된 사례관리 전담팀이며, 통합 사례관리팀은 다양한 기관과 사례관리 네트워크를 구축하고 지역사회와 함께하는 역할을 한다. 전문슈퍼바이저에는 외부의 사례관리 전문가가 위촉되어 있으며, 2인이 4~5개의 종합사회복지관을 슈퍼비전 한다(각 복지관에는 인적 · 물적 자원, 공공 · 민간 자원, 복지 · 문화 · 의료 · 주거 등의 영역별로 지역사회 자원이 조직화하고 목록화되어 있다). 솔루션위원회는 전문적이며 다학제적인 자문을 하며, 구 또는 지역 단위에 설치되어 있고, 사례관리 지원센터(사례관리연구회)는 사례관리 사업에 대한 교육훈련, 자문과 컨설팅, 평가 등을 실시한다.

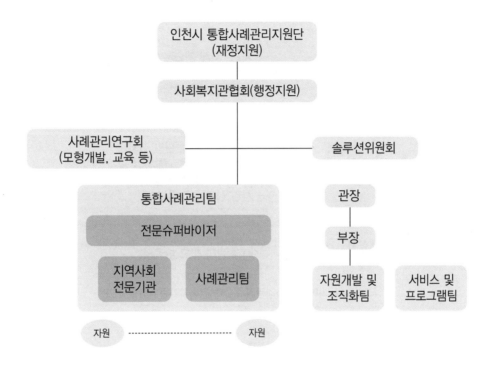

[그림 2-1] 인천광역시 종합사회복지관 사례관리모델
(권지숙 외, 2011; 한국사례관리학회, 2014;112)

5) 치매환자 사례관리 모델

치매환자 사례관리란 '만성적이고 퇴행적인 경과를 보이는 치매 환자를 효과적으로 관리하기 위해, 구체적, 포괄적, 객관적 평가에 기초하여 개인별 맞춤형의 조호助護 계획을 수립한 후, 필요한 서비스를 직접 제공, 연계 및 의뢰하고 모니터링하는 일련의 과정'이다(보건복지가족부, 2010).

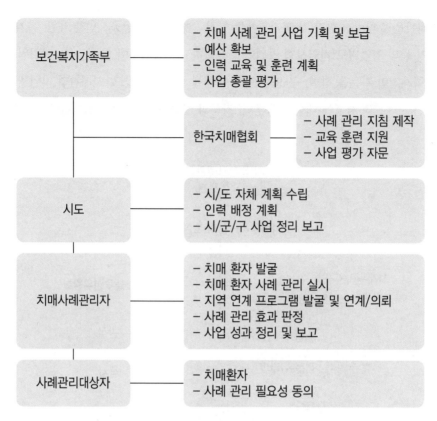

[그림 2-2] 치매환자 사례관리 모델(보건복지가족부, 2010:28)

2. 사례관리 실천 과정

〈표 2-5〉 사례관리 실천 과정

구 분	사례관리 과정
Intagliata(1982)	● 사정 → 계획 → 서비스 연계 → 점검 → 옹호
Moxley(1989)	● 사정 → 서비스 계획 → 실행 → 점검 → 검토 및 평가
Woodside & McClam(2007)	● 사정→ 계획 →실행(사례관리의 핵심 기능을 중심으로 설명)
Rothman(2009)	● 사례 발견 → 욕구사정 → 평가 → 목표설정 → 서비스 개입 계획 → 자원 확인 및 목록파악 → 공식적 비공식적 연계 → 점검 → 재 사정 → 평가
최선화(2015)	● 사정(초기접촉, 자료수집, 사정) → 계획(자원의 확인과 목록작성, 서비스계획 수립) → 실행 → 서비스의 점검, 조정, 재 사정 → 평가 → 종결
미국사회복지사협회(1996)	● 클라이언트 발견과 접수, 계약 → 사정 → 서비스 계획수립 → 서비스의 실행 → 점검 및 조정 → 자원 연결 및 옹호 → 재사정 → 종결
지방자치단체 사례관리매뉴얼 (2008)	● 초기상담 → 욕구 및 강점 사정 → 서비스 계획 → 연계 및 의뢰 → 서비스 시행 및 점검 → 평가 → 종결
장애인복지관 사례관리매뉴얼 (2013)	● 대상자 발굴 → 초기상담 → 사정 → 계획수립 → 계획실행 → 점검 및 조정 → 평가 → 종결 → 사후지원
한국사례관리 학회(2014)	● 초기과정 → 사정과정 → 계획과정(개별서비스계획) →실행과정 → 평가와 종결 (사례관리 과정의 공통된 요소를 중심으로 설명)

　　복잡하고 다면적인 욕구를 가진 클라이언트를 대상으로 사례관리를 실천하는 과정은 〈표 2-5〉에서와 같이 학자나 사례관리 실천 기관, 사례관리 대상에 등에 따라 다양하게 나타난다. 그러나 중요한 것은 효율적이며 효과적인 서비스가 가능하도록 사례관리 과정이 구조화되어야 한다는 것이다. 본 파트에서는 실천과정을 사례관리 과정에서 꼭 진행되어야 할 필수 과정을 중심으로 정리하였다.

1) 초기과정

초기과정은 사례관리자의 직접 발굴outreach, 클라이언트의 자발적 방문, 타 기관으로부터 클라이언트의 의뢰 등에 의해서 시작된다. 사례관리자는 직접 발굴outreach 과정에서 소극적이거나 접근성이 부족한 클라이언트를 지지하고 격려하며 사례관리의 유용성을 적극 홍보하여 사례관리에 클라이언트의 참여를 유도할 수 있다. 또한 사례관리자는 기관 내부에서 또는 학교나 경찰, 지역사회 공공기관으로부터 사례를 의뢰받기도 한다. 대부분 초기면접과 동시에 자료수집과 사정intake으로 이어지는 경우가 많으며, 간혹, 클라이언트가 자발적으로 방문하였을 때에는 초기면접과 자료수집 및 사정과정에서 시간차가 발생하기도 한다.

사례관리자는 초기과정에서 클라이언트 개인과 클라이언트의 공식·비공식 지지망으로부터 정보를 수집하여 클라이언트의 주요 욕구가 자신의 기관에 적합한지, 타 기관에 의뢰해야 할 사항인지 등을 판단한다. 만일, 초기 과정에서 클라이언트를 타 기관에 의뢰해야 할 경우, 사례관리자는 의뢰 이유와 기관의 자원, 기관에 대한 부정적인 인식이나 지나친 기대, 정보 등을 클라이언트가 사전에 충분하게 숙지할 수 있게 하며, 클라이언트가 타 기관에 안착할 수 있도록 도움을 주어야 한다.

2) 사정

사정은 클라이언트로부터 구체적인 정보를 수집하고, 사례관리자나 기관에서 클라이언트의 욕구 해결 가능성 등을 판정하는 과정이다. 때문에 사정단계에서는 '초기 면접지,' '사정 기록지,' '동의서 작성' 등 서면 작업이 증가한다. 사정자료는 사례관리의 계획이나 결과에 상당한 영향을 미치므로 클라이언트의 욕구에 기반하여 체계적으로 잘 정리되어 있어야 한다. 초기 면접지에는 성명, 성별, 나이, 주민등록번호, 거주 장소, 장애여부 및 유형 등 클라이언트의 기본 정보와 가족과 친인척, 클라이언트 욕구, 내외적 자원과 장애물, 사례관리자의 평가, 사례관리서비스의 적절성 여부 등이 기록된다. 또한 사정양식에는 클라이언트의 사정을 보다 명료하게 드러내기 위해 가계도나 생태도 사회관계망 등의 전통적인 사정도구와 가족기능, 문제해결능력, 우울, 정신건강, ADL척도 등도 활용된다. 사정 후에 클라이언트가 사례관리대상자로 선정되면 사례관리자는 사례관리서비스의 내용과 앞으로의 진행과정을 설명하고 동의서를 받는다. 동의서는 사례관리자의 전문성과 책임성을 강화시키기도 하지만, 클라이언트에게 책임성을 부여하는 계기로도 작용한다.

한편, 사정기준에는 무엇보다 강점관점이 강조된다. 사례관리자는 클라이언트의 강점을 클라이언트와 클라이언트 체계에서 발굴하며, 강점의 장애물들을 파악해야 한다. 강점사정은 사정단계에서부터 클라이언트의 자신감을 회복시키는 계기를 마련할 수 있다. 또한 사례관리자는 클라이언트가 가진 문제와 욕구에 관심과 애정, 신뢰를 가지고 있어야 한다. 진심으로 클라이언트의 입장에서 클라이언트 문제에 공감하고, 비언어적인 태도 등을 주의 깊게 살피며 클라이언트의 내면에서 나오는 울림을 들을 수 있어야 한다. 클라이언트에 따라서는 사정과정 중에 사례관리자의 문제해결 능력을 의심하거나 저항하며 자기 주도대로 사례관리자를 리드하려고 할 수 있다. 이 때, 사례관리자는 클라이언트의 부정적인 감정을 다스리면서, 클라이언트에 대해 객관성을 유지하고, 도움을 줄 수 있는 현재의 여건과 한계 등을 솔직하게 표현할 줄 알아야 한다. 특히, 사정단계에서는 명료화 기술도 필요하다. 명료하게 제시된 클라이언트의 목표는 클라이언트의 기대의지를 구체화할 수 있다. 충격이나 혼란스러운 상태의 클라이언트일수록 자신의 욕구나 문제, 장단점을 명확하게 표현하는데 어려움을 겪는다. 때문에 클라이언트가 산발적으로 나열한 문제나 욕구들을 정리하고 체계화하며 피드백을 통해 클라이언트의 욕구나 문제들을 분명하게 제시할 수 있어야 한다. 이외에도 사례관리자는 클라이언트의 자기 결정권을 중시하고 슈퍼바이저나 내외부의 공식적, 비공식적인 지지망을 구성하여 종합적이고 포괄적이며 체계적인 사정을 할 수 있다.

3) 계획

계획은 사례관리의 목표와 개입을 체계화시키는 과정이다. 개입 계획은 긍정적이며 강점 관점에서, 구체적이며 평가가 가능하도록 설정하는 것이 효과적이다('가출하지 않기' 보다는 부모님과 1일 1시간 대화하기 등). 사례관리자는 긴급한 문제나 달성 가능한 것부터 목표의 우선순위를 정하며, 계획의 전 과정에서 클라이언트가 자기주도적으로 참여하고 결정을 할 수 있도록 도와주어야 한다. 실패와 좌절로 두려움과 불안을 경험한 클라이언트가 목표를 달성하는 과정은 클라이언트에게 성취감을 향상시키고 문제를 해결하고자 하는 동기를 강화시킨다.

또한, 사례관리자는 클라이언트의 욕구와 문제를 해결하기 위해 자원을 확인하고 목록을 작성해야 한다. 클라이언트의 이용경험과 이용가능 여부, 선호도, 비용, 접근성, 환경, 필요서류, 기관의 신뢰도, 이용자들의 만족도, 종결 후의 지속성 등을 고려하여 자원을 조정하고 자원들 간의 역할을 협의한다. 여러 자원들과의 협의는 사례관리 과정의 목표를 자원들이 명확하게 인식할 수 있고 책임을 분명하게 할 수 있다.

계획과정에서도 프로그램이 계획되면, 프로그램 참여일자, 시간, 기간, 비용 등이 포함된 동의서를 클라이언트로부터 받을 수 있다.

4) 실행과정

실행과정은 클라이언트가 여러 장애물을 극복하고 역량을 강화하며 목표를 달성하는 과정이다. 클라이언트에게 직접적으로 상담과 교육, 치료, 정보 제공, 다양한 옹호advocacy가 진행되며, 가족, 친구, 자조모임 등 비공식적 자원과 공적 부조와 사회복지서비스 등 공식적 자원이 클라이언트에게 연계되거나, 클라이언트가 전문가들에게 의뢰되기도 한다.

특히, 실행과정은 클라이언트가 장애물을 극복하는 과정에서 위기가 발생하기도 한다. 예를 들어, 클라이언트가 기관에 의뢰되는 것을 거부하였을 때, 사례관리자는 의뢰기관에 관한 정보와 서비스 내용을 클라이언트에게 충분하게 공지하여 클라이언트의 불편함이나 불안한 감정을 해소시켜야 하고, 의뢰받는 기관에도 클라이언트에 관한 체계적인 정보를 제공하여, 클라이언트에게서 발생할 수 있는 다양한 위기를 관리할 수 있도록 해 주어야 한다.

또한, 실행과정에서 사례관리자는 서비스의 양과 질, 새로운 욕구, 목표의 달성 가능성, 자원의 적절성과 배치, 서비스와 자원의 전달이 잘 이루어지고 있는지를 클라이언트와 사례관리 슈퍼바이저, 공식·비공식 자원이나 전문가 등으로부터 질적, 양적 점검monitoring을 받을 수 있다. 그리고 이들 점검에서 장애물이나 효과적인 방법이 모색되었을 경우 사례관리자는 클라이언트와 함께 재사정을 하고 조정coordination을 통해 사례관리의 질을 높일 수 있다.

5) 평가

평가는 양적평가와 질적평가가 가능하며, 사례관리 초기부터 종결 때까지 연속적으로 진행될 수 있다. 평가는 클라이언트의 욕구나 목표가 성취되었는지를 확인하는 과정이며, 넓게는 사례관리 실천 과정이나 서비스 결과 등 사례관리 전반에 대해 효율성과 효과성 등이 통합적으로 분석되는 과정이기도 하다. 평가의 양적 도구는 클라이언트, 사례관리자, 기관, 연계기관, 사례관리팀 등 사례관리에 참여했던 모든 구성원이 될 수 있으며, 목표 달성 정도, 만족도, 효과성, 효율성, 문제해결척도 등의 다양한 척도로 측정될 수 있다. 또한 사례관리 과정을 질적으로 분석하고 평가하기도 한다.

6) 종결

종결은 사례관리의 마무리 과정이다. 종결은 클라이언트와 합의된 목표가 달성되거나, 목표 달성이 불가능할 때, 또는 클라이언트의 거부나 사망 등으로 결정된다. 사례관리자나 사례관리팀, 사례관리기관은 자체평가를 통해 종결 시기와 타 기관으로의 의뢰 등을 결정할 수 있다. 사례관리자는 종결과정에서 나타나는 클라이언트의 감정을 이해해야 하며, 클라이언트가 희망할 경우 재개입이 가능함을 공지할 수 있다. 종결기록지에는 종결 사유와 클라이언트 변화, 사례관리자 의견, 사후관리 이유와 계획 등이 기록되며, 클라이언트가 희망할 경우 재개입이 협의될 수도 있다.

3. 실천 과정 예시

1) Rothman(2009)의 사례관리 과정

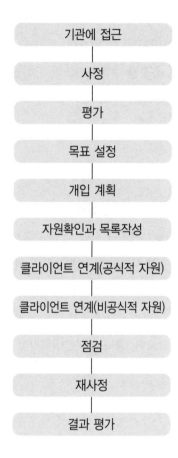

기관에 접근

사정

평가

목표 설정

개입 계획

자원확인과 목록작성

클라이언트 연계(공식적 자원)

클라이언트 연계(비공식적 자원)

점검

재사정

결과 평가

[그림 2-3] Rothman(2009)의 사례관리 과정

2) Woodside & McClam(2007)의 사례관리 과정

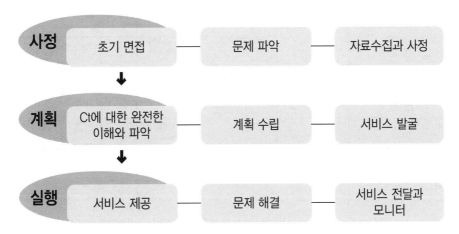

[그림 2-4] Woodside & McClam(2007:11~23)의 사례관리 과정

3) 한국사례관리학회 사례관리 과정

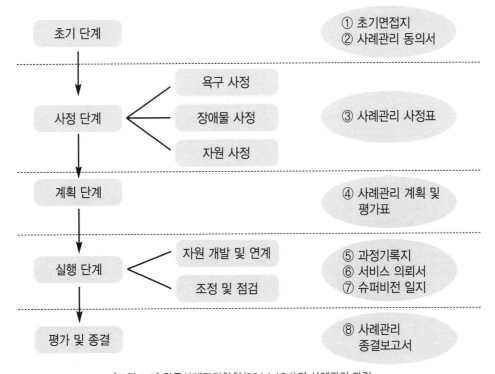

[그림 2-5] 한국사례관리학회(2014:124)의 사례관리 과정

4) 지방자치단체 사례관리 과정

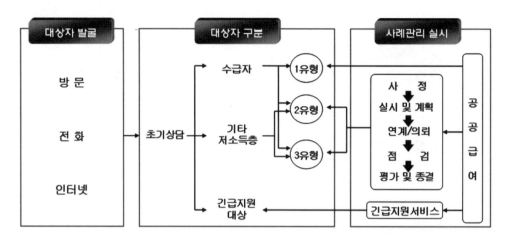

[그림 2-6] 공공영역의 사례관리대상자 분류(한국보건복지인력개발원, 2008:iv)

사례관리과정	주체	기능	주요직무		
			공공	민간	공공-민간
대상 발굴	-읍면동 -희망복지지원단 (콜센터) -민간	-안내상담접수 -단위서비스안내 및 상담 -호전환	-자원 발굴 및 관리 -대상자발굴	-대상자발굴	-공공-민간 연계를 위한 협의구조(지역사회복지협의체에서 역할) -전문 사례관리 기관 선정 -공공-민간 기관 협의 도출이 필요한 영역 논의 -전문 사례관리 개입정도 및 개입방식 등의 결정
초기상담	-읍면동 -지원단 담당지소	기초조사	-긴급지원 대상 여부 판정 -대상유형분류 -사례관리대상 가구 명부작성		
사정	-지원단 · 통합조사계 · 사례관리계 -지역사회 복지협의체 -민간	-통합조사 -현장방문 -심사/선정	-사례회의 개최 -주사례관리자 선정 -사례관리 위원회 (협의체) 운영	-심층사정	
계획 및 실시	-지원단 · 사례관리계 -시군구사업부 -민간	-현금급여 지급 -서비스 제공	-계획	-계획 : 동의서 작성	
연계 및 의뢰	-지원단 · 서비스연계 · 사례관리계	-서비스 연계 접수 -연계 의뢰	-민간서비스 연계 -타영역 연계	-연계/ 의뢰(서비스)	

점 검	−지원단 ·사례관리계		−서비스 제공 상황 모니터링	−서비스 점검	
평 가	−지원단 ·사례관리계	−복지자원관리	−계획대비 실행평가	−평가보고	
종 결	−지원단 ·사례관리계		종결보고		

[그림 2-7] 지방자치단체 사례관리 과정(한국보건복지인력개발원, 2008)

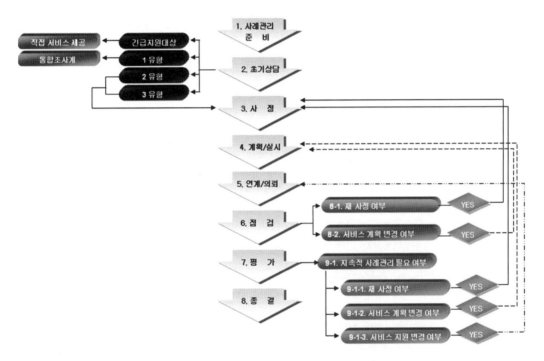

[그림 2-8] 공공사례관리 업무흐름도(한국보건복지인력개발원, 2008:xx)

5) 다문화가족 사례관리 과정

〈표 2-6〉 다문화가족 사례관리 과정

단 계	내 용
발굴	사례관리가 필요한 잠재적인 사례관리 대상자군을 효과적으로 찾아내고 접근하기 위한 과정으로, 잠재적인 사례관리 대상자가 직접 서비스를 찾아올 수 있게 하거나 타 기관 또는 서비스제공자들이 잠재적 사례관리 대상자를 의뢰할 수 있는 구조를 마련하는 것에 초점
초기 상담	사례관리의 의미 및 주요과정을 설명하는 과정, 사례관리사와의 관계형성, 좀 더 세부적인 삶의 상황을 이해하는데 필요한 정보 수집을 위한 과정이 모두 포함됨. 사례관리 대상자 선정의 적절성 평가, 사례관리에 대한 구체적인 설명을 통한 사례관리서비스 이용에 대한 동의확보 등이 주목적
동의 및 계약	사례관리서비스를 통해 사례관리 대상자의 문제해결이나 변화, 욕구충족의 과정은 단시간 내에 이루어지기 어려운 장기적 접근이 필요한 경우가 많기 때문에 사례관리 대상자와의 동의 및 계약과정은 필수
욕구 사정	다양한 정보원를 통해 사례관리 대상자가 경험하는 어려움의 원인과 해결방안, 과거-현재-미래의 연관성 등을 분석하고, 가설을 수립하기 위한 것으로 모든 원조과정의 근본이며, 사례관리의 핵심과정
재사정	사례관리 대상자의 욕구나 자원은 다양한 환경에 의해 변화 가능함으로 정기적 재사정이 요구됨
실행 계획 수립	사례관리 대상자와의 협력을 통해 변화 목적을 분명히 하고, 이러한 목적을 달성할 수 있도록 이끄는 적절한 활동의 선정, 주요활동의 우선순위 결정, 서비스 제공자, 서비스 제공시기, 제공기간 등의 구체적인 내용을 통해 실제적 수행과정의 밑그림을 완성하는 과정
실행	사례관리 대상자 및 가족에게 서비스 제공 계획에 따른 서비스를 제공하고 이행상황및 대상가구의 환경, 욕구 변화 등을 주기적으로 점검, 파악하는 활동
점검 및 조정	사례관리사와 사례관리 대상자, 다른 사례관리 원조제공자들이 초반에 상호 합의한 목적을 공유하며 초기 약속대로 잘 협조, 이행하고 있는지, 협력 속에 갈등이나 위기는 없는지 지금 여기의 상황이 적절한 수준의 서비스와 협력 범위를 확보하고 있는지 확인, 조정하는 활동
옹호	사례관리사는 자신의 이익을 주장할 힘이 없는 취약한 다문화가족 및 대상자의 옹호를 위해 자신의 소속기관, 외부 조직들을 상대로 대상자와 그 집단을 옹호할 책임을 가짐. 옹호는 항상 합법성의 안에서 조직의 생존과 옹호활동이 사회적인가의 가능성을 고려하면서 균형 있게 진행돼야 함
평가	사례관리를 위해 활용한 기술이나 방법의 효과성 평가 및 성과에 영향을 준 구조적 요소들을 분석하는 과정으로 서비스 발전을 위해서 필요한 활동
종결	목표달성, 사례관리 대상자의 전출, 사망, 연락두절 등의 사유로 더 이상 사례관리를 진행하지 못할 상황이 발생하였을 때 사례관리 종결여부 결정
사후 관리	종결 이후의 결과를 확인하기 위한 활동으로, 서비스 종결 이후 일정기간을 두고 종결 이후의 변화상황 안정화 여부를 점검하고 재개입 필요성을 조기에 판단하기 위한 목적으로 수행

출처: 여성가족부(2013:7-8).

6) 치매환자 사례관리 과정

단 계	내 용
1단계 : 대상자 선정	– 대상 가능자 명단 확보 – 대상자 선정 기준 부합 여부 평가 – 대상자 등록 및 평가 일정 조정
2단계 : 대상자 평가	– 동의서 작성 – 치매 조호 평가 – 치매 조호 문제 요약
3단계 : 사례 관리 계획,수립	– 사례관리 목표 수립 – 사례관리 그룹 분류 (집중 및 일반관리군) – 사례관리 실행 계획 수립
4단계 : 계획실행	– 관리 계획에 따른 관리 실시
5단계 : 결과 평가	– 치매 조호 재평가 – 관리 계획 효과 판정 – 내년 관리 대상자 여부 판정

[그림 2-9] 치매환자 사례관리 과정(보건복지가족부, 2010:29)

7) 비행 및 학교폭력 가해 학생 사례관리 과정

'비행 및 학교폭력 가해 학생 사례관리 과정'은 한국청소년상담원에서 기존에 진행된 청소년 상담사례를 연구하여, 청소년의 위기수준 및 유형에 따라 개발한 사례관리 모형 중 하나이다.

〈표 2-7〉 비행 및 학교폭력 가해학생 사례관리 과정

단계	청소년 개인상담	부모 개인상담 및 교육	연계
1단계(의뢰)	학교, 부모, 관련 상담 및 치료 기관		의뢰 기관 파악
2단계 (사례평가)	1~2회기	1회기	의뢰처로부터 평가
2단계 (사례평가)	⊙ 사례 파악, 위험/보호요인 파악		
2단계 (사례평가)	■ 심리검사를 통한 비행 및 폭력성 수준과 내담자 특성 파악(청소년 –YSR, 가능한 경우 MMPI) ■ 비행 및 폭력 원인 유형 파악 ■ 위험/보호 요인 파악을 기초로 목표 설정	■ 비행 및 폭력 가해 발생 시점 탐색 ■ 청소년 문제를 바라보는 부모의 태도 및 발달력 점검 ■ 청소년 행동 탐색 및 부모 협조 사항 교육 ■ 심리검사를 통한 내담자의 비행 및 폭력성 수준 파악(부모–CBCL)	
2단계 (사례평가)	⊙ 도벽과 거짓말을 하는 청소년 대상 사례관리 과정		
2단계 (사례평가)	■ 생활 습관 문제 행동에 대한 원인 파악 선행 ■ 상담에 대한 구조화 및 심리검사 실시(품행장애 진단 관련 검사 실시) ■ 심각한 품행장애 진단 시 병원 같은 전문치료기관연계 고려	■ 도벽, 거짓말 발생 시점 탐색 ■ 청소년 문제를 바라보는 부모의 태도 및 발달력 점검 ■ 청소년 행동 탐색 및 부모 협조 사항 교육	■ 담임교사와의 면담(2~3회) – 사례 파악 및 교사 협조 사항 교육 – 학교 상황 및 환경에 대한 정보 탐색 ■ 연계준비–정보수집
3단계 (목표설정 및 개입전략)	3~4회기	2~4회기	사례개념, 목표설정, 개입전략 공유
3단계 (목표설정 및 개입전략)	■ 사례 평가 단계에서 합의한 목표설정을 바탕으로 구체적인 개입전략 설정 및 실시		
4단계 (개입)	5~6회기	개별교육(2회기)	■ 회복적 지원 프로그램 연계
4단계 (개입)	■ 분노조절, 사회기술훈련, 의사소통훈련, 갈등관리훈련, 문제해결훈련	■ 폭력 제반과 관련된 법교육, 자녀와의 의사소통 기술 훈련	
5단계 (중간평가)	5~7회기		
5단계 (중간평가)	■ 중간 평가 ■ 목표 수정 및 다지기		
6단계 (개입)	7~21·22회기		
6단계 (개입)	■ 학업 성취, 사회적 기술, 사회적 문제해결 기술, 사회적 조망 획득, 충동통제능력 증진		
8단계 (평가 및 종결)	23~24회기		
8단계 (평가 및 종결)	■ 평가, 종결 준비 및 종결		

출처: 한국청소년상담원(2008:33).

제4절
소년원 청소년 부모-자녀 사례관리 실천사례

1. 프로그램 개요

〈표 2-8〉 소년원 청소년 부모-자녀 사례관리 실천사례

단계	내용		자원 연계
1단계 (초기과정)	대상 : 비행청소년 부모와 자녀		서울소년원 소년분류심사원
2단계 (사정)	사례 파악		■ MOU : 서울소년원과 Y대 사회복지대학원 ■ Y대 사회복지대학원생과 소년원 청소년 1:1 멘토 ■ 기업체 연계 ■ 사회복지기관 연계 (긴급자금 지원) ■ 지역 정신건강센터상담지원
	■ 자기보고식 심리검사 비행 및 폭력성 수준과 참여자 특성 파악(청소년-스트레스, 우울/불안, 공격성, 부모-자녀 의사소통 등) ■ 비행 및 폭력 원인 유형 파악	부모 ■ 자녀의 문제를 바라보는 부모의 태도 및 발달력 점검 ■ 심리검사 양육스트레스, 삶 만족도, 부모 - 자녀 의사소통	
3단계 (목표설정 및 개입전략)	■ 목표 설정 재범 예방 꿈 찾기, 부모-자녀 의사소통, 소년원 생활 적응		서울소년원과 목표 및 개입전략 공유
	■ 사례 평가 단계에서 합의한 목표를 바탕으로 구체적인 개입전략 설정 - 집단상담 - 부모자녀공동교육. 개입 프로그램 논의		
4단계 (개입)	1~8회기		프로그램 제공 (Y대 사회복지대학원)
	■ 분노조절, 사회기술훈련, 의사소통훈련, 갈등관리훈련, 문제해결 훈련 등		
5단계(점검)	매회기 프로그램 종결 후 평가		
6단계 (프로그램 개입 종결)	8회기		
	■ 가족관계 개선, 학업 스트레스, 사회적 문제해결 기술, 분노조절, 부모 양육스트레스 등 평가		
	■ 평가, 종결 준비 및 종결 양적 연구(표준화된 척도), 질적 연구(사례연구)		
7단계 (종결, 사후관리)	퇴원 후 생활 지도 점검(근황을 통해 재범 여부 확인)		

클라이언트 사정 기록지

1-1. 주사례 개요

가구번호	*	사례번호	*	작성일시	2014.08.22	
성 명	홍길동	성별	■ 남 □ 여	실제 생년월일	1998.07.31 (만 16 세)	
학교/보육 기관	고봉고등학교	학년	1	반	3	
의뢰경로	담임선생님 의뢰	의뢰자	이상해	의뢰일시	2014.08.20	
의뢰사유	소년의 분노조절 장애 완화, 소년원 적응의 어려움, 재범 예방					
사정 담당자	나사례	사정과정	일시	대상	방법	
			2014.08.20	담임선생님	□방문 ■내방 □전화	
			2014.08.21	부모님	□방문 □내방 ■전화	
					□방문 □내방 □전화	

	성 명	홍길부	성별	부모님	아동과의 관계	부모님
주 양육 자	주 소	경기도 의왕시		전화번호	(집) (H.P) 010-1234-0000	
	방문/연락 가능한 시간	오후 7시 이후		주 양육자 이외 비상 연락처	(성명) 홍길금 (관계) 형 (전화번호) 010-3456-0000	

	연번	관계	성명	생년월일	직업	학력	장애/질병 유무	동거 여부	비고
가 족 사 항	1	父	홍길부	1975.06.20	일용직	중졸	有	O	알코올중독
	2	母	김금순	1976.01.30	서비스업	중졸	無	×	이혼 후 별거
	3	형	홍길금	1993.05.13	공장노동	고퇴	無	O	
	4								
	5								

세 대 유 형	보호 유형	□ 수급자 □ 조건부수급자 ■ 차상위 □ 기타 저소득( )	책정연도	2014년
		□ 건강보험 □ 의료급여1종 ■ 의료급여 2종 □ 기타( )		
	가구 형태	□ 부모 ■ 편부 편모 □ 조부모 □ 친척 양육 □ 기타( )		

소득현황	총월소득	150만원			지출현황	총월지출	150만원
	주요 소득원	父의 장애수당과 형의 월급				주요 지출내역	월세, 식비, 의료비, 통신비

소년 경험유무	음주	(유/무) - 주 3~4회 , 1회 주량 (소주 1병)
	흡연	(유/무) - 1갑(1일 기준)
	가출	(유/무) - 유
	절도	(유/무) - 유
	폭행	(유/무) - 유
	성경험	(유/무) - 유
	원조교제	(유/무) - 무
	기타	무

가족의 욕구

父 (40, 무직)	형 (21, 공장 노동)	클라이언트 (17, 소년원)
– 경제적 어려움 – 알콜중독 치료 욕구 – 우울감 개선	– 경제적 어려움 – 부의 알콜 중독 개선 욕구 – 동생의 범죄예방 – 군대 문제 해결	– 분노조절 희망 – 가족관계 개선 (父와의 관계회복) – 금연, 금주 욕구

아동 및 가족의 주요 문제

- 父 (40, 무직)의 알코올 중독, 자녀 폭력.
- 母는 父와 이혼 후 재혼. 자녀들과 만남 회피.
- 부모의 이혼 과정에서 자녀들이 父의 폭력에 노출. 자녀 모두 충동조절에 어려움.
  클라이언트 역시 술, 담배에 익숙하며 친구들에게 폭력 행사.
- 가족 간 유대가 매우 약하며, 특히, 현재도 父가 음주 후에 기물을 부수고
  자녀들에게 폭력 행동을 함.
- 무직에 가까운 父와 형의 낮은 보수로 경제적인 어려움 상존.

1-2. 가족관련정보

홍길동 관련 정보 (아동 고유번호: *)

아동성명	홍길동	성 별	■남 □여	실제생년월일	1998.07.31(만16세)

가정 생활	주 양육자	□ 모 ■ 부 □ 조모 □ 조부 □ 친척( ) □ 기타( )
	주양육자 취업형태	□ 가사 □ 취업 (□ 종일 ■ 반나절 □ 심야까지) □ 기타(임시직)
	양육태도	□ 엄격한 편 □ 보통 □ 허용 ■ 방임
	가정생활 습관	**청결** □ 매우 양호 □ 양호 □ 보통 ■ 불량 □ 매우 불량
		취침 □ 매우 양호 □ 양호 □ 보통 □ 불량 ■ 매우 불량
아 동 건 강 상 태	출생상태	□ 만숙아 □ 미숙아 □ 선천성기형_____ □ 선천성 질환_____
	현재 건강 상태	**전반적인 건강/ 발육상태** □ 양호 ■ 보통 □ 불량
		영양상태 □ 양호 ■ 보통 □ 불량
		장애유무 ■ 무 □ 유 (장애명: 급 /진단시기:)
		질병유무 □ 무 ■ 유 (질환명 :분노조절장애 /발생 시기 :2009.05)
		현재약물복용/ 기타 치료 상황 우울증과 분노조절 약 처방.
		주이용 의료기관 □ 보건소 ■ 개인병원 (집 근처) □ 종합병원( )
	원하는 건강 관련 도움/ 특이 사항	분노조절 장애로 장기회기의 심리치료 필요
학교 생활	학교적응상태	□ 매우 양호 □ 양호 □ 보통 □ 불량 ■ 매우 불량
	교우관계	□ 매우 원만 □ 원만 □ 보통 ■ 불량 □ 매우 불량
	교사관계	□ 매우 원만 □ 원만 □ 보통 □ 불량 ■ 매우 불량
	학업성취도	□ 상 □ 중상 □ 보통 □ 중하 ■ 하
	문제경험	□ 없음 ■ 상습결석/지각 ■ 성적부진 ■ 수업 태도불량/산만 ■ 폭력(피해/가해) ■ 도벽 □ 집단따돌림(피해/가해) ■ 인터넷/게임중독 ■ 기타 (상습 비행)

	주 활동 장소	☐ 외부방과후지도기관 ☐ 집 ■ 친구 집 ☐ 기타: 거리 배회
방과후 활동	외부 방과후 지도기관종류	☐ 학교특기적성　　☐ 복지관　　☐ 공부방(　　　　) ☐ 사설학원 (　　　,　～　) ☐ 기 타: _____
	학습지도/숙제	☐ 가정에서 지도 ☐ 가정에서 혼자 ☐ 방과후 기관의 지도 ■하지 않는다.
	저녁식사	☐ 가정에서 가족과 ☐가정에서 혼자 ☐ 방과후 지도기관에서 ■ 기타: 외식
자녀양육 및 교육관련 원하는 도움/특이 사항		오랜 기간 학습결손을 겪었으며 학습지도가 필요.

아동 및 가족의 강점

- ●클라이언트 　– 부모를 이해하려고 노력.
  　　　　　　– 형과 친밀한 관계.
  　　　　　　– 사례관리자에게 우호적.
- ●父 – 알콜중독을 극복하고자 함. 근로의욕 보유.
- ●母 – 사례관리자에게 협조적이며, 자녀들과 연락 가능.
- ●형 – 동생에 대해 각별한 애정이 있음.
  　　– 근로 의지가 강하며, 경제적인 어려움을 개선하고자 함.

* 사회적 관계 관련 정보(2014. 8월 현재)

구분	지 원 처 (이름 / 관계)	지원 내용	접촉 기간	접촉 빈도	연락처
공식적 자원	고봉고등학교	학업지도와 학비지원	14년 8월 ~ 현재	주 1회	031-123-4567
	주민 센터	장애인 수당 등 지원	14년 8월 ~ 현재	월 1회	주민센터 (070)123-4567
비공식적 자원	초등학교 친구	친목	14년 8월 ~ 현재	소년원 입원 전 주 5회	x

욕구와 강점 사정 기록지

1. 사정 개요

● 가구번호: _____ *   ● 아동번호: _____ *

작성일시	2014.8.25		작성자(주조정자)	나사례
아동성명	홍길동	성 별	男	실제생년월일	(만 16 세)

2. 가족 · 환경 사정

가족구조	문항	문제없음 (1)	주의요망 (2)	문제있음 (3)	점수
	가족구조			V	3
	소견: 가정결손(최근 1년간 어머니와 만나지 못함)				

학대와 방임 (한 가지 이상 문항에서 "있다" 일 경우 고위험으로 분류)	문항	없다	주의요망	있다	점수
	아동에 대한 구타와 욕설 등 신체적, 정서적 학대가 있다.			V	6
	아동에 대한 신체적, 의료적, 교육적 방임이 있다.			V	
	소견: 父가 음주 후 자녀 폭력.				

장애와 질환 (한 가지 이상 문항에서 "있다" 일 경우 고위험으로 분류)	문항	없다	주의요망	있다	점수
	보호자가 정신분열증이나 정신지체 등 같은 정신장애가 있다.			V	7
	보호자가 신체장애가 있다.			V	
	보호자가 신장병, 당뇨병 등 만성적인 신체질환이 있다.	V			
	소견: 父가 알코올중독장애이며 팔에 기능장애가 있음.				

가정문제 (한 가지 이상 문항에서 "있다" 일 경우 고위험으로 분류)	문항	없다	주의요망	있다	점수
	배우자 학대가 있거나 부부갈등이 심각하다.			V	12
	보호자가 만성적인 실직상태이다.			V	
	보호자가 알코올중독이나 남용의 징후가 보인다.			V	
	가족 내 다른 가족구성원에 의한 폭력이 있다.			V	
	소견: 부부갈등 후 이혼, 父의 만성적인 실직으로 경제 문제가 심각.				

주거환경	문항	아니다	주의요망	그렇다	점수
	가정환경의 위생상태가 불량하다.			V	9
	주거의 안전상태가 불량하다.			V	
	안정적인 주거가 없다.			V	
	소견: 父가 알코올에 탐닉하며 가정환경에 소홀.				

가족의 강점	– 父가 알코올 자조 모임에 참여를 희망. – 형은 가정에 대한 애정이 있으며, 동생을 보살피고자 노력함. – 클라이언트도 가족관계와 분노조절 장애를 개선하고자 함.

3. 아동 사정

학대와 방임 (한 가지 이상 문항에서 "있다" 일 경우 고위험으로 분류)	문항	없다 (1)	의심된다 (2)	있다 (3)	점수
	정신지체가 있다.	V			
	신장병이나 소아당뇨 등 지속적인 관리를 요하는 만성질환이 있다.	V			4
	언어청각장애나 지체장애 등의 신체장애가 있다.	V			
	선천적 기형이 있다.	V			
	소견:				

발달수준	문항	표준	주의요망	심각	점수
	연령(월령)에 비해 운동발달이 현저하게 늦다.	V			
	연령(월령)에 비해 언어발달이 현저하게 늦다.	V			4
	체중 65 kg(표준 체중: 70 kg)	V			
	신장 169 cm(표준 신장: 175 cm)	V			
	소견:				

영양상태	문항	항상 그렇다	가끔 그렇다	거의 그렇지 않다	점수
	매일 한 끼 정도는 주 양육자와 함께 식사한다.			V	
	매일 아침 식사를 한다.			V	9
	거의 대부분 하루 세끼 식사를 한다.			V	
	소견: 부모의 방임으로 영양 상태 부실.				

심리 정서적 특징	문항	아니다	주의요망	심각	점수
	정서상태가 불안정하거나 우울하다.			V	
	자존감이 현격히 떨어진다.			V	9
	자신감이 현격히 떨어진다.			V	
	소견: 불안한 심리, 학교 부적응.				

문제행동 (한 가지 이상 문항에서 "있다" 일 경우 고위험으로 분류)	문항	없다	의심된다	있다	점수
	눈을 깜박이거나 코를 킁킁거리는 등의 틱 증상을 보인다.	V			
	의사소통에 문제가 있고, 다른 사람에 대한 관심이 부족하며, 자신만의 세계에 빠져 있는 등 자폐성 장애의 징후가 보인다.	V			
	주의집중을 하지 못하고 행동통제 및 충동조절에 어려움을 겪는 등 주의력 결핍, 과잉행동장애의 징후가 보인다.			V	11
	도벽, 가출, 폭력, 약물남용 등과 같은 비행행동이 보인다.			V	
	배설이나 섭식관련 문제행동이 있다.			V	
	소견 : 분노조절장애, 가출과 폭력, 절도, 상습 비행.				

아동의 강점	– 소년이 잘하는 것 : 친구들을 좋아하고 체육을 잘함. – 소년이 가지고 있는 꿈 : 고등학교 졸업, 취업. – 소년과 친밀한 인물 : 형, 초등학교 친구들. – 소년이 가지고 있는 강점 : 초등학교 저학년 때는 공부를 잘했다고 함.

실행(개입) 계획서

· 대상자명 : 홍길동   · 작성일: 2014년 8월 25일   · 사례관리자 : 나사례

CT의 문제 및 욕구	* 부모 간 폭력목격은 무의식적으로 클라이언트에게 폭력을 학습시켰을 가능성이 높다. 또한, 부모의 방임이 클라이언트에게 애정결핍을 유발하였고, 음주와 폭력 행동 등을 통해 부모의 관심을 받으려는 왜곡된 보상반응도 관찰된다. 어머니를 그리워하며 어머니와 관련된 것에는 사소한 것에도 민감하다. * 가족과의 관계회복과 자신의 정신적 · 행동적 문제에 대한 개선 의지가 높다. 소년원 퇴원 후에는 학교생활에 적응하기를 희망한다.
CT 합의된 목표	* 가족관계 개선(특히, 父에 대한 적개심 해결). * 분노조절.
실행계획	* 직접 개입(개입 프로그램 주 1회 2시간 30분씩 8회기 진행) – 부모자녀공동교육을 진행한다(집단 상담의 형식을 취한다). – 정신분석학적 개입: 1회기 시작 전, '자유연상' 등을 통해 클라이언트의 심리적 현상과 부정적인 행동의 원인을 찾고 욕구를 재확인한다. – 인지행동적 개입: 초기면접에서 나타난 클라이언트와 가족의 긍정적, 부정적 인지도식을 재확인한다. 실천 과제를 매회기마다 부여한다. 바람직한 행동을 할 때마다 고봉학교와 의논하여 상점을 부여한다. 분노를 조절하기 위해 점진적인 이완훈련을 한다. – 생태체계와 네트워크 관점 개입 : 클라이언트의 비공식적 지지체계와 공식적 지지체계를 확인하고 목록화한 후 이를 클라이언트와 효율적으로 연계시킨다. – 역량강화와 옹호 개입 : 클라이언트의 개별성과 자기결정권을 존중하고 클라이언트에 내재한 역량을 최대한 발휘할 수 있도록 하며, 사례관리자는 클라이언트가 좌절하거나 장애에 직면했을 때 지지와 옹호로 문제를 해결하고 목표를 달성하게 한다. * 간접 개입 – 가족과 친지 등 비공식적인 자원과 함께, 정부, 기관, 센터 등 공식적 기관의 서비스를 효율적으로 조정하여 클라이언트에게 효과적으로 연계한다.
기간	* 직접지원 : 2014.09.01~ 2014.10.31. (8회기) * 간접지원 : 2014.09.01~ 2016.06.30. (사례관리 종결시까지)
외부 자원 연계 및 확보방안	1. 가족관계 개선과 분노조절을 위해 가족 클리닉 프로그램 연계 1) 의왕시 정신건강증진센터 / (031) 123-4567 2) 의왕시 건강가정지원센터 / (031) 456-1234 3) 의왕 청소년상담복지센터 / (031) 567-1234 * 시청에서 실시하는 금주, 금연학교 연계 –사회복지공무원을 통한 전문가 연계 및 비용지원 * 기관의뢰서 발송(척도지 결과와 평가서 동봉 등 기관과 긴밀한 연계) 2. 클라이언트 父를 알콜중독자조 모임에 연계 1) 경기도 알콜중독자조모임 / 1644-0000 3. 경제적 지원 – 보건복지부 긴급자금 지원 연계(생계지원, 의료지원, 주거지원, 시설이용, 교육지원, 연료비, 전기요금 지원 등) – 의왕 사회복지협의체, 직능단체, 후원자 멘토 연결, 취업 알선 4. 기타 : 형의 군 입대 문제 해결

과정(상담) 기록지

클라이언트	홍길동		사례관리자		나사례
일시	2014. 09. 01~ 2014. 09. 22	시간	13:30 ~ 15:30	장소	고봉고등학교 교육관
방법	□ 방문(아웃리치)　■ 학교 내방　□ 전화　□ 온라인(메일, SNS 등)　□ 기타				
참석자	홍길동, 홍길부, 홍길금 외 집단 상담 참여자 10명 (사례관리자, 멘토, 고봉학교 담임선생님 참여)				
내용	■ 정보제공 ■ 정보탐색 ■ 점검 ■ 자원연계 ■ 상담(지지, 교육 등) ■ 기타(기초 현황 및 욕구 파악) 〈역사적 관점〉 *Client (홍길동/만16/고등학생) 　父와 눈을 마주치지 않음. 父가 母를 언급 할 때에는 손톱을 물어뜯고 다리를 떠는 행동을 보임. 자신의 음주, 흡연, 폭력행동이 알코올중독 장애를 가진 父로부터 배운 것이라고 당당하게 말함. 고치고 싶지만 父도 고치지 못하는데 자신이 고칠 수 있겠냐고 반문. Client의 음주와 폭력은 아버지의 폭력을 학습한 것으로 보임. *Client의 父 (홍길부/40/무직) 　장애수당을 받고 있음. 자식들에게 잘해주지 못해 미안하다고 함. 알코올 중독치료 자조모임에 참여했을 때에는 치료되는 듯 했으나, 그만둔 뒤에는 재발하였다고 함. 우울증 약을 복용하고 있음. 홍길부의 父도 알콜성 간경화로 돌아가심. *Client의 형 (홍길금/21/공장 노동) 어머니를 그리워함. 어머니가 계셨다면 동생이 소년원에 오지 않았을 것이라고 말함. 자신이 일을 하지 않는 날은 동생을 잘 보살피겠다고 함. 〈구조적 관점〉 Client는 부모와 경직된 관계이면서, 비행친구들과는 지나치게 밀착된 관계. 형과는 친밀한 관계이며, 자신의 문제 대부분을 형하고 의논한다. 〈경험주의적 관점〉 Client와 Client 父는 서로 '비난형' 의사소통을 한다.
	－ 집단상담 축어록 － · 사례관리자 : 오시는데 불편하신 점은 없으셨나요? · 참여자 모두 : 네. 없었어요. · 사례관리자 : 오늘 우리는 홍길동 학생 스스로 자신의 문제를 찾고, 해결할 수 있도록 '감사합니다.' 실천을 할 것입니다. · 참여자 모두 : 네. · 사례관리자 : 혹시, 앞으로 있을 상담 등에 대해 궁금한 점이 있으신가요? · 참여자 모두 : 아뇨. 지금은 없어요. · 사례관리자 : 그러면 먼저, 자녀는 부모가 어떤 존재인지 부모는 자녀가 어떤 존재인지 '존재의 의미' 에 대해 서로 대화를 나누어 볼까요? · 홍길부 : 우리 아이는 소중한 존재이지요. 길동이가 없으면 제가 없는 것이지요.

	· 홍길동 : 아버지가 저를 그렇게 생각하고 있는 줄은 몰랐어요. 늘 저를 때리기만 해서 저를 미워하는 줄 알았거든요.
	· 홍길부 : 미안하구나. 그때는 내가 왜 그랬는지 모르겠구나.
	· 홍길동 : 아니에요 이해해요. 아버지가 힘들게 일하시다가 다치셨는데 공장에서는 한푼도 안 주었구... 저도 (아버지처럼 화가 나면)그랬을 것 같아요.
	· 홍길부 : (눈가에 이슬이 맺히며)길동이가 다 컸네요. 정말 우리 길동이가 없으면 저는 존재할 수 없네요.
	· 사례관리자 : 길동이가 없으면 아버지께서 존재할 수 없다고 했는데, 길동이는 아버지가 어떤 존재니?
	· 홍길동 : 소중한 존재예요. 아버지가 없으면 제가 태어나지도 못했을 텐데요. 제가 술마시고 담배피고 매일 사고치고 다녔는데 아버지가 (저를) 소중한 존재라고 하니까 아버지에게 죄송하네요.
	· 사례관리자 : 그래요. 길동이는 아버지에게, 아버지는 길동이에게 누구보다 소중한 존재이지요. 그러면, 그러한 소중한 존재에게 '감사합니다'를 실천해 볼까요?
	(이하생략)
	*본 축어록은 '비행청소년의 정신건강증진과 자기통제력 향상을 위한 TSL 가족프로그램 개입효과(이동은, 2016)'에서 발췌한 것임.
평가	3회기 때, 사례관리자의 직접적인 집단 상담프로그램이 클라이언트의 가족관계와 분노를 얼마나 조절하고 개선시켰는지 변화과정을 점검해 보았다. '감사합니다' 실천으로 클라이언트는 父와 관계가 눈에 띄게 좋아졌다. 父와 눈을 마주치지 않던 클라이언트가 父와 웃으면서 대화를 하고 있다. 특히, 父는 음주량이 줄어들었고 폭력행동이 감소되었다. 클라이언트의 형인 홍길금은 이러한 내용을 어머니께 알렸고, 어머니는 홍길동을 면회 오기로 약속하였다. 홍길동은 어머니와의 면회를 기다리고 있으며, 아마도 면회가 성공적으로 끝난 뒤에는 가족관계가 보다 더 개선되고 분노행동도 이전보다 줄어들 것으로 예상된다.

사례관리 평가서

작성일	2016.06.30	이름	홍길동	주민등록번호	000731-123456
작성자		기간	2014.08.01~ 2014.06.30	연락처	010-1234-5678
항목	합의된 목표		진행내용	변화내용	변화정도
목표 달성 정도	가족관계 개선		주 1회 2시간 30분 씩 개입프로그램 진행	가족 간 친밀감 형성	父의 규칙적 면회 어머니와 재회
	父의 음주 빈도를 감소시킨다.		알콜중독자조 모임에 연계	알콜중독 자조모임 참여 후 음주량 감소	현재, 알콜자조 모임에 적극 참여 함으로 추후에도 음주 감소 예상
	가족간의 관계 개선 과 스트레스 해소를 통해 분노행동을 감소시킨다.		부모와의 관계개선 도 모와, 학업 결손의 보 완	폭력행동이 눈에 띄게 감소	분노조절. 고졸 검정고시 2과목 합격

항목	제공 내용	수행 평가
제공된 서비스	가족 클리닉 프로그램 연계 -의왕시 정신건강증진센터, 건강가정지원센터 등	가족 간 친밀감 증진 가족관계를 지속적으로 개선
	의왕 청소년상담복지센터 연계	상담 선생님이 고봉학교에 내방 클라이언트의 분노조절장애 치료 (성폭력 프로그램 이수)
	알콜중독 자조모임 연계	父 음주량 감소(소주 2병 → 1병)
	보건복지부 긴급자금 지원	· 생계지원(장애수당 증액) · 의료지원(재활치료,알콜중독치료) · 주거지원(임대아파트 입주) · 시설이용(복지관 상담 무료이용) · 교육지원(인터넷 수강료)
	의왕 사회복지협의체와 직능단체후원자 멘토 연결, 형의 군 입대 문제 해결	· 父에게 취업 알선 · 형의 군 입대 시기 연장

사례종결 보고서

등록번호	*		대상자	홍길동	사례관리자	나사례
주 소	경기도 의왕시				연락처	010-1234
등록일	2014.08.01				종결일	2016.06.30
종결사유	☐사망 ☐시설입소 ☐이주 ■욕구해결 ■타 기관이용 ☐거절이나 포기 ☐기관의 업무조정 ☐기관의 자원·능력의 한계					

	욕구유형	제공된 서비스 총량		
서비스 제공 요약	개인수준	클라이언트에게 직접 상담과 지역사회자원(심리적, 경제적, 학습적 지원 등)을 활용한 서비스 연계로 가족관계가 개선되었다. 가족관계가 개선되고 학업스트레스가 감소되면서 클라이언트의 분노도 상당부분 조절되었다(양적분석 결과 참조).		
	가족수준	직접상담과 가족상담 전문가의 지속적인 연계상담을 통해 클라이언트와 父의 적대적인 관계가 해소되었다. 또한, 재혼한 어머니와 클라이언트가 월 1회 만남을 약속하였고, 이는 클라이언트의 애정 욕구를 상당부분 충족시켜주었다. 형의 군 입대 문제도 해결되어 클라이언트가 졸업할 때까지 안정적으로 형의 지지를 받을 수 있게 되었다. 무엇보다 주 양육자인 父의 알콜중독증상이 완화되어 가족의 문제가 희망적으로 개선되었음이 확인되었다.		
	기관/ 조직수준	사례관리에 있어 고봉학교는 물론, 지역의 공식적인 기관들이 적극적으로 협조하였다. 고봉학교에서는 대상자 발굴과 교육장소 지원 등 직접적인 서비스가 제공되었고, 지역의 센터와 각 기관들 또한 유기적으로 연계하여 클라이언트와 가족에게 정신적, 물질적 지원을 하였다. 특히, 정부와 기관의 서비스가 중복되지 않고 효율적으로 진행되어 비용효과성이 나타났다.		
	지역사회/ 정책수준	알코올중독치료	父가 알코올중독 자조 모임에 지속적인 참여.	
		경제적 여건	정부의 긴급지원 정책으로 생활비가 증액되고, 주거가 안정되었음.	
		고용	지역의 경제단체와 고용노동부의 지원으로 클라이언트 형은 임금이 보다 높은 곳으로 이직 예정. 클라이언트 父도 알코올중독 치료와 재활 치료 후 구직 진행 예정.	
		정서 안정	클라이언트는 상담 및 검정고시, 바리스타 자격증 준비 등을 통해 정서적 안정을 찾아가고 있음.	

	초기상황	종결상황
대상자 변화사항	– 적대적 가족관계 – 분노조절 장애	클라이언트에게 보였던 분노의 상당부분은 부모의 학대와 방임에 기인한 것이다. 이를 해결하기 위하여 주 1회 2시간 30분씩 고봉학교에서 가족관계 개선을 위한 프로그램이 진행되었고, 공식적인 기관에서도 심리적, 경제적 지원이 있었다. 그 결과 가족 간의 친밀감이 크게 높아졌다. 현재, 클라이언트 가족은 일상생활에서 '감사합니다.' 표현을 주 1회 이상 하고 있다. 홍길동군은 자신이 처음에 목표하였던 가족 간의 관계가 개선되고 분노가 상당부분 조절되었음에 충분하게 만족하고 있다.
사례관리자 의견	– 가족관계의 어려움 – 분노조절 장애 – 적극적 치료 욕구	클라이언트와 가족은 가족관계 개선과 분노조절 프로그램에 적극적인 의지를 가지고 참석하였다. 현재, 꾸준하게 전문기관의 프로그램에 참여하고 있으며, 가족 간 주 1회 이상 긍정적인 언어 표현도 지속되고 있으므로, 앞으로도 클라이언트와 가족은 애정과 친밀감이 증가될 것으로 예상된다. 동시에 클라이언트의 분노도 감소될 것으로 추정된다.
사후 관리 계획	가족 간의 친밀감 증진과 父의 음주 감소, 클라이언트의 분노 해소를 위해 클라이언트와 가족에게 지역사회자원을 지속적으로 연계시킬 계획임.	

제5절
소년원생의 TSL부모-자녀 공동개입 프로그램 효과성 분석[16]

1. 양적 분석 : 자기통제력

자기통제력의 사전-사후 변화량과 사전-추후 변화량에 있어 개입집단과 비교집단 간 유의미한 차이가 있는지를 검증하기 위해 Mann-Whitney U test를 실시하였다. 〈표 2-9〉와 같이 프로그램 개입 이후 자기통제력의 사전-사후 변화량을 보면, 개입집단의 평균 순위가 20.09, 비교집단의 평균 순위가 12.91로, 비교집단에 비해 개입집단 자기통제력의 사전-사후 변화량이 통계적으로 유의미($p<.05$)하게 큰 것으로 나타났다. 이는 TSL 가족프로그램이 자기통제력 증가에 기여함을 의미한다. 사전-추후의 변화량도, 개입집단 자기통제력의 평균 순위가 21.19, 비교집단의 평균 순위가 11.81로, 비교집단에 비해 개입집단 자기통제력의 사전-추후 변화량이 통계적으로 유의($p<.01$)하게 큰 것으로 나타나 프로그램 종료 후에도 TSL 가족프로그램의 개입 효과가 지속되고 있음이 확인되었다.

〈표 2-9〉 자기통제력의 사전-사후-추후 변화량에 있어 개입집단과 비교집단 간 비교

Differences	Group	Mean Rank	Rank Sum	Z	Sig.
Pre-Post differences	intervention	20.09	321.50	-2.171	.030*
	comparison	12.91	206.50		
Pre-Follow differences	intervention	21.19	339.00	-2.838	.005**
	comparison	11.81	189.00		

* P<.05, ** P<.01

---

16) 본 절의 양적분석과 질적분석 자료는 '비행청소년의 정신건강 증진과 자기통제력 향상을 위한 TSL 가족프로그램 개입 효과 - 소년원 청소년의 부모-자녀교육을 중심으로 - 이동은(2016)'의 논문에서 발췌한 것임.

1) 사례개요 및 개별 측정치 변화

N의 변수별 사전-사후-추후 변화는 [그림 10]에 제시하였다. 스트레스는 사전검사 .83에서 사후 1.08로 크게 증가하였으나 추후에 .33으로 감소하여 프로그램효과가 늦게 나타났다. 공격성은 사전 검사의 .74에서 사후에 .53 감소하였으며 추후에도 .42로 감소효과가 지속되고 있었다. 자기통제력은 사전 2.18에서 사후에 1.55, 추후 1.73으로 자기통제력 수치가 감소된 것으로 나타났다. 프로그램 중에 N은 자신의 진로로 목사님을 선택하였으나 자신의 성적으로는 불가능하다며 스트레스를 받는다고 하였다. 하지만 부모의 지지와 조모의 격려가 프로그램 후까지도 지속되었고 이러한 가족의 지지는 사전-추후에 영향을 주어, 한달 후 검사에서는 스트레스가 이전보다 크게 감소한 것으로 나타났다. 또한 프로그램 개입과정에서 N은 수면제 복용을 중단하였으며 분노조절 약의 횟수와 복용량도 줄여가고 있었다. 때문에 자기통제력 수치가 낮아졌다고 해서 N의 자기통제력이 감소했다고 해석할 수만은 없으며, 보다 깊이 있는 질적인 분석이 필요하였다.

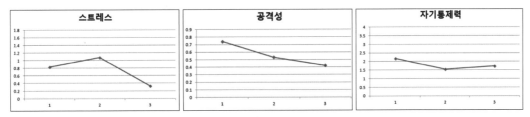

[그림 2-10] 사례 N의 개별 측정치 사전-사후-추후 변화

(2) 부모와 자녀의 의사소통 개선

(생략) … 프로그램 3회기에서 조모는 N이 분노조절약과 수면제를 처방받고 있으며 어머니를 평생 만나지 않겠다는 말을 듣고 걱정스럽다며 N의 어머니가 프로그램에 꼭 참석하도록 연락해 보겠다고 진행자에게 말하였다. 프로그램 4회기 때에 실제로 N어머니는 N의 이모와 함께 프로그

램에 참석했다. 어머니와 이모사이에 앉은 N은 계속하여 어머니와 사적인 말을 하였고 이로 인해 본 프로그램이 중단되기도 했다. 프로그램이 끝난 뒤에 N은 창살 밖으로 어머니에게 손을 흔들며 큰소리로 "안녕히 가세요."라고 하였다. 5살 때 자녀와 헤어지고 13년이 지나 소년원에서 첫 만남을 맞이하였으며 쇠창살 안에서 안부 인사를 전하는 자녀의 목소리는 어머니의 발걸음을 떠나가지 못하게 하였고 이내 눈가에 눈물이 맺히도록 했다. 어머니가 자신을 버리고 가서 평생 안 본다고 말했던 N의 삶에 어머니의 등장은 당연하게 큰 변화를 주었다. 직장 때문에 프로그램에 참여하지는 못하였으나 N어머니는 주말을 이용하여 N을 면회하였고 그동안 나누지 못했던 많은 대화를 나누었다. N은 어머니를 만나고 대화를 하면서 아버지와 대화를 하지 않기로 했던 마음도 바꾸기로 했다. 어머니를 이해하듯 아버지도 이해하기로 했던 것이다. 이혼하여 격주에 한 번씩 따로따로 면회를 오고 있지만 2주에 한 번씩 얼굴을 보는 것만으로도 N은 부모에게 감사하다고 했다. 아버지에게 N은 '나를 버리지 않으신 것, 동생과 여동생을 낳아주신 것, 우리를 위해 열심히 돈 벌고 있는 것, 내가 작년에 6호 시설에서 살았는데 나를 보러 먼 곳까지 면회와 주신 것, 나를 아껴 주신 것, 나를 누구보다 믿어 주시는 것, 나의 가족이 돼 주신 것, 나를 사랑해 주시는 것에 감사하다'고 감사의 편지를 썼다. 또한 어머니에게는 '나를 낳아 주신 것, 2주마다 나보러 와 주시는 것, 보호자 교육 때 와 주셨던 것, 면회 자주 온다고 말씀해 주시고 진짜로 와주신 것, 나를 믿어주시는 것, 나를 아껴주시는 것, 나를 살게 해 주시는 것, 나를 걱정해 주시는 것, 나의 엄마가 되어주신 것에 진심으로 감사하다'고 편지를 썼다. 프로그램 전 N이 부모에게 드러냈던 폐쇄적 의사소통이 긍정적이며 개방적으로 변화되어가고 있음이 편지에서 확인되었다.

(3) 부정적 정서의 표출과 해소

부정적 정서가 심각하여 N은 분노조절약을 복용하고 수면제가 없으면 잠을 못 이룰 정도로 정신건강이 매우 취약한 상태였다. 하지만 조모의 노력으로 5살 이후 연락이 두절되었던 어머니가 교육에 참석할 수 있었고 이는 소년의 정신건강에 큰 영향을 미쳤다. 소년은 어머니를 처음 만난 날 무섭고 두려워서 어머니가 사온 피자를 먹을 수 없었다고 했다. "피자를 들었는데 손이 떨렸어요. 어머니 손이 제 머리에 올라갈 때는 무서웠어요." 이렇게 말하였지만 N이 어머니에게 가지고 있던 증오에 가까운 감정은 상당부분 완화되고 있었다. "어머니가 저희를 버리지 않았다는 것을 알게 됐어요. 그리고 어머니에게 수면제와 분노조절약을 먹는다는 말씀을 드렸어요. … (중략) …
부모와 조모의 이러한 '미안합니다.' 실천과 노력은 N에게 긍정적인 영향을 주어 N은 눈에 띄게
변화가 나타났으며, 프로그램 5회기 때에는 조모가 진행자에게 "손자가 많이 달라졌어요 … (이
하 생략).

참고문헌

권지숙 · 김상곤 · 조현숙 (2011). 인천광역시 종합사회복지관 사례관리 운영체계 평가. 사례관리학회, 2. 31-66.

김준호 외 6인 공저 (2009). **청소년 비행론**. 서울 : 청목출판사.

김현호 · 어홍선 · 이용환 · 전대성 · 현영렬 (2015). **사회복지실천기술론**. 서울 : 정민사.

배임호 · 박경일 · 이태언 · 신석환 · 전영록 (2007). **교정복지론**. 서울 : 양성원.

법무연수원 (2015). 범죄백서.

보건복지가족부 (2010) **치매사례관리 매뉴얼**. 한국치매협회.

손지훈 · 안성희 · 성수정 · 유지민 · 박지은 · 조맹제 (2015). **지역사회 거주 조현병 환자 대상사례관리 서비스 중재: 36 개월 전향적 추적 연구**. *J Korean Neuropsychiatr Assoc*, 54(4), 578-586.

안윤숙 (2015). 소년범의 재범방지를 위한 위탁보호위원제도 (1호 처분)에 관한 연구. 교정복지연구, 39, 83-112.

여성가족부 (2013). 다문화가족 사례관리 실무활용 매뉴얼. 발간등록: 2013-교육개발-004.

엄명용 · 노충래 · 김용석 (2014). **사회복지 실천기술의 이해**. 서울: 학지사.

유성호 · 모선희 · 김형수 · 윤경 (2015). **현대 노인 복지론**. 서울 : 학지사.

윤철수 · 김연수 (2014). **사례관리표준안에 관한 탐색적 연구**. 사례관리연구, 1, 17-44.

이명수 · 안소라 · 손나윤 · 김진형 · 박희연 · 조연정 (2013). **지역기반의 초발정신병 환자 사례관리 프로그램효과성 평가에 대한 연구**. J Korean Neuropsychiatr Assoc, 52, 223-230.

이영호 (2015). **사회복지실천기술론**, 서울 : 공동체.

이영호 · 심경순 · 김태준 (2011). **정신보건 사회복지론**. 서울 : 학지사.

이철수 (2009). **사회복지학사전**. 서울 : 블루피쉬.

정순둘 · 고미영 (2003). 재가 노인을 위한 사례관리 서비스의 효과성 연구 – 팀접근 모델을 중심으로. 한국사회복지학, 54, 273-294.

조흥식 · 이형섭 (2014). **교정복지론 : 이론, 현장 그리고 실천**. 서울 : 학지사.

최선화 (2015). **사회복지실천기술**. 서울 : 공동체.

최옥채 (2003). **교정복지론**. 서울 : 학지사.

한국보건복지인력개발원 (2008). **지방자치단체 사례관리업무매뉴얼**. 보건복지가족부연구용역.

한국사례관리학회, 권지숙 · 김상곤 · 김성경 · 김성천 · 김혜성 · 민소영 · 유서구(2014). **사례관
리론**. 서울: 학지사.

한국장애인복지관협회 (2013). **장애인복지관 사례관리 매뉴얼 개발연구**.

한국청소년상담원 (2008). **청소년동반자 위기수준 및 유형에 따른 사례관리 모형 연구**.

황성철 (1995). **사례관리(Case Management) 실천을 위한 모형개발과 한국적 적용에 관한 연구**.
한국사회복지학, 27, 275-304.

한영선 · 이명숙 (2016). **박탈공간으로서의 교정시설 – 박탈에서 회복으로**. 아시아교정포럼.
10(2), 55-82.

홍봉선 (2007). **교정복지론**, 서울 : 공동체.

홍봉선 · 임안나 · 곽정국 · 장승전 · 전경란 · 임현진 · 김한덕 · 이순자 · 김덕주 · 배재덕 · 강해
자 (2015). **사회복지실천기술론**. 서울 : 공동체.

Barker, R. L., & Branson, D. M. (2014). *Forensic social work: Legal aspects of professional
practice*. Routledge.

Cooper, B. J., & Roberts, D. D. Y. (2006). National Case Management Standards in Aus-
tralia—purpose, process and potential impact. *Australian Health Review*, 30(1), 12-16.

Eggert, G. M., Friedman, B., & Zimmer, J. G. (1990). Models of intensive case management.
Journal of Gerontological Social Work, 15(3-4), 75-101.

Frankel, A. J., & Gelman, S. R. (2012). *Case management: An introduction to concepts
and skills*. Lyceum Books, Inc.

Goodwin, J. S., Satish, S., Anderson, E. T., Nattinger, A. B., & Freeman, J. L. (2003). Ef-
fect of nurse case management on the treatment of older women with breast cancer.
Journal of the American Geriatrics Society, 51(9), 1252-1259.

Gursansky, D., Harvey, J., & Kennedy, R. (2003). *Case management: Policy, practice and
professional business*. Columbia University Press.

Hall, J. A., Carswell, C., Walsh, E., Huber, D. L., & Jampoler, J. S. (2002). Iowa case management: Innovative social casework. *Social work*, 47(2), 132-141.

Intagliata, J. (1982). Improving the quality of community care for the chronically mentally disabled: The role of case management. *Schizophrenia Bulletin*, 8(4), 655-674.

Levine, I. S., & Fleming, M. (1987). *Human resource development: Issues in case management. Division of Education and Service Systems Liaison.* National Institute of Mental Health.

National Association of Social Workers (1984). *NASW standards and guidelines for social workers case management for functionally impaired Silver.* Spring, MD: Author.

NASW(1996). *Standards social Work Case Management. National Standards of Practice for Case Management.*

National Associaltion of Social Workers (2013). *NASW Standard for social work case management.*

Ozcelik, H., Fadiloglu, C., Karabulut, B., & Uyar, M. (2014). Examining the effect of the case management model on patient results in the palliative care of patients with cancer. *American Journal of Hospice and Palliative Medicine, 31(6),* 655-664.

Ridgely, M. S., & Willenbring, M. L. (1993). Application of case management to drug abuse treatment: Overview of models and research issues. *NIDA research monograph, 127,* 12-12.

Rothman, J. (2009). An overview of case management. In A. R. Roberts, *Social workers' desk reference, 751-755.* New York : Oxford university press.

Rubin, A. (1992). Case management. *Case management and social work practice,* 5-20.

Sheehan, R. (2016). Forensic Social Work: Implementing Specialist Social Work Education. *Journal of Social Work,* 1468017316635491.

Summers, N. (2012). *Fundamentals of case management practice: Skills for the human services.* Nelson Education.

Loveland, D., & Boyle, M. (2007). Intensive Case Management as a Jail Diversion program for People With a Serious Mental Illness A Review of the Literature. *International Journal of Offender Therapy and Comparative Criminology, 51(2)*, 130–150.

Mas-Expósito, L., Amador-Campos, J. A., Gómez-Benito, J., & Lalucat-Jo, L. (2014). Depicting current case management models. *Journal of Social Work, 14(2)*, 133–146.

Moxley, D. P. (1989). *Practice of Case Management* (Vol. 58). Sage.

Rubin, A. (1992). Case management. In S. M. Rose(Ed). *Case management and social work practice*, (pp.5–20). New York:Longman.

Saleh, S. S., Vaughn, T., Hall, J., Levey, S., Fuortes, L., & Uden-Holmen, T. (2002). Effectiveness of case management in substance abuse treatment. *Care Management Journals, 3(4)*, 172–177.

You, E. C., Dunt, D., Doyle, C., & Hsueh, A. (2012). Effects of case management in community aged care on client and carer outcomes: a systematic review of randomized trials and comparative observational studies. *BMC health services research, 12(1)*, 1.

Woodside, M. R., & McClam, T. (2007). *Generalist case management*. Cengage Learning.

〈별첨〉 기타 사례관리 양식(지방자치단체 사례관리 업무 매뉴얼, 2008)

욕구 및 강점 사정표

대상자 성명		작성일자	
담당자	대상자가 자신의 언어로, 현문제 상황과 관련하여 도움이 필요하다고 요구하는 내용 및 해결방법에 대한 기대를 작성	소 속	
		연락처	

욕구영역별 주요 문제		현 상황	주관적 욕구	객관적 욕구	자원 및 강점 (개인/가족 지역사회)
안전	가족외부요인에 의한 생명위협문제				
	가족 내 폭력 및 학대, 방임의 문제				
건강	심각한 신체건강문제				
	심각한 정서적인 문제, 정신건강문제(술, 약물, 자살 등)				
일상생활	가사수행/일상생활기능 유지의 문제				
	여가활용의 문제				
가족생활	부부/부모−자녀관계의 문제				
	보육/간병 등 가족의 보호 부담				
사회적 관계	친인척/이웃관계의 문제				
	소속된 사회적 집단(학교/직장/단체)내관계의 문제				
경제	기초 욕구(의식주)충족에 필요한 자원부족의 문제				
	자산취득 및 관리(저축/부채)의 문제				
교육 및 직업	교육 및 학습의 문제				
	취학/취(창)업 및 학업/직무수행상의 문제				
생활환경 및 권익보장	주거 및 주변 환경의 문제				
	이동 및 교통수단 활용의 문제				
	권리보장 및 옹호의 문제				
기타					

각 문제영역별로 대상자가 경험한 어려움의 과정을 파악하되, 현재 상황에 초점을 두고 기술

대상자가 인식하지 못하고 있거나 장애 등으로 인해 표현되지 않은 영역이라 할지라도 사례관리자의 전문적 판단으로 도움이 필요한 내용을 기록

주요 문제를 완화하거나 해결하는데 도움이 될 수 있으며 잠재적 활용가치가 있는 개인의 내적, 가족이나 지역사회의 유형 혹은 무형의 자원을 파악

서비스 의뢰서

작성일자		담 당 자	(인)
소　속		연 락 처	
의뢰기관		의뢰날짜	
담 당 자		연 락 처	

서비스 대상자 성　명		전화번호	(집) (H.P)
주　소	(자택)		
	(직장)		
가구특성	☐부모가구　　☐한부모가구　　☐장애인가구 ☐조손가구　　☐친척과 거주　☐기타(　　　　)		
의료보장현황	☐의료급여1종　　☐2종　　☐직장의료보험　　☐지역의료보험		
법정지원현황	☐기초생활보장　　　☐경로연금　　☐모.부자가정지원 ☐차상위 의료급여　☐장애수당　☐기타(　　　　)		
기타 지원현황			
주 의뢰 문제		의뢰서비스	
첨부내용			

대상자의 상황 및 요구하는 서비스의 구체적인
내용 기록

사후관리

이용자 ID			이용자명	
등록일	년 월 일		종결일	년 월 일
주 소			전화번호	(집) (H.P)
1차 사후관리	날짜		접촉방법	□전화상담 □내방상담 □가정/방문상담 □기타
	접촉대상	□아동 □주양육자( ) □기타		
	현상황 요약			
2차 사후관리	날짜		접촉방법	□전화상담 □내방상담 □가정/방문상담 □기타
	접촉대상	□아동 □주양육자( ) □기타		
	현상황 요약			
사례관리자 종합 의견				
추후계획	□재개입 □타기관의뢰( ) □종결확정 □기타( )			
사례관리자	성명 : (서명 또는 날인)		작성 날짜	

제 3 장

소년보호기관의 교정복지   – 집필 오영희

제1절
소년사법 개관

1. 대상소년

「소년법」 제4조에서는 소년사법절차의 대상으로 범죄소년, 촉법소년, 우범소년을 규정하고 있다. 범죄소년이란 죄를 범한 14세 이상 19세 미만인 소년을 말하고, 촉법소년은 형법 법령에 저촉되는 행위를 한 10세 이상 14세 미만인 소년, 그리고 우범소년은 집단적으로 몰려다니며 주위 사람들에게 불안감을 조성하는 성벽이 있거나, 정당한 이유없이 가출하거나, 술을 마시고 소란을 피우거나 유해환경에 접하는 성벽이 있는 소년으로, 소년의 성격이나 환경에 비추어 앞으로 형법 법령에 저촉되는 행위를 할 우려가 있는 10세 이상 19세 미만의 소년을 말한다.

2. 소년사건 처리절차

「소년법」은 소년의 사건처리와 관련하여 형사사건과 보호사건의 이원적 구조를 채택하고 있지만 소년사건이 처음부터 형사사건 또는 보호사건으로 나누어져 별개의 절차를 거치게 되는 것이 아니라 절차의 진행에 따라 그 성격이 서로 바뀔 수 있다. 즉 형사절차에서 수사나 재판을 받다가 소년법원에 보내져서 보호사건으로 될 수도 있고, 소년법원에서 사건을 형사절차로 보내면 형사사건이 될 수도 있다.

소년사건의 사법적 처리는 일반형사사법기관인 경찰, 검찰, 법원 등이 담당하고 있다. 다만, 소년의 경우에는 심리·정서적으로 발달과정에 있고 성인범보다는 개선가능성이 크므로 보호적 측면을 중시하여 성인 범죄자의 처리과정과는 다르게 소년보호사건과 소년형사사건으로 나누어 별도의 처리과정을 거치도록 하고 있다. 즉 소년사건처리의 관할과 절차를 이원화하여 소년사건의 유형에 따라 별개의 법원이 심리와 처분을 나누어 관할하고 있다.

소년보호사건의 관할은 법원 소년부에 속하고(소년법 제3조 제2항), 소년형사사건의 관할은 일반형사사건의 예에 의한다(소년법 제48조).[16)]

(1) 발견단계

소년범의 발견은 주로 경찰에 의해서 이루어지는데 범죄소년을 검거한 때에는 그 범죄소년을 검사에게 송치하여야 하며, 촉법소년과 우범소년을 발견한 때에는 훈방하거나 검사를 거치지 않고 직접 법원 소년부에 송치하여야 한다(소년법 제4조 제2항). 이외에도 범죄소년, 촉법소년, 우범소년을 발견한 보호자 또는 학교·사회복리시설·보호관찰소의 장은 해당 소년을 법원 소년부에 통고할 수 있다(소년법 제4조 제3항).

검사는 경찰이 송치한 범죄소년이나 직접 인지한 소년피의사건을 수사하여 그 결과에 따라 기소유예, 혐의 없음, 죄가 안됨, 공소권 없음 등의 불기소 처분을 하거나 소년부송치 또는 형사법원에 기소한다.

(2) 조사단계

소년사건 처리절차상에서의 조사는 크게 검찰단계에서의 검사 결정전 조사, 법원단계에서의 법원조사관 조사, 소년분류심사원에서의 비행진단과 보호관찰소의 판결전 조사로 나눌 수 있다.

'검사 결정전 조사'는 검사가 소년피의사건에 대하여 소년부송치, 공소제기, 기소유예 등의 처분을 결정하기 위하여 필요하다고 인정하면 피의자에 대하여 보호관찰소장, 소년분류심사원장 또는 소년원장에게 피의자의 품행, 경력, 생활환경이나 그 밖의 필요한 사항을 조사할 수 있는 제도로(소년법 제49조의2), 조사결과는 검사가 소년사건에 대해 보호사건으로 처리할지, 형사사건으로 처리할지의 절차를 결정하는 선의권을 행사하기 위한 요보호성의 판단자료 및 다이버전의 결정을 위한 판단자료, 공소제기를 위한 판단자료 등으로 활용한다.

---

17) 보호사건은 검사가 소년에 대한 피의사건을 수사한 결과 벌금 이하의 형에 해당하는 범죄이거나 보호처분에 해당하는 사유가 있다고 인정한 때 사건을 관할소년부로 송치하여 처리하고(소년법 제49조 제1항), 형사사건은 그 동기와 죄질이 금고 이상의 형사처분을 할 필요가 있다고 인정되는 사건이 해당된다(소년법 제49조 제2항).

재판단계에서의 '법원조사관에 의한 조사'는 심리학, 교육학, 사회사업학 등의 지식과 경험을 가진 법원조사관으로 하여금 소년의 비행사실, 성행, 환경 등을 조사하게 하는 것이다.

소년보호기관에서의 조사업무는 「소년법」 제18조 제1항 제3호에 따라 법원의 위탁결정으로 소년분류심사원[17]에서 1개월 이내에 비행소년을 수용·보호하며 심리학, 교육학, 정신의학 등 전문지식을 갖춘 분류심사관이 대상소년의 생활사를 중심으로 한 사회·환경적 조사, 각종 심리검사, 행동관찰, 신체·정신상황, 보호자 상담 및 각종 기록조회 등 다각적 수단을 동원하여 요보호성을 판별하는 '분류심사'(보호소년 등의 처우에 관한 법률 제24조)와 「소년법」 제12조에 따른 전문가 진단의 일환으로 법원 소년부가 비행초기단계 소년에 대하여 청소년비행예방센터[18]에 주간에 출석하여 비행성 진단을 받을 것을 명함으로써, 청소년비행예방센터에서 비행원인 등 종합적인 진단과 더불어 소년의 비행성 개선을 위한 인성교육을 병행하는 '상담조사'가 있다.[19]

보호관찰소에서 실시하는 조사업무는 소년형사절차에서 소년에게 보호관찰을 명하기 위하여 법원이 필요한 경우 보호관찰소장에게 피고인에 관한 범행의 동기, 직업, 생활환경, 교우관계, 가족상황, 피해회복 여부 등 필요한 사항을 조사하도록 요구하는 '판결전 조사'(보호관찰 등에 관한 법률 제19조 제1항)와 소년보호사건 처리절차에서 소년의 품행, 경력, 가정상황, 그 밖의 환경 등 필요한 상항에 관한 조사를 요구하여 시행되는 '결정전 조사'(보호관찰 등에 관한 법률 제19조의2 제1항)가 있다.

(3) 심판단계

재판단계에서의 관장기관으로는 형사법원, 법원 소년부, 소년분류심사원이 있다. 소년분류심사원은 비행성을 진단하는 기관이고, 법원 소년부에서는 경찰, 검찰, 법원에서 보내온 소년사건에 대해 비행원인을 조사·심리하여 보호처분을 결정한다. 소년부 판사는 경찰서장 또는 보호자

---

18) 소년분류심사원은 법원 소년부로부터 위탁된 소년을 수용하여 분류심사를 실시하고 그 결과를 법원의 조사·심리자료로 제공하는 역할을 수행한다. 전국에 1개 기관만 설치·운영되고 있어 소년분류심사원이 없는 지역에서는 부산·대구·광주·대전·춘천·제주소년원에서 그 업무를 대행한다.

19) 청소년비행예방센터의 주요 임무는 법원·검찰청·학교 등에서 의뢰한 위기청소년에 대한 대안교육 및 부모에 대한 보호자교육, 소년부 판사가 의뢰한 비행청소년의 상담조사, 지역사회 청소년에 대한 심리상담, 일일체험, 주말캠프 및 초·중등교사 직무연수, 가족캠프 등의 비행예방업무를 수행하며 전국에 16개 기관이 있고, 대외명칭은 '청소년꿈키움센터'이다.

20) 판사의 결정으로 소년분류심사원과 청소년비행예방센터에서 분류심사 및 상담조사를 받는 기간은 「보호소년 등의 처우에 관한 법률」 제31조 제2항과 「동법 시행령」 제85조에 따라 소년의 재적학교의 출석일수로 인정된다.

등이 송치·통고한 촉법소년·우범소년을 조사 또는 심리한 결과 검찰송치, 형사법원 이송, 심리불개시, 불처분결정, 보호처분을 할 수 있다. 보호처분은 1호에서 10호까지 있으며, 소년원 송치대상은 7호~10호처분 소년이다.

(4) 집행단계

대상소년이 보호처분을 받게 되면 보호처분의 종류에 따라 아동복지시설·보호관찰소·소년원[20]의 장 등이 보호처분을 집행하게 되고, 형사처분을 받아 실형이 확정되면 소년교도소장이 형을 집행한다.

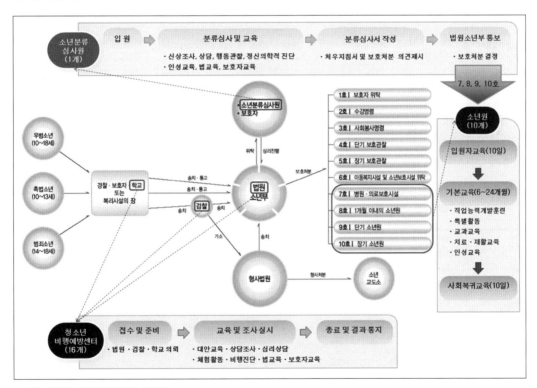

※자료: 법무부 범죄예방정책국 소년과.

[그림 3-1] 소년사건처리절차 및 소년보호기관의 임무

---

21) 전국에 10개 소년원이 있으며, 이 중 여자소년원은 2개 기관으로 안양소년원은 10호처분, 청주소년원은 8호 및 9호 처분 소년을 각각 수용·교육한다.

<표 3-1> 소년원과 소년교도소 비교

구 분	소 년 원	소년교도소
적용법률	• 소년법 • 보호소년 등의 처우에 관한 법률	• 형법 • 형의 집행 및 수용자의 처우에 관한 법률
처분청	• 가정법원 또는 지방법원소년부	• 형사법원

처분종류	• 보호처분(1~10호 처분)
	 − 7호(6개월), 8호(1개월),
	   9호(6개월 이내), 10호(2년 이내) 처분자
		• 형사처분
		  생명형(사형), 자유형(징역 · 금고 · 구류)
		  재산형(벌금 · 과료 · 몰수)
		  명예형(자격상실 · 자격정지)

시설	• 10개 소년원(2개 여자소년원)	• 1개 소년교도소(여자소년 청주여자교도소)
수용대상	• 범죄소년, 촉법소년, 우범소년 (이상 비행소년)	• 범죄소년
수용기간	• 2년 이내	• 선고에 의한 자유형 집행기간

사회복귀	• 퇴원 : 교정목적을 달하였다고 인정할 때
	• 임시퇴원 : 교정성적이 양호하고 보호관찰
	  의 필요성이 있다고 인정될 때
		• 석 방 : 형기 종료시
		• 가석방 : 行狀이 양호하여 개전의 정이 현
		  저한 때(행형성적 양호자에 대한 시혜)

신분제한	• 장래신상에 어떠한 영향도 미치지 않음
	  (소년법 제32조 제6항)
		• 법에서 정한 복권 기한 내 수형인명부
		  기재 · 관리(전과기록)

(1) 전체 소년범 전과(전회 처분) 비율

전체 소년인구 대비 소년범죄 비율은 2012년 급증 후 점차 감소추세로 1~2% 수준을 유지하고 있으며, 소년범 중 전과자 비율은 2008년도 이후 해마다 증가하여 2013년도에는 41.5%에 달하였고 2014년에 약간 감소하였으며, 특히 3범 이상의 비중도 2008년 9.2%에서 2013년에는 20.6%로 최근 5년간 증가폭이 크게 두드러지다가 2014년에는 약간 감소하였다.

<표 3-2> 소년인구 대비 소년범죄 현황 (단위: 명)

구분 \ 연도	2005	2006	2007	2008	2009	2010	2011	2012	2013	2014
소년인구	5,194,546	5,235,037	5,292,760	5,347,359	5,994,271	5,934,461	5,823,594	5,670,401	5,437,368	5,215,783
소년범죄	67,478	69,211	88,104	134,992	113,022	89,776	83,060	107,490	91,633	77,594
구성비	1.3	1.3	1.7	2.5	1.9	1.5	1.4	1.9	1.7	1.5

※소년인구는 2008년까지는 12-19세 기준, 소년법 개정에 따라 2009년부터는 10-18세 기준으로 산출.

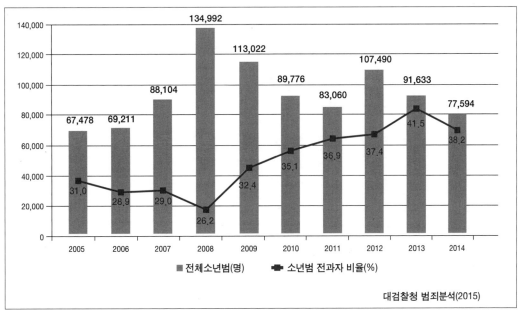

대검찰청 범죄분석(2015)

※자료: 법무부 범죄예방정책국 소년과.

[그림 3-2] 전체 소년범 및 전과자 비율

〈표 3-3〉 연도별 전과 현황
(단위: 명)

연도 \ 전과인원	계	전과 없음	전 과 횟 수				미 상
			소계	1범	2범	3범 이상	
2005	67,478 (100.0)	42,017 (62.3)	20,915 (31.0)	9,307 (13.8)	4,601 (6.8)	7,007 (10.4)	4,546 (6.7)
2006	69,211 (100.0)	44,236 (63.9)	19,989 (28.9)	9,193 (13.3)	4,124 (6.0)	6672 (9.6)	4,986 (7.2)
2007	88,104 (100.0)	55,543 (63.0)	25,547 (29.0)	11,540 (13.1)	5,332 (6.1)	8,675 (9.8)	7,014 (8.0)
2008	134,992 (100.0)	79,285 (58.7)	35,414 (26.2)	15,476 (11.5)	7,553 (5.6)	12,385 (9.2)	20,293 (15.0)
2009	113,022 (100.0)	65,990 (58.4)	36,583 (32.3)	15,103 (13.4)	7,637 (6.8)	13,843 (12.2)	10,449 (9.2)
2010	89,776 (100.0)	50,830 (56.6)	31,538 (35.1)	12,091 (13.4)	6,546 (7.3)	12,901 (14.4)	7,408 (8.3)
2011	83,060 (100.0)	45,047 (54.2)	30,611 (36.9)	11,391 (13.7)	6,254 (7.5)	12,966 (15.6)	7,402 (8.9)
2012	107,490 (100.0)	56,527 (52.6)	40,201 (37.4)	14,403 (13.4)	7,669 (7.1)	18,129 (16.9)	10,762 (10.0)
2013	91,633 (100.0)	44,502 (48.6)	38,046 (41.5)	12,388 (13.5)	6,782 (7.4)	18,894 (20.6)	9,085 (9.9)
2014	77,594 (100.0)	40,996 (52.8)	29,652 (38.2)	9,853 (12.7)	5,244 (6.8)	14,555 (18.8)	6,946 (9.0)

※출처: 대검찰청 범죄분석(2014).

(2) 소년범 재범기간

소년범의 재범기간은 2013년도 기준 1년 이내 재범비율이 75.7%를 점유하고 있으며 특히 6개월 이내 재범비율은 45.1%에 달하고 있어 처분 이후 1년 이내 집중 사후관리가 재범방지의 성패를 좌우할 수 있음을 시사하고 있다.

<표 3-4> 소년범 재범기간

(단위: 명)

재범기간＼연도	2004	2005	2006	2007	2008	2009	2010	2011	2012	2013
계	24,384 (100.0)	20,903 (100.0)	19,981 (100.0)	25,525 (100.0)	35,397 (100.0)	36,532 (100.0)	31,191 (100.0)	30,261 (100.0)	44,319 (100.0)	41,032 (100.0)
1개월이내	1,220 (5.0)	1,504 (7.2)	1,567 (7.8)	2,423 (9.5)	3,585 (10.1)	4,584 (12.6)	3,467 (11.1)	4,415 (14.6)	6,615 (14.9)	5,634 (13.7)
3개월이내	1,697 (7.0)	2,175 (10.4)	2,234 (11.2)	3,120 (12.2)	4,443 (12.6)	5,307 (14.5)	5,970 (19.1)	5,692 (18.8)	8,011 (18.1)	6,943 (17.0)
6개월이내	1,894 (7.8)	2,220 (10.6)	2,156 (10.8)	2,901 (11.4)	4,123 (11.6)	4,578 (12.5)	4,381 (14.0)	4,132 (13.7)	5,897 (13.3)	5,906 (14.4)
1년이내	5,553 (22.8)	7,583 (36.3)	7,467 (37.4)	9,528 (37.3)	13,506 (38.2)	13,766 (37.7)	10,408 (33.4)	9,684 (32.0)	13,702 (30.9)	12,564 (30.6)
2년이내	10,570 (43.3)	3,689 (17.6)	3,203 (16.0)	3,651 (14.3)	5,163 (14.5)	4,758 (13.0)	4,069 (13.0)	3,750 (12.4)	4,908 (11.1)	5,235 (12.8)
3년이내	1,922 (7.9)	2,199 (10.5)	1,985 (9.9)	2,336 (9.2)	2,793 (7.9)	2,485 (6.8)	2,018 (6.5)	1,817 (6.0)	2,724 (6.1)	3,100 (7.6)
3년초과	1,528 (6.3)	1,533 (7.3)	1,369 (6.9)	1,566 (6.1)	1,784 (5.0)	1,054 (2.9)	878 (2.8)	771 (2.5)	2,462 (5.6)	1,650 (4.0)

※출처: 대검찰청 범죄분석(2014).

(3) 검찰·법원의 소년범 처리 경향

소년범에 대한 검찰의 처분결과를 보면 불구속 수사 확대와 인권보호정책이 맞물려 소년범에 대한 기소율이 2005년에는 16.8%이던 것이 2011년 5.6%로 감소한 이래 2014년에는 9.6%에 불과하며, 구속 기소율 또한 전체 범죄인원 중 2005년에는 2.5%이던 것이 2014년에는 1.5%로 현저히 감소하였다.

반면 소년보호 송치율은 2005년 20.1%에서 2014년 32.5%로 대폭 증가하였고, 기소유예율은 2005년 49.9%에서 2014년 37.8%로 감소하는 등 불기소 처분이 54.2%를 점유하고 있어 검찰에서의 소년범 처분이 처벌보다는 선도위주로, 형사처분보다는 보호처분 중심으로 이루어지는 경향을 보이고 있다.

법원단계에서도 2014년도 전체 보호처분 중 보호자 위탁처분(1, 1 · 2, 1 · 2 · 3, 1 · 3호)이 27.8%, 보호관찰 처분(4, 5호 처분 및 병합처분)이 54.9%로 82.7%가 사회내 처분을 받았으며, 시설내 처분은 소년원 송치(5 · 8, 8, 9, 10호)가 11.7%, 6호 민간시설 위탁처분(4 · 6, 5 · 6, 6호)이 3.6%에 불과하며, 특히 최근 3년간 소년원송치처분 비율은 2012년 13.8% → 2013년 13.4% → 2014년 11.7%로 점차 감소하고 있다.

이와 같이 소년범에 대한 선도위주, 보호처분 위주의 경향이 심화되면서 강력비행자나 재범위험성이 높은 소년범에 대해 온정적 처분경향이 지속되고 있음을 알 수 있는데 이는 소년교도소 수용인원이 2001년 2,035명 대비 2014년 131명으로 6.4%에 수준에 불과한 것도 이를 대변한다고 볼 수 있다.

<표 3-5> 최근 10년간 소년범죄 검찰처리인원 및 구성비 (단위: 명)

구분 / 연도	계	기소				소년보호송치	가정보호송치	성매매보호송치	불기소					기소중지	참고인중지
		소계	구공판		구약식				소계	기소유예	혐의없음	죄가안됨	공소권없음		
			구속	불구속											
2005	67,478 (100.0)	11,350 (16.8)	1,721 (2.5)	1,050 (1.6)	8,579 (12.7)	13,555 (20.1)	10 (0.0)	－	40,486 (60.0)	33,683 (49.9)	2,537 (3.8)	328 (0.5)	3,938 (5.8)	1,968 (2.9)	109 (0.2)
2006	69,211 (100.0)	9,315 (13.5)	1,432 (2.1)	1,064 (1.5)	6,819 (9.9)	14,105 (20.4)	20 (0.0)	10 (0.0)	43,495 (62.8)	36,808 (53.2)	2,353 (3.4)	306 (0.4)	4,028 (5.8)	2,163 (3.1)	103 (0.1)
2007	88,104 (100.0)	10,367 (11.8)	1,330 (1.5)	1,485 (1.7)	7,552 (8.6)	21,368 (24.3)	22 (0.0)	21 (0.0)	54,424 (61.8)	44,689 (50.7)	3,029 (3.4)	394 (0.4)	6,312 (7.2)	1,809 (2.1)	93 (0.1)
2008	134,992 (100.0)	15,150 (11.2)	2,096 (1.6)	2,727 (2.0)	10,327 (7.7)	28,360 (21.0)	30 (0.0)	46 (0.0)	88,932 (65.9)	62,977 (46.7)	4,944 (3.7)	2,073 (1.5)	18,938 (14.0)	2,370 (1.8)	104 (0.1)
2009	113,022 (100.0)	7,795 (6.9)	1,770 (1.6)	2,159 (1.9)	3,866 (3.4)	32,453 (28.7)	37 (0.0)	16 (0.0)	71,100 (62.9)	56,715 (50.2)	4,684 (4.1)	1,184 (1.0)	8,517 (7.5)	1,535 (1.4)	86 (0.1)
2010	89,776 (100.0)	5,443 (6.1)	1,386 (1.5)	1,527 (1.7)	2,530 (2.8)	30,143 (33.6)	9 (0.0)	11 (0.0)	52,685 (58.7)	42,021 (46.8)	4,801 (5.3)	339 (0.4)	5,524 (6.2)	1,392 (1.6)	93 (0.1)
2011	83,060 (100.0)	4,691 (5.6)	1,315 (1.6)	1,710 (2.0)	1,666 (2.0)	30,587 (36.8)	10 (0.0)	7 (0.0)	46,224 (55.7)	36,582 (44.0)	4,151 (5.0)	272 (0.3)	5,219 (6.3)	1,455 (1.8)	86 (0.1)
2012	102,871 (100.0)	7,877 (7.7)	1,655 (1.6)	3,243 (3.2)	2,979 (2.9)	36,478 (35.5)	21 (0.0)	－	56,668 (55.1)	43,013 (41.8)	6,113 (6.0)	324 (0.3)	7,218 (7.0)	1,686 (1.6)	141 (0.1)
2013	88,062 (100.0)	8,758 (9.9)	1,493 (1.7)	3,800 (4.3)	3,465 (3.9)	29,641 (33.7)	35 (0.0)	2 (0.0)	47,486 (53.9)	34,914 (39.6)	5,925 (6.7)	202 (0.2)	6,445 (7.3)	2,032 (2.3)	108 (0.1)
2014	72,947 (100.0)	7,037 (9.6)	1,128 (1.5)	3,063 (4.2)	2,846 (3.9)	23,740 (32.5)	50 (0.1)	4 (0.0)	39,548 (54.2)	27,599 (37.8)	5,371 (7.4)	182 (0.2)	6,396 (8.8)	2,438 (3.3)	130 (0.2)

※출처: 대검찰청 범죄분석(2014).

<표 3-6> 최근 5년간 소년보호사건 법원 처분 현황 (단위: 명)

연도	보호처분														
	계	1호	1.2호	1.2.3호	1.2.4호	1.2.5호	1.2.3.4호	1.2.3.5호	1.3호	1.3.4호	1.3.5호	1.4호	1.5호	2호	3호
2010	32,416 (71.9)	4,527 (10.0)	4,251 (9.4)	615 (1.4)	4,473 (9.9)	1,309 (2.9)	1,777 (3.9)	1,288 (2.9)	1,399 (3.1)	2,182 (4.8)	1,482 (3.3)	3,593 (8.0)	880 (2.0)	37 (0.1)	116 (0.3)
2011	35,072 (72.0)	4,021 (8.3)	4,123 (8.5)	874 (1.8)	4,998 (10.3)	1,393 (2.9)	2,420 (5.0)	1,990 (4.1)	1,629 (3.3)	2,418 (5.0)	1,352 (2.8)	3,689 (7.6)	808 (1.7)	18 (0.0)	53 (0.1)
2012	36,150 (71.2)	4,222 (8.3)	4,518 (8.9)	1,040 (2.0)	5,180 (10.2)	1,118 (2.2)	2,266 (4.5)	1,831 (3.6)	1,405 (2.8)	2,087 (4.1)	1,560 (3.1)	3,054 (6.0)	637 (1.3)	51 (0.1)	104 (0.2)
2013	31,952 (70.4)	3,822 (8.4)	3,522 (7.6)	646 (1.4)	4,020 (8.9)	1,496 (3.3)	1,557 (3.4)	1,901 (4.2)	1,297 (2.9)	1,868 (4.1)	1,843 (4.1)	2,746 (6.4)	900 (2.0)	107 (0.2)	125 (0.3)
2014	24,529 (70.9)	2,960 (8.6)	2,420 (7.0)	445 (1.3)	3,163 (9.1)	1,026 (3.0)	1,160 (3.4)	1,541 (4.5)	982 (2.8)	1,844 (5.3)	1,535 (4.4)	2,354 (6.8)	742 (2.1)	70 (0.2)	92 (0.3)

연도	보호처분										병과처분 기타	심리불개시	불처분	기소중지	검찰청 송치	합계
	4호	4.6호	5호		5.6호	6호	7호	8호	9호	10호						
2010	34 (0.1)	104 (0.2)	13 (0.0)	747 (1.7)	1,689 (3.7)	73 (0.2)	81 (0.2)	11 (0.0)	861 (1.9)	806 (1.8)	68 (0.2)	7338 (16.3)	3105 (6.9)	1840 (4.1)	391 (0.9)	45,090 (100.0)
2011	77 (0.1)	146 (0.3)	28 (0.1)	922 (1.9)	1,915 (3.9)	9 (0.0)	150 (0.3)	15 (0.0)	883 (1.8)	1,019 (2.1)	122 (0.3)	7,905 (16.2)	2,579 (5.3)	2,536 (5.2)	621 (1.3)	48,713 (100.0)
2012	103 (0.2)	56 (0.1)	71 (0.1)	1,164 (2.3)	2,607 (5.1)	14 (0.0)	195 (0.4)	7 (0.0)	1,206 (2.4)	1,169 (2.3)	485 (1.0)	9,209 (18.1)	2,278 (4.5)	2,441 (4.8)	693 (1.4)	50,771 (100.0)
2013	91 (0.2)	22 (0.0)	41 (0.1)	1,150 (2.5)	1,879 (4.1)	13 (0.0)	149 (0.3)	3 (0.0)	1,153 (2.5)	1,252 (2.8)	349 (0.8)	8,065 (17.8)	2,663 (5.7)	2,179 (4.8)	534 (1.8)	45,393 (100.0)
2014	63 (0.2)	39 (0.1)	32 (0.1)	834 (2.4)	1,257 (3.6)	9 (0.0)	183 (0.5)	—	812 (2.3)	813 (2.3)	153 (0.4)	5,669 (16.4)	2,543 (7.3)	1,403 (4.1)	456 (1.3)	34,600 (100.0)

※출처: 법원행정처 사법연감(2014).

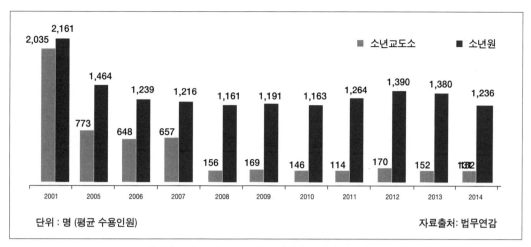

단위 : 명 (평균 수용인원)　　　　　　　　　　　　　　　　　　　　자료출처: 법무연감

[그림 3-3] 소년교도소 및 소년원 수용인원 변동 추이

4. 소년원생의 통계적 특성

　2014. 7. 현재 전국 소년원에 수용된 소년원생 1,178명 중 기소유예, 보호처분, 형사처분 등 비행전력이 있는 소년은 총 1,063명으로 전체 인원의 90.24%에 달하며, 전체 수용인원 중 소년원 입원전력자는 448명으로 38.03%, 교도소 입소전력자는 25명 2.12%로 전체 소년원생의 약 40%가 시설수용을 경험한 것으로 나타났다.

<표 3-7> 소년원생 전회처분 및 수용 전력　　　　　　　　　　(단위: 명)

구분(횟수)		소계	1~5	6~10	11~15	16~20	21~25	26~30	31~
선도,기소 유예이상	인원(명)	1,063	542	334	139	30	13	3	2
	비율(%)	90.24	46.01	28.35	11.81	2.55	1.10	0.25	0.17

구분(횟수)		소계	1회	2회	3회
소년원 입원 경력	인원(명)	448	347	96	5
	비율(%)	38.03	29.46	8.15	0.42
교도소 입소 경력	인원(명)	25	25	–	–
	비율(%)	2.12	2.12	–	–

※출처: 법무부 범죄예방정책국(2015.7.), 소년원생간 범죄학습 최소화를 위한 「재범 소년원생 분리수용 검토(안)」.

소년원 입원자 중 정신질환자 비율은 2009년 2.9%에서 2013년 9.7%로 최근 5년 사이 3.3배나 증가하였으며, 2015.3.10. 기준, 전체 소년원생 1,018명 중 정신과 전문의로부터 정신분열, 품행장애 등 정신·지적 장애로 진단받은 인원은 230명으로 22.6%에 달하였다. 특히, 2014년도의 경우 이들 정신질환자들에 의한 수용사고가 전체 사고의 40.8%에 육박하였고, 정신질환 소년원생의 50%가량이 평균 3회 이상 자해, 폭력행위, 직원위협 등 각종 사고를 유발하는 것으로 조사되었다(법무부 범죄예방정책국, 2015.5).[21]

또한 2014.10. 국립서울병원에서 서울소년원생을 전수 조사한 결과 의심환자를 포함하여 43%가 충동조절장애 등 정신건강에 문제가 있었으며, 이들 중 83.3%가 고참 행위나 폭력 등으로 질서를 훼손하는 것으로 나타났다.

〈표 3-8〉 신수용 인원 대비 정신과 진단·치료 유경험자 비율 (단위: 명)

연도	산수용인원			정신과 유경험자*	비율(%)
	위탁소년	보호소년	계		
2009	6,065	2,775	8,840	258	2.9
2010	6,295	2,822	9,117	423	4.6
2011	6,682	2,960	9,642	449	4.7
2012	6,582	3,429	10,011	641	6.4
2013	6,711	3,037	9,748	787	8.1
2014	5,909	2,363	8,272	805	9.7

*정신과 유경험자: 소년원·심사원 입원 전 정신과 진단 및 치료 유경험자 수

---

22) 법무부 범죄예방정책국(2015.5). 소년원생 수용안정 및 맞춤형 의료처우를 위한 「소년원 내 정신질환자 특별관리 방안」.

5. 소년원생 재입원율 현황[23]

소년원생에 대한 재범률은 「형의 실효 등에 관한 법률」제6조에 따라 보호처분 집행 종료 후의 범죄경력 및 수사경력 조회에 제한이 있으므로 소년원 출원 후 재입원 상황을 전수, 추적조사하여 통계를 산출하고 있다.

소년원 출원 후 3년 이내 재입원율은 2012년 22.3%에서 2014년 24.3%로 2.0% 증가한 것으로 나타났는데 안산청소년비행예방센터의 연구결과에 따르면 출원 이후 가정결손으로 인한 보호력의 미약, 비행또래와의 밀착관계 유지 등으로 사회적응에 실패한 것이 재입원율 상승의 중요한 요인으로 분석되었다.

소년원생의 비행별 재입원율 현황을 살펴보면 임시퇴원 취소자를 분석대상에서 제외하였음에도 '보호관찰 등에 관한 법률 위반' 으로 재입원한 비율이 가장 높게 나타났으며,

● 보호관찰등에관한법률위반(22.2%) 〉 재산비행(21.1%) 〉 폭력비행(16.0%) 〉 강력비행(13.8%) 〉 성비행(8.2%)

교육과정별로는 교과과정 출원생의 재입원율이 가장 높았고 직업훈련과정을 이수한 소년들의 재입원율이 가장 낮게 나타났다.

● 교과(26.6%) 〉 8호(22.4%) 〉 의료(18.9%) 〉 인성(14.9%) 〉 직업훈련(5.0%)

자격증은 취득개수가 증가함에 따라 재입원율이 다소 감소하고 있는 바 이는 자격증 취득이 사회적응 및 안정적 생활기반 마련에 긍정적인 영향을 미치는 것으로 보여진다.

● 0개(21.7%) 〉 1개(17.8%) 〉 2개 이상(11.6%)

---

23) 법무부 안산청소년비행예방센터 연구개발과(2015.4.), 2015년 소년원생 재입원율 검토 보고.

사후지도 횟수별 재입원 현황은 사후지도 횟수가 증가할수록 재입원율이 떨어지는 것으로 나타났으며 사후지도 횟수가 6~10회가 넘어가면 재입원율은 10% 이하로 떨어지는 것으로 조사되었다.

●0회(22.0%) 〉 1~5회(15.8%) 〉 6~10회(10.0%) 〉 11회이상(4.8%)
※ 처분별 재입원율이 높은 사후지도 횟수 → 10호 : 1~5회(12.8%), 9호 : 0회(22.6%), 8호 : 0회(23.7%),
7호 : 1~5회(23.6%)

연령별로는 15세 이하의 저연령 출원생의 재입원율이 높게 나타나고 있어 이는 초기 비행단계 소년의 비행성 심화가 전이될 가능성이 높음을 시사하고 있다.

●13~15세(40.0%) 〉 12세 이하(34.6%) 〉 16~18세(14.6%) 〉 19세 이상(1.1%)

6. 통계분석 및 시사점

(1) 소년원 입원자의 비행성

앞서 통계자료로 살펴본 바와 같이 소년원 수용자 중 소년원 재입원자 및 교도소 입소경력자 등 시설수용 경험자가 전체 소년원생의 40%를 점유하고 있으나, 소년원 시설현황이나 인력운영상 이들에 대한 별도의 수용시설이나 교육과정은 미비된 실정이다. 따라서 소년원 입원횟수, 소년교도소 수형전력 등 비행력이나 비행성향에 따른 분리수용 내지는 집중처우 또는 단계처우 등 개인의 특성을 고려한 개별처우 기반을 마련하는 것이 재범위험성이 높은 소년들에 대한 효율적 관리방안의 첫걸음이라 생각된다.

물론 「보호소년 등의 처우에 관한 법률」 제5조제2항에 따라 품행의 개선과 진보의 정도에 따라 향상된 처우를 할 수 있도록 규정되어 있으나 생활성적이나 수용기간 등을 고려한 개방처우 참여 기회 우선 부여 등 극히 제한적으로만 단계처우가 시행되고 있다

(2) 소년원 재입원자의 주요 위험요인 및 보호요인

2013.10.~2015.7.까지 청주안양소년원 재입원자 104명에 대해 주요 재비행 위험요인을 분석해본 결과(이하 요인을 중복 카운트) 불량교우 79명 76%, 가출 73명 70%, 학업 및 취업실패 66명 63%, 유흥비 마련 34명 33%, 불건전한 놀이문화 20명 19%로 조사되었으며 특히 보호자가 법원에 도저히 소녀를 감당할 수 없다고 호소한 경우도 27명 26%로 조사되었다.

선행연구에 따르면 소년들의 재비행에 영향을 주는 위험요인으로는 가족으로부터의 부정적 관계형성이나, 교사 · 또래로부터의 차별적 대우, 학교에서의 실패 경험 등으로 인한 우울감이 높아질수록, 부모의 양육패턴이 문제가 되어 자기통제력이 낮아질수록 재비행이 증가하는 것으로 나타났으며(민원홍, 2014), 자아존중감이 낮을수록 재비행이 증가하였다(한재숙, 2004).

특히 여자 청소년의 경우에는 최초비행 연령이 낮을수록 다시 비행할 가능성이 높고, 공동비행자 수가 많을수록 자신의 비행행동을 더 쉽게 터득할 수 있다는 연구결과(김태훈, 2008)가 있으며, 여성에 대한 사회적 인식이 온정적이어서 남자 비행청소년보다 여자 비행청소년이 분노조절 능력이 부족하고 공격성향이 짙으며 과격행동이 많다는 결과도 있다(이화련, 2007). 실무현장에서도 여자 소년원생의 경우 대부분 가출은 성관계로 이어지고 지역사회에서 성추행이나 강간 피해가 빈번하여 여자소년원생에 대한 더욱 세심한 처우프로그램 마련이 필요하다.

범죄예방정책국 소년과의 조사자료에 따르면 전체 소년원생 중 결손가정 60.3%, 극빈 · 빈곤가정 51.0%, 가정내 체벌 · 폭력을 경험한자가 67.2%로 조사된 바와 같이 결손가정, 갈등가정 출원생에 대한 보호력 증진대책 마련이 절대적으로 필요하다. 아울러 가족적인 환경을 갖춘 상태에서 헌신적인 봉사자가 운영하는 쉼터 등에서 생활하는 청소년은 재비행이 낮았다는 연구결과(김종렬, 류기환, 2007)는 무의탁 소년원 출원생에 대한 안정적 주거시설 마련이 필요하다는 점을 시사하고 있다.

소년원 교육과정 중 직업훈련과 인성교육을 받은 출원생의 재입원율이 상대적으로 낮게 나타나고 있어 직업훈련 자격증 취득과 문화예술교육 등 체험형 인성교육이 안정적 사회정착에 긍정적인 효과를 보이고 있다. 선행연구 결과에서도 소년원 출원 이후 탈비행에 영향을 미치는 다양한 변인들 중 취업이 재비행 방지에 긍정적인 영향력이 있는 것으로 조사(이연상 외, 2012)되어 다양한 직업훈련과정을 보호소년 특성과 사회적 수요변화에 맞도록 특화시키는 한편, 소년원생들이 마음을 열고 교육활동에 참여할 수 있도록 인성교육과정을 전문화 · 다양화할 필요가 있다.

(3) 출원 이후 적응기간

전체 소년재범자 중 1년 이내 재범한 비율이 75.7%에 달하여 처분 후 1년 동안 집중 사후관리가 중요한 것을 알 수 있으며, 소년원생의 경우에도 1년 이내 사후지도 횟수가 6회 이상인 출원생의 재입원율은 10% 이하로 감소하는 등 출원 후 사후지도를 받은 횟수가 많을수록 재입원율이 감소되고 있어 현재 소년원 담임교사를 중심으로 운영하고 있는 「출원생 희망도우미 프로젝트」 등 끝까지 돌봄 서비스를 확대할 필요가 있다. 더불어 이와 같은 사후지도가 더욱 성공적으로 이루어질 수 있도록 인적 물적기반 확충, 성공사례 확산, 효율적인 민간 자원 활용 등 시스템을 정비하여 효율성을 제고하여야 할 것이다.

(4) 저연령 출원생의 재범

연령별 소년원생 재입원율 중 15세 이하가 차지하는 비율이 74.6%에 달하고 있으나 교육과정 등 제반 처우과정은 15세 이상과 동일하게 이루어지고 있다. 교육현장에서 담임교사들 또한 15세 이하 소년들의 경우 상호 분쟁도 잦으며 교육활동이나 생활지도상 문제점을 야기하는 비율이 상대적으로 높다는 의견인 바, 15세 이하 소년에 대한 차별화된 교육프로그램 마련 등 정책적 검토가 필요하다고 사료된다.

(5) 정신질환자 수용관리

연간 전체 소년원 입원자 중 정신질환자가 차지하는 비율이 2009년 2.9%에서 2013년 9.7%로 3.3.배나 증가하였고, 서울소년원생의 43%가 충동조절장애 등 정신건강에 문제가 있는 것으로 나타났으며, 이들 정신질환자들에 의한 수용사고가 전체 사고의 40%에 육박하고 있다. 더욱이 정신질환 소년원생 중 50% 가량이 평균 3회 이상 자해, 폭력, 직원위협 등 각종 수용사고를 유발함으로써 수용안정의 심각한 장애 및 교정교육의 효과성 저해 요인으로 작용하고 있다.

본 보고자가 2013년~2014년 2년간 서울소년분류심사원에서 교무과장으로 재임 시 약 7,000명의 위탁소년을 수용하는 과정에서 각종 심각한 수용사고를 유발하는 소년들은 정신과 진료 결과 대부분 ADHD, 품행장애, 분노조절장애 등 정신적인 문제를 가지고 있었다. 지금은 민간병원에서 근무 중인 과거 안양소년원 의무과장이었던 우장훈 정신과 의사의 '각종 비행으로 소년원에 수용되었다는 것은 그 소년이 최소한 적응장애, 학습장애 등의 정신적 문제를 가지고 있다. 즉 소년원생은 거의 모두가 넓은 의미에서의 정신질환을 가지고 있다고 보는 것이 결코 과언이 아니다' 라는 말에 주의를 기울일 필요가 있다.

이렇듯 소년원 수용자 중 정신질환자 수가 증가하면서 소년원 교육의 효율성을 제고하고 안정적인 수용분위기 조성을 위해서는 외부 정신과 전문인력 지원 확보, 정신질환자 수용관리 체계 확립, 더 나아가 의료전담 소년원 신설 등 의료처우 환경 조성이 절대적으로 필요하다고 할 것이다.

(6) 복지적 관점에서 처우개선을 위한 선행 요건

소년원생 징계현황을 보면 최근 5년간 3배 이상 증가하였으며, 특히 난동·소요 등 전체 수용질서를 문란하게 하는 수용사고가 근절되지 않고 이탈모의도 지속적으로 시도되고 있어 이러한 수용사고 근절을 위해서는 현재와 같은 대형 생활실, 집단 공용시설 중심의 수용시설에 대한 개선이 시급하다. 더불어 정신질환자의 입원이 증가하고 소년원생의 인권적 처우에 대한 욕구가 상승한 반면, 대형 생활실·집단 수용은 소년원생 상호간 부정적인 영향을 미치고 수용악습을 전파하거나 서열문화를 형성, 직원의 지도와 자원봉사자의 헌신적인 노력을 진심으로 받아들이지 못하여 교정교육의 효과를 저해하는 요인으로 작용하고 있다.

소년원은 범죄로부터 사회를 방위하기 위한 시설이 아니라 사회적응에 어려움을 겪는 소년들을 보호·교육·치료하기 위한 시설이다. 즉 '구금' 이라는 본질적인 기능과 함께 성장기의 보건·치료적 환경이 보장되어야 할 것이며, 인권적 처우 및 교육적 공동체로서 기능수행이 가능토록 프라이버시 침해 방지, 음성적 접촉과 갈등 차단 등을 고려한 시설이 필요하다. 현재의 소년원 시설은 개인적 공간이 보장되지 않는 가운데 개인의 일거일동을 노출시켜 불안감과 스트레스를 야기하여 다른 소년원생과의 타의적이고 일상적인 접촉에 매우 민감하게 하는 구조이므로 화장실, 세면장 등과 같이 직원의 시각적 범위를 벗어난 곳에서 음성적 커뮤니티를 형성하여 집단화,

사회화 욕구를 해소하려는 경향을 보이며, 건물 밖의 환경에 대한 동경이 강해 야외활동에 대한 요구가 높은 바 이는 시설 외로 도주할 기회를 찾기 위해서라기보다는 자신이 감금되었다는 느낌에서 탈피하고 싶은 인간의 기본적 욕구의 발로이다(이민아, 김진균, 1991).[23]

따라서 수용사고 방지, 수용악습 전파 차단, 인권적 처우를 위해 법무부 차원에서 2013년부터 추진하고 있는 소년원 시설현대화 사업의 조속한 완결이 요구된다.

---

24) 이민아, 김진균(1991), 소년원 건축환경계획과 그 개선방향에 관한 연구, 대한 건축학회학술발표 논문집 제11권 제20호, 발췌 인용.

제2절
소년원생 처우

1. 교육현황

(1) 상급학교 진학 지원

전국 10개 소년원 중 서울·전주·안양소년원에서는 「초·중등교육법」에 의한 일반학교를 운영하며 일반교과, 특성화교과 등의 수업을 실시한다. 즉 소년원에 입원한 소년 중 중학교 또는 고등학교 학적을 가진 소년에 대해 학업단절이 이루어지지 않도록 관련 소년원에 이송조치 하여 학업을 완성시킨다.

뿐만 아니라 소년원에 입원한 소년들은 대부분이 학업 중단자로 기초학습능력이 부족한 바, 전체 소년원에 중졸·고졸 검정고시반을 편성하여 연 2회(4, 8월) 검정고시에 합격할 수 있도록 지도하는 등 소년들의 학업이 중단되지 않도록 지속적인 노력을 기울이고 있다.[24]

(2) 직업능력개발훈련을 통한 자립능력 강화

대전소년원을 제외한 전국 9개 소년원에서는 「근로자직업훈련능력개발법」에 따른 자동차정비, 건축환경설비, 헤어디자인, 피부미용, 제과제빵, 한식조리, 골프매니지먼트 등 20개 직종의 직업훈련 교육과정을 운영하고 있으며, 한국산업인력공단에서 시행하는 기능사 자격 및 민간자

---

25) 상급학교 진학 : 2011년 111명(고등학교 89명, 대학교 22명), 2012년 137명(고등학교 92명, 대학교 42명), 2013년 115명(고등학교 70명, 대학교 45명), 2014년 134명(고등학교 63명, 대학교 71명), 2015년 154명(고등학교 63명, 대학교 91명), 검정고시 합격 : 2011년 492명, 2012년 685명, 2013년 615명, 2014년 667명, 2015년 600명.

격증을 취득할 수 있도록 지도하고 있다.[25]

더불어 직업능력개발훈련 과정 뿐 아니라 교과교육 등 다른 교육과정의 소년원 학생들에게도 직업체험의 기회를 제공하기 위하여 고용노동부 등 유관기관과 연계하여 잡스쿨Job School, 취업성공패키지 등의 프로그램을 연중 운영하는 등 직업현장 중심의 맞춤형 교육과정을 운영하고 있다.

예술분장(웨딩코디네이터)   바리스타 교육과정

[그림 3-4] 청주소년원 직업훈련 교육장

(3) 의료 · 재활교육

대전소년원은 전국 유일의 의료처우 전담소년원으로 품행장애, 우울증, 조현병 등과 같은 정신장애인, 지적장애 및 ADHD 등과 같은 발달장애인, 약물 오 · 남용자 및 만성 신체질환자 등을 수용하며 재활교육을 실시한다. 재활교육은 질환 및 증상에 따라 3개반으로 분리하여 집단상담, 음악치료, 미술치료, 활동치료, 작업치료 등과 같은 심리치료와 읽기 · 쓰기 · 말하기, 사칙연산, 컴퓨터교육 등 수준별 수업을 실시하고 있다.

특히 의료처우 전담소년원으로서 2015년에는 지적장애가 있는 성폭력 가해 청소년들의 성비행 방지를 위한 "지적장애 청소년 맞춤형 성폭력 치료프로그램"[26]을 자체개발하여 2016.7. 소년보호기관 '정신정신건강회복지원 전문가 양성과정' 에서 시연발표를 통하여 매뉴얼을 배포하였고, 2016년에는 장애등록을 하지 못해 복지혜택을 받지 못하는 소년원 학생을 위한 '장애 진단 · 등록지원 매뉴얼' 을 개발하고 있다. 이 매뉴얼이 개발되면 사회복지서비스에 대한 보호자의 관심

---

26) 직업훈련 자격증 취득 : 2011년 670명, 2012년 900명, 2013년 774명, 2014년 947명, 2015년 777명.

27) '희어로' (희망으로 어울리는 로맨스) : 인지적 왜곡의 수정, 공감능력(피해공감) 및 사회성 증진 등의 내용으로 구성

부족이나 경제적 어려움 등을 이유로 장애등록을 하지 못한 의료학생이 출원 이후 장애아동 수당 또는 장애연금 수급 등을 비롯한 다양한 혜택을 받을 수 있을 것으로 기대된다.

그러나 현재 학적을 가지고 있는 소년이 법원 심리과정에서 심사원에 위탁되거나 8·9·10호 처분을 받아 소년원에 수용될 경우 전적학교와 연계되어 수업일수가 인정되는 반면, 7호처분의 경우에는 학적연계가 되지 않아 출원 후 학교로 복귀하지 못하는 어려움이 있어 조속한 제도개선이 필요하다.[27]

(4) 단기집중 인성교육(8호 처분 교육)

1개월 이내의 소년원 송치자에 대한 단기집중 인성교육을 대전(남) 및 청주(여)소년원에서 각각 실시하고 있는데 8호처분의 특성은 판사가 지정한 입원일에 학생이 보호자와 자진 입교하여 교육을 받는다는 것이다.

교육과정은 4주간, 1일 7교시로 총 140시간 동안 강·절도예방교육, 폭력예방 등과 같은 전문교육, 봉사활동, 극기훈련 등의 체험활동, 진로탐색, 인간관계훈련 등의 집단상담과 보호관찰 안내 및 경제교육 등과 같은 교양교육으로 이루어져 있다. 특히 대전소년원의 경우 원내에 14,629㎡(4,425평) 규모의 야영훈련장인 '디딤돌심신수련장'이 마련되어 있어 학생들이 심신단련 및 협동심과 책임감을 함양할 수 있도록 지도하고 있다.

|세줄 타기|복합 장애물|

[그림 3-5] 대전소년원 디딤돌심신수련 체험장

---

28) 시설내 처분 중 6호 처분의 경우에도 교육부 자체 내규에 따라 수업일수가 인정되는 바, 대전소년원에서는 7호처분자에 대한 수업일수 인정을 위해 2016. 9월 교육부 학교정책과로 협조요청 공문을 발송하는 등 법무부 소년과와 연계하여 지속적으로 협의 중임.

(5) 품성개선을 위한 인성교육 확대

소년원에서는 전체 소년을 대상으로 조화로운 인격형성과 비행성 교정을 목적으로 하는 인성교육을 실시하는 바, 소년원의 경우에는 모든 소년이 수용기간 중 반드시 2개 이상의 인성교육과정을 수료하여야 한다.

프로그램은 강ㆍ절도, 성비행, (학교)폭력 등 비행유형별 전문교육과정과 자기성장, 가속관계회복, 대인관계능력 향상, 진로탐색, 성폭력 가해자ㆍ피해자 치료프로그램 등 심리치료 교육과정을 운영하며 이와 더불어 미술, 운동, 연극 등의 예체능교육과 함께 봉사활동, 문화예술관람, 스키캠프 등 다양한 체험형 교육과정도 함께 이수할 수 있도록 지도하고 있다.[28]

2. 생활지도

(1) 소년원 시설 현대화를 통한 교육ㆍ생활환경 개선

기존 소년원 생활실은 대형 집단혼거실(10인~15인) 구조로 수용소년의 인권침해와 교정교육의 실효성에 대한 논란이 우려되는 상황이었으므로, 2013년부터 「자유를 박탈당한 소년의 보호에 관한 UN규칙」 등 국제 인권기준에 부합하도

[그림 3-6] 대구소년원 생활관 리모델링 전후 비교

록 4인실 이하의 소규모실로 개선하는 "소년원 시설 현대화"사업을 추진 중이다. 서울소년분류심사원과 소년원 10개 기관 등 총 11개 기관 중 5개 기관이 완료되었고, 청주소년원을 비롯한 2

---

29) 2016년 현재 전국 소년원에서 79개의 예체능 과정이 운영(예능 46개, 체육 33개 과정)되고 있으며, 대전소년원의 경우에도 의료처우 대상소년에 대하여 퍼즐학습, 활동치료, 약물오남용예방프로그램, 성폭력가해자치료프로그램, 성비행예방교육, 버스킹밴드, 미술치유, 미술치료, 음악치료, 사물놀이, 독서지도(동화구연), 작업치료, 건강무용교실, 우쿨렐레, 탁구, 축구, 줄넘기 등 26개의 프로그램을 운영하고 있다.

개 기관이 현재 진행 중이며, 서울소년원 등 4개 기관은 예산 확보 후 추진할 예정이다.

청주소년원의 경우 기존 생활관도 개인별 책상 및 침대 등 생활공간을 분리하여 주고, 전반적인 시설을 밝고 쾌적하게 조성하여 감수성이 예민한 10대 소녀들의 특성을 고려한 생활환경을 구비하고 있다.

책방, 학과장 복도, 예절교실, 강당   여학생 생활실(개인별 침대, 책상)

[그림 3-7] 청주소년원 시설 전경

(2) 개별처우(Individual Treatment)

현재 소년원에서는 소년이 입원하면 즉시 개별처우계획을 수립하여 개별처우 목표를 설정하고 이에 따른 교육을 실시한 후 목표달성도를 점검, 평가한 후 생활태도에 따른 상·벌점과 교육성과에 따라 교정성적을 산출하여 출원심사에 반영하고 있다.

즉 모든 소년원생을 대상으로 소년원 기본교육과정에 따른 처우, 인성교육 관련 처우, 가정기능회복 관련처우를 필수처우와 선택처우로 구분하여 개별처우계획을 수립하되, 필수처우는 분류처우 시 결정된 교육과정에 따라 자동배정하고, 선택처우는 해당소년원에서 실시하는 모든 처우들 중 소년의 특성에 맞는 처우들을 선정하여 시행한 다음 개별처우 목표달성도를 최종평가하여 출원 시 사회정착지원 계획과 연계하고 있다.

> ▣ 필수처우 : 분류처우에서 결정된 기본 교육과정(교과, 직업훈련, 인성, 의료재활)에 따라 필수적으로 달성해야 하는 처우
>
> ▣ 선택처우 : 기본교육과정 외 해당소년의 보호요인은 강화하고, 위험요인은 억제하는 처우
>
> ■ 기본교육과정과 별도의 자격취득(검정고시, 한자능력 등)
> ■ 비행유형별 전문교육, 집단상담 및 집단지도 등 인성교육 관련 처우
> ■ 보호자교육, 가족사랑캠프 등 가정기능회복 관련 처우

(3) 가족기능 회복 지원

소년원 학생의 재비행이 가정결손이나 갈등, 부모의 양육태도 등 가정의 보호력 취약이 주요 요인이며, 전체 소년원생 중 결손가정이 60%를 상회하고 있음을 주목하여 소년원 학생들의 가정 결손 유형을 A유형(무의탁 가정), B유형(경제적 빈곤 가정), C유형(양육태도 불량 가정), D유형(경제적 빈곤+양육태도 불량 가정) 등 4개 유형으로 구분하여 가정기능 회복을 지원하고 있다.

유형별로 가정기능 회복지원이 필요한 소년에 대해서는 보호자교육프로그램 제공, 의료비 및 장학금 지원, 주말 가정학습, 외출 등의 프로그램을 이수하도록 하고 소년이 출원 전에 돌아갈 가정이나 자립생활관 등으로 담임교사가 직접 방문하여 생활할 수 있는 여건 등을 사전 점검하고 있다. 특히 소년원별로 운영하고 있는 가족캠프가 가족관계회복에 상당히 긍정적인 영향을 미치는 것을 감안하여 가정기능회복 집중지원 대상자의 가정이 가족캠프에 반드시 참여할 수 있도록 독려하고 있다.

또한 비행으로 인하여 단절된 가족관계를 개선하기 위히여 전국 소년원에 전용면적 16평 규모의 가정관을 마련하여 소년들이 가족과 함께 1일 또는 1박 2일간 생활하며 가족 간의 단절된 대화를 이어지게 하고 심리적 안정감을 가질 수 있도록 지원하고 있다.

(4) 가족과의 정기적 연락 등 충분한 소통권 보장

소년원에서는 모든 소년들이 1일 1회 30분 이내(보호소년 등의 처우에 관한 법률 시행령 제36

조 제1항)로 기관별로 정해진 시간 내에서 자유롭게 면회를 할 수 있다. 대전소년원의 경우에는 월요일부터 토요일까지 주 6일 동안 12:00부터 12:40까지 통상 점심시간을 면회시간으로 정해 면회를 실시하고 있으며, 원거리에 거주하는 보호자가 미처 면회시간을 알지 못했을 때에는 정해진 시간 이외에도 시간외 면회를 허용하고 있다.

또한 소년들이 가족, 친지, 은사 등과 우편으로 편지를 주고받는 것을 제한하지 않으며 인터넷 서신의 경우에만 수신만을 허용한다. 실무에서는 대부분의 소년원에서 소년이 부모에게 보내는 서신의 횟수를 제한하지 않으며 부모 또는 은사나 소년부 판사에게 작성하는 모든 편지를 송부하고 있다. 다만 편지의 경우 공범에게 보내는 것이나 편지의 내용이 교육에 지장을 초래하는 경우 등에 한하여 왕래를 제한하기도 하나 이러한 편지도 소년의 의사에 따라 반송, 폐기하거나 출원할 때에 본인에게 모두 지급하고 있다.

전화통화 역시 소년원 내규에 평일 근무시간 내에 실시하되 1회 3분 이내, 신입소년의 경우에는 10일 이내 1회, 수용기간이 1월 이상인 자는 월 1회 이상 등과 같이 횟수나 시간이 정해져 있으나 실무상으로는 폭넓게 담임교사의 재량으로 소년이 희망하고 상당한 이유가 있을 때에는 시간과 횟수에 구애됨이 없이 전화통화를 허용하고 있으며, 최근에는 원거리 거주자를 위해 스마트폰을 이용한 스마트 영상전화도 실시하고 있다.

(5) 개별상담

소년원·소년분류심사원에서는 보호소년 등의 문제와 그들의 욕구를 효과적으로 해소하여 교정목표를 조기에 달성할 수 있도록 체계적인 상담을 실시한다. 모든 학생에 대해 초기 2개월 이내에는 주 1회 이상 상담을 실시하여야 하고 3개월부터는 월 1회 이상 상담을 실시하되, 소년이 상담을 신청하거나 문제를 유발한 학생 또는 부적응 학생에 대해서는 수시로 상담을 실시한다. 이러한 상담을 통하여 소년들은 고민거리는 물론, 자신의 요구사항 등에 대하여 적극 의견을 개진함으로써 본인의 처우에 관한 의사를 표명한다. 이러한 직원들에 의한 상담 이외에도 다양한 심리치료프로그램 등을 통하여 전문상담가에 의한 상담도 이루어지는데 상담 결과는 TEAMS에 입력되어 관련 직원들이 모두 공유할 수 있도록 하고 교사들은 소년의 문제해결을 위해 적극 노력한다.

(6) 보호소년 여론조사

소년원에서는 소년들의 처우에 적정을 기하기 위하여 소년들을 대상으로 월 1회 이상 무기명 여론조사를 실시하고, 반영할 수 있는 의견에 대해서는 즉시 개선하거나 처우에 반영하되 그렇지 못한 경우에는 그 사유를 소년들에게 공지하는 등 여론조사 결과에 대해 소년들과 공유하며 소년들이 소년원 내에서의 처우에 대해 자유롭게 의견을 개진하노록 하고 있나.

매월 실시하는 처우에 관한 여론조사는 고민이나 문제가 발생하면 주로 누구와 의논하는지, 담임교사와는 충분한 상담이 이루어지는지, 소년들 상호간 또는 교사에 의한 인권침해 사례가 있는지, 본인이 받고 있는 교육에 대한 만족정도, 면회시설 및 분위기, 의무과 진료 및 지급품에 대한 만족도, 기타 현재 해결하고 싶은 고민 등에 대한 기술 등 총 12개 문항으로 구성되어 있다.

수용기간 중 이루어지는 처우에 관한 여론조사 이외에 소년원에서의 생활을 마치고 출원하기 직전에 모든 출원생을 대상으로 '학교생활 만족도 조사'를 실시한다. 설문지는 신입반에서 소년원 교육과정에 관한 안내를 받았는지 여부에서부터 상벌점이 공정하게 부여되는지, 급식 및 의복, 생필품 등에 대한 만족도, 담임교사 또는 당직교사의 소년에 대한 지도태도 등 총 78개의 리커트척도 문항과 마지막으로 평소 하고 싶었던 이야기, 꼭 고쳐주었으면 하는 것이 무엇인지 등 3개의 자유 기술문항이 포함되는 총 81개 문항으로 구성되어 있다.

이러한 여론조사 제도는 그 결과를 직원들이 공유하고 처우에 반영하도록 함으로써 소년들이 소년원이라는 수용시설 내에서 그들의 필요needs가 최대한 충족될 수 있도록 의견수렴의 창구역할을 하고 있다.

제3절
사회정착 지원 제도 및 실태

1. 사랑의 리퀘스트

가정환경이 열악한 소년원 출원생의 안정적인 사회정착지원을 위해 한국방송공사(KBS)와 (재)어린이재단이 공동운영하는 '사랑의 리퀘스트' 후원금운영위원회에 매월 1~3명의 소년원학생을 추천, 이들이 출원 후에도 지속적인 학업수행과 생계비 지원을 받을 수 있도록 하고 있다. 2001년~2015년까지 출원생 256명에게 총 12억 165만원의 생활보조금을 지원하였다.

2. 국민 기초생활 보장 · 지원

소년이 재원 중 국민기초생활보장 수급자격에 해당되는지를 주민등록지 보장기관 시장, 군수, 구청장 또는 읍 · 면 · 동사무소 등 지방자치단체에 의뢰하여 확인 후 출원 즉시 수급자로 지정받을 수 있도록 지원하고 있다. 자치단체 담당자와 수회 접촉하여야 함은 물론, 해당소년이 출원 이후 반드시 해당 사회복지사와 상담하여 관련 행정절차가 완료될 수 있도록 조력한다.

3. 취업 지원

소년이 안정적으로 사회에 복귀하기 위하여는 무엇보다 경제적으로 안정되는 것이 재비행 방지의 선결 요건이므로 전국 소년원의 사회정착지원계와 민 · 관 합동으로 '사회정착지원협의회'[29]를 구성하여 운영하고 있다. 통상 분기 1회 정기회의를 개최하고 출원 후 취업 및 직업훈련을 희망하는 학생에 대한 상담 및 취업추천, 구인업체 발굴 · 방문 등의 활동을 전개하고 있다.

소년원 학생의 취업을 지원하기 위하여 지역사회의 다양한 자원을 활용하고 있는 바, 취업후견인제도[30]는 물론, 고용노동부 주관 '청년층 뉴스타트 프로젝트', 중소기업청 주관 '비즈쿨', 한국고용정보원 주관 '잡스쿨' 등 유관기관과의 연계강화를 통한 다양한 직업지도 프로그램을 운영하고 있다.[31]

4. 문신제거 시술

전국 소년원 학생 중 상당수가 문신이 있으며, 한때의 호기심으로 문신을 새긴 이들 대부분은 문신제거 시술을 희망하고 있다. 법무부에서는 2000.4.부터 서울소년원에 레이저시술실을 설치한 이후 전국 소년원에서 자체 의료진에 의한 문신제거시술을 하고 있다.

또한 보호관찰 대상자나 시술비용 마련이 어려운 저소득층 청소년에게도 무료시술을 실시하고 있는데, 최근 10년간(2006~2015) 일반인 12,486명을 포함하여 총 32,012명에 대하여 문신제거 시술 혜택을 제공하였다.

5. 학교 밖 청소년[33] 지원센터[34] 연계

「학교 밖 청소년 지원에 관한 법률」제정(2014.5.28.)과 관계부처 합동으로 「학교 밖 청소년 지원대책」이 마련(2015.8.27.)됨에 따라 소년원 출원생 중 학교 밖 청소년으로 분류되는 대상자를

---

30) 직원 및 외부인사 10명이상 30명 이내로, 직원은 원장 및 각 과장, 취업 · 사후지도 전담직원이며, 외부인사는 소년보호위원, 범죄예방위원, 기업체 임직원 등 자원봉사자 등으로 구성된다.

31) 취업후견인의 자격은 소년원 학생이 재원 중에는 물론 출원 후에도 지속적으로 도움을 줄 수 있는 소년보호위원, 외부 취업지원협의회 회원, 사회복지사 등 지역인사이며, 취업후견인이 필요한 대상은 부모가 없는 무의탁 소년, 보호자의 장애나 질병 또는 결손가정으로 실질적인 보호기능을 기대할 수 없는 소년소녀가장인 소년, 취업후견인 지정을 희망하는 소년 등이다. 후견인 지정 시기는 소년이 입원하여 반배치된 날부터 출원 1개월 전까지다.

32) 2015년도에는 전국 소년원에서 취업후견인 47명, 취업알선 234명, 산업체 현장실습 661명, 구인업체방문 176회의 실적을 거두었다.

33) 학교 밖 청소년(9~24세) : 입학 후 3개월 이상 결석하거나 취학의무를 유예한 청소년, 제적 · 퇴학처분을 받거나 자퇴한 청소년, 상급학교에 진학하지 아니한 청소년(「학교 밖 청소년 지원에 관한 법률」제2조).

34) 학교 밖 청소년 지원센터 : 국가와지방자치단체가 학교 밖 청소년을 지원하기위해 설치하거나 지정(청소년상담복지센터 등)하여 운영하는 기관이나 단체(대외명칭 : 꿈드림센터) .

'학교 밖 청소년 지원센터'에 연계하여 사회정착을 돕고 있다.

즉 소년원 사회복귀반 교육과정에 학교 밖 청소년 지원센터 프로그램 소개 과정을 편제하여 교육을 실시하고, 연계 희망자에 대해서는 개인정보 제공 동의서를 작성케 한 후, 거주지역을 고려하여 적합한 지원센터를 연계해 주는 것이다. 연계가 확정된 소년에 대해서는 사후지도 계획 수립 시 해당사항을 반영하고 출원 후 지원상황을 수시 점검한다. 대전소년원의 경우 의료소년원의 특성상 학업연계나 취업이 사실상 어려운 실정이라 출원생 중 상당 인원을 학교 밖 지원센터에 연계시키고 있는데 2016년 1월~9월까지 총 72명의 출원생 중 70명을 연계하였고 의뢰사항은 대부분 상담, 학업지원, 취업지원, 의료지원 분야이다.

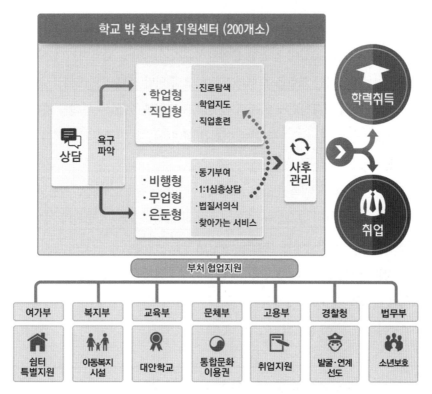

* ('14) 54개소, 수혜인원 14,953명 → ('15) 200개소, 수혜인원 50,000명 예상

[그림 3-8] 학교 밖 청소년 맞춤형 지원 세부 사항

6. 소년보호위원 & 법사랑위원

전국 소년원 교육활동을 지원하고 있는 대표적 민간단체가 소년보호위원연합회다. 각 소년원 소속 소년보호위원의 대표적인 활동 중 하나가 소년원생과의 1:1멘토링 결연인 바, 2011년 ~2015년까지 총 8,859명의 학생이 멘토링 결연을 통하여 상담, 취업 및 진로지도는 물론 경제적 지원 등 다양한 보호·지원을 받고 있다. 법무부에서도 TEAMS내 멘토링 전산관리시스템을 구비하여 관리하는 한편, 소년보호위원연합회 홈페이지내에도 '멘토링 운영방'을 개설하는 등 다각적으로 지원방안을 모색하고 있다.

멘토들은 대부분 소년보호위원으로 법무부장관의 위촉을 받은 자이거나 각 소년원별로 유치한 자원봉사자들이다. 소년보호위원은 개인별, 집단별 멘토링 활동을 필두로 종교지도는 물론, 상담, 미술치료, 심리치료 등 본인이 전공한 분야에서의 인성교육을 담당하거나, 각종외부 체험활동 시 동행하며 보호자로서의 역할을 수행하기도 하고 무의탁 소년으로 하여금 주말 외출로 소년보호위원의 집에서 함께 생활하면서 가정의 따뜻함도 느껴볼 수 있는 기회를 주기도 한다. 또한 정기적으로 따뜻한 식사나 간식을 마련하여 면회를 실시하는 등 가족관계 회복을 위한 지원을 아끼지 않고 있다.

소년원생을 지원하기 위해 위촉된 소년보호위원 이외에 검찰청소속으로 활동하고 있는 법사랑 위원 또한 소년원별로 다양한 교육활동 지원에 일조하고 있다. 청주소년원의 경우에도 청주지역 법사랑위원연합회에서 2015년에는 1박 2일 동강래프팅 체험활동을 지원하고 가족사랑캠프 2회 및 전교생 레크리에이션 등 총 1,300만원 상당의 프로그램 운영자금 및 체험에 필요한 의류, 간식 등을 지원한 바 있으며, 2016년에도 2,300만원 상당의 예산을 편성하여 교육활동을 지원하고 있다.

7. (재)한국소년보호협회, 자립생활관 & YES센터

소년원생 교육 및 자립지원을 위한 민간자원으로 (재)한국소년보호협회의 활동을 절대 간과할 수 없다. 1998.12. 설립된 협회는 소년원 출원생에 대한 장학금 지원부터 창업보육 지원까지 오랜 기간 소년원교육에 동참해 왔는 바, 그 중 제일 주목할 사항은 2001.5. 의왕청소년자립생활관을 필두로 2011.2. 개설된 춘천자립생활관까지 전국 8개의 자립생활관(그룹홈 형태)을 운영하며 무의탁 소년, 원거리 거주 취업소년 등을 거택보호하고 자립지원은 물론 취업 및 학업지원, 인성교육 등을 제공하는 중간 처우시설의 역할을 수행하고 있다.

동 협회에서는 2014.12. 경기도 화성시에 출원생에게 직업훈련과 취업을 지원하는 '화성 사회정착지원센터(YES센터)'를 개관하여 정원 60명, 기간은 1년과정으로 IT과, 용접과, 자동차정비과, 골프매니지먼트과 등 총 4개 과정을 구비하고 직업훈련 과정을 운영하고 있다. 현대적 설비를 갖추고 소년원 출원생 중 취업을 위해 더욱 집중적인 교육이 필요한 소년을 대상으로 숙식도 함께 제공하며 가정의 역할 및 직업훈련시설로서의 역할을 동시에 수행한다. 현재 여자 출원생들을 위한 YES센터 설치도 준비 중이다.

특히 2016년부터 장학, 취업, 창업, 주거, 원호, 웨딩, 해외자원봉사에 이르기까지 7개 분야에서 소년원 재·출원생의 안정적 사회정착을 위한 맞춤형 지원을 제공하기 위해 노력하고 있다.

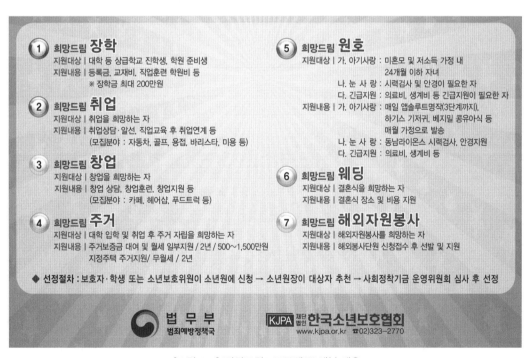

[그림 3-9] '희망드림7 프로젝트' 세부 내용

8. 사후지도 : 희망도우미 Project

소년원 출원생에 대해 담임교사가 다양한 방법으로 사후지도를 실시하여 재범방지는 물론 안정적으로 사회에 정착할 수 있도록 지원하는 사업으로 2012년 안양소년원에서 최초 시행한 이후 전국으로 확대되어 시행 중이다. 소년원 재원 시 집중, 일반A, B로 대상을 분류하고 소년에게 적합한 민간자원을 발굴 · 연계하여 출원 이후에도 지속적으로 사후지도를 실시함으로써 안정적인 사회정착을 지원하는 시스템이다.

2015년도에는 통신지도 19,974회, 방문지도 629회를 실시하는 등 전 직원들이 출원생들에 대해 사회정착지원을 실시한 결과 출원생 사회정착률이 2014년 4분기 80.7%에서 2015년 4분기 81.99%로 상승하는 등 재범률 감소에 긍정적인 효과를 나타내고 있다.

> 집중 ⇨ 3회 이상 입원자, 임시퇴원 취소자
> 일반 A ⇨ 빈곤, 무의탁, 양육불량
> 일반 B ⇨ 집중 · 일반 A 외

	관리대상 구분		관리기간	관리 빈도
10호	집중관리	■ 임시퇴원취소자 ■ 소년원 3회 이상입원 경력자	■ 1년	■ 통신지도 : 월 2회 이상 ■ 방문지도 : 연 2회 이상 ※ 1개월 내 1회 실시
	일반관리	■ 집중관리 대상자 제외, 10호 출원생 전원	■ 6개월	■ 통신지도 : 월 2회 이상 ■ 방문지도 : 반기 1회 이상
9호	집중관리	■ 임시퇴원취소자 ■ 소년원 3회 이상입원 경력자	■ 1년	■ 통신지도 : 월 2회 이상 ■ 방문지도 : 연 2회 이상 ※ 1개월 내 1회 실시
	일반관리 A	■ 무의탁 및 결손가정*으로 특별관리가 필요한 학생	■ 6개월	■ 통신지도 : 월 2회 이상 ■ 방문지도 : 반기 1회 이상
	일반관리 B	■ 집중 및 결손가정 학생 제외, 9호 출원생 전원	■ 6개월	■ 통신지도 : 월 1회 이상 ■ 방문지도 : 필요시

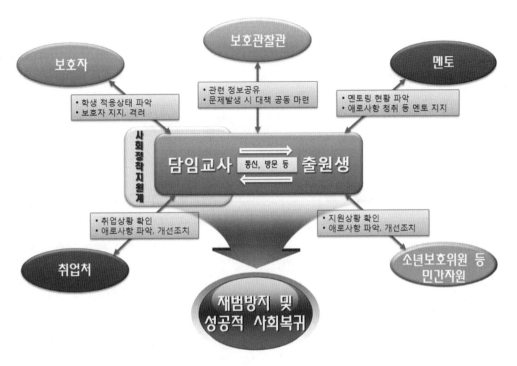

[그림 3-10] 희망도우미 Project 체계도

현재 전국 소년원별로 출원생 재범방지를 위한 효율적 관리방안을 모색 중인 바 청주소년원의 경우에는 출원생 전원에 대해 1년 단위로 전수조사를 실시하고 사회적응실태에 따라 4개 영역으로 분리한 후 매월 상황 및 통계분석을 통해 적극적인 지도를 독려하고 있다.

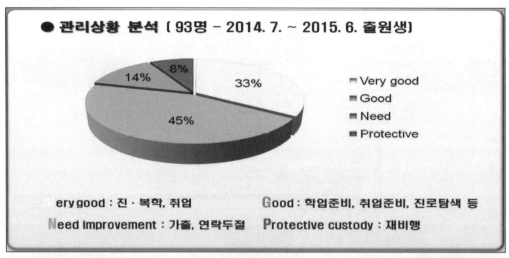

[그림 3-11] 청주소년원 사후관리 현황

9. 임시퇴원 소년에 대한 보호관찰 연계

소년원 송치처분(9, 10호처분) 후 소년원에서의 교정성적이 양호하여 「보호관찰 등에 관한 법률」에 따라 임시퇴원하는 소년의 경우 통상 9호처분자는 6개월, 10호처분자의 경우에는 기본 6개월에 잔여 수용기간을 더한 기간, 살인 또는 성폭력범죄 등 특정범죄는 더 추가된 기간 동안 보호관찰이 부과된다.

보호관찰관은 대상 소년에 대해 선도 · 교화와 관련된 심리치료프로그램, 결연프로그램을 비롯하여 부모−자녀 회복프로그램, 현장체험프로그램 등 각종 인성개선프로그램을 실시하는 한편, 다양한 인적 · 물적 사회자원을 활용하여 소년의 재범방지 및 사회정착을 지원한다.

10. 타 부처 및 단체 지원 등 다양한 민간자원 활용

법무부에서는 소년원생 교육 및 자립 지원을 위해 다양한 기관과 협약을 체결하고 지속적으로 지원을 받고 있다. 먼저 타부처 및 유관기관과 연계하여 운영되는 소년원 교육지원 현황을 살펴보면, 문화체육관광부에서는 연극, 음악 등 문화예술분야에서 소년원생들을 위해 다양한 프로그램을 지원해 왔고, 2015년 7월부터는 정신적 문제행동을 보이는 소년원생을 위한 치유프로그램도 지원하고 있다. 여성가족부에서는 성비행 청소년 치료, 성폭력예방 전문지도자 양성과정, 약물오남용교육 등을, 미래창조과학부(한국정보화진흥원)는 정보화 역기능 예방교육, 환경부는 광주 · 청주소년원에서 자생식물복원사업과 연계한 원예치료프로그램을, 중소기업청에서는 중소기업 특성화고 인력양성사업의 일환으로 서울소년원에서 바리스타 과정을 각각 지원하고 있다.

서울대학교 의과대학 산하 그린나래연구소에서는 비행예방 및 정신건강 증진 프로그램을 지원하고, 삼성SDS는 다양한 정보화 교육, 현대자동차는 직업훈련 실습용 차량 및 부품지원, 국민체육진흥공단은 수상스키 체험활동을, 한국스키장경영협회에서는 스키캠프, KT&G는 사회정착가족캠프 운영금 지원 등 다양한 유관기관에서 소년원 교육에 동참하고 있다.

교육지원 이외에도 삼성SDS, 현대중공업, 한화생명, 교보생명, ㈜미래에셋, ㈜SK, ㈜에스원 등에서 소년원 재원생 및 출원생에 대한 장학금을 지원하고 있는 바, 각계에서 모인 성금으로

2014년에는 496명에게 2억 4,231만원, 2015년에는 425명에게 1억 7,600만원의 장학금으로 학업을 지원하였다. 또한 (사)한국건강관리협회에서는 전국 소년원생에 대한 무료건강검진을, 대한결핵협회에서는 X-ray 진단 등을 통한 결핵유무를 진단하는데 결핵진단을 통하여 본인이나 가족조차 알지 못했던 결핵환자라는 것이 종종 발견되기도 한다.

제4절
출원생 사후지도 사례

1. 멘토링 결연

[사례 1]

❑ 조○○, 15세, 7호처분(소년법 위반), 대전소년원 2016. 9. 출원

❑ 성장과정 및 소년원 생활

– 소년은 2001.3. 미혼모에게 출생 직후 유기되어 부산SOS마을(소년의 집, 꿈나무마을 운영 법인)에서 생활, 서울SOS마을로 전원 되었다가 광주 돈보스코 나눔의 집(천주교 살레시오회) 등을 거치며 성장.

– 시설에서의 문제생활로 7호처분을 받고 학교연계를 위해 효광원(6호처분시설)으로 처분변경되었으나, 시설에서 또 문제를 유발하여 살레시오(6호처분시설)로 재차 처분변경되는 등 처분변경이 반복됨. 일대일 개인적 지도는 가능하나, 시설이나 학교 등 단체 생활에서 발생하는 대인관계에 어려움을 나타냄.

– 자신의 처지를 비관하여 출원 후 자살하겠다는 식의 말을 자주 하였으나 멘토인 신○○목사를 만난 이후 멘토의 활동을 통하여 긍정적인 마음을 갖고 잘 생활하기 위해 노력하는 모습을 보임.

❑ 출원 후 지원 및 필요사항

– 무연고자인 소년이 시설에 부정적인 마음을 갖고 있어 멘토가 후견인이 되어 소년을 인수, 멘토의 가족들과 함께 '나다움공동체'에서 생활하며 낮에는 주로 애견 돌보는 일과 가사정리, 식사준비 등 일상적인 일을 하고 있음.

– 소년원 담당교사와 멘토가 협의하여 우선 소년을 공주시청소년지원센터에 2017년 3월 복학 전까지 상담 및 학업지원을 받을 수 있도록 연계할 예정이며, 대전소년의 '사랑의 손잡기' 결연을 통하여 2016.10.부터 매월 10만원씩 생활비를 지원할 계획임.

– 소년은 현재 경제적 지원금을 전혀 받지 못하는 상황이므로 기초생활수급자 신청 등 경제적 지원관련 안내 및 신청이 필요함.

[사례 2]

□ 김○○, 18세, 10호처분(보호관찰 등에 관한 법률 위반), 서울소년원(매직엔터테이먼트반) 2016.2. 출원

□ 성장과정 및 소년원 생활

– 소년은 독자로 출생, 생후 1년경 부의 조울증 및 가정폭력으로 가출하여 조부모의 보살핌으로 성장하였으며, 부는 조울증환자(신경정신장애 3급)로 일상적인 사회생활이 어려움. 부의 정신병으로 인해 감정조절이 불가하여 가혹한 체벌로 인해 소년이 죽을지도 모른다는 두려움으로 조부가 소년을 2010.4.~2012.8.까지 약 2년 4개월간 살레시오에 위탁함.

– 모는 이혼 후 재혼하여 연락이 두절되었으나 소년원에서 실시한 '가족찾기'로 연락이 되기 시작하여 가족관계 회복을 위한 가정관 면회 시행, 소년의 마술공연 관람 등을 지원하여 지속적으로 관계가 개선됨. 조부는 건축 일용노동을 근근이 하고 있으며 기초생활수급자 지원금 120만원으로 4인가족이 어렵게 생활함.

– 소년원 수용 초기 징계를 받기도 하였으나 매직반으로 반배치 이후 가면마술봉사단원으로 활동하는 등 변화하기 시작하다가 심○○멘토(청소년상담복지센터)와 결연, 총 15회의 다양한 멘토활동을 통하여 소년이 대학에 진학하는 결정적 계기를 제공함.

※ 멘토는 "제가 소년의 보호자입니다. ○○이가 출원하면 타 학생의 멘토를 하지 않고 ○○이만 보호할 것이며, 대학졸업은 꼭 제가 시키겠습니다. 무슨 일이 있으면 무조건 제게 연락 주십시오"라며 적극적인 보호의지를 표함.

□ 출원 후 지원 및 필요사항

– 현재 전남 영암의 동아보건대(구 동아인재대학교) 마술학과에 재학중으로 교내 기숙사 생활

을 하고 있으며, 무단결석 없이 대학교 1학년 1학기를 종료하였음.

– 출원 이후에도 지속적으로 멘토와 긍정적인 관계를 유지하고 있으며, 소년원 담임교사의 지도로 2016.4. 한국청소년동아리연맹 소속으로 캄보디아에서 재능을 기부하는 봉사단원으로 활동하기도 하는 등 학교생활과 보호관찰 이행태도 모두 양호한 상태임.

2. 소년원 사회정착지원협의회 등의 원호지원

[사례]

□ 박 ○, 18세, 10호처분(특수절도 등), 서울소년원(실용영어) 2015.11. 출원

□ 성장과정 및 소년원 생활

– 소년은 외동으로 출생, 3세경 부모의 이혼으로 편부슬하에서 성장하였으나 초등학교 4년경 부의 구속으로 양육해 줄 사람이 없어 보육시설, 그룹홈, 아동복지시설 등을 전전하며 생활하다가 소년원에 입원함.

– 소년원에서는 수업에 적극적으로 참여하고 모범적으로 생활한 결과, 출원 후 라오스 저개발 지역의 해외봉사단원으로 선발되었고, 재원당시 멘토인 차○○ 소년보호위원과 상의하여 명지대학교 사회교육원 항공지상직 경영학과에 합격함.

□ 출원 후 지원 및 필요사항

– 대학 입학등록 마감일 전까지 입학금을 마련하지 못해 서울소년원 사회정착지원협의회에서 200만원, 학생자립생활지원금에서 80만원을 지원하여 등록하게 됨.

– 출원 후 초기에는 소년원 담임교사와 멘토가 생활을 잘한다고 생각하여 관심이 조금씩 멀어진 결과, 통학거리 등을 핑계로 학업에 대한 열정과 관심이 줄어들게 되고 결국 사기 등 3건의 비행으로 서울심사원에 입원하게 되었으나 재판당일 보호위원, 담임교사들의 선처로 1·3·5호 처분을 받게 됨.

– 향후 장학금 지원 등을 통해 학업에 전념할 수 있는 환경조성이 필요하고 구청 등과 연계하여 기초수급대상자 지정이 요구됨.

3. (재)한국소년보호협회, 자립생활관 & YES센터

[사례 1]

□ 김○○, 18세, 9호처분(성폭력범죄의처벌등에관한특례법위반), 서울소년원(고등반) 2015.2. 출원

□ 성장과정 및 소년원 생활

- 소년은 1남1녀 중 막내로 출생, 중3때 부가 심장마비로 사망한 후, 모가 일용노동자로 근무하며 월 100만원 수입과 기초생활수급자로 생계비 지원받아 생활함.

- 의정부공고 재학 중 소년원에 입원하여 학업연계로 교과교육을 충실히 이행하고, 다양한 컴퓨터관련 자격증을 취득하는 등 징계 및 벌점 없이 모범적으로 생활함.

- 재원 당시 진로 고민 후 학교복귀 대신 (재)한국소년보호협회 소속 기숙형 직업훈련기관인 YES센터(IT학과)에 응시하여 합격함.

□ 출원 후 지원 및 필요사항

- YES센터에 훈련받는 동안 소년이 어려운 환경을 극복하고자 하는 의지와 배움에 대한 열망으로 사회정착지원금(개인기부) 50만원, 제10회 에스원 희망장학금 180만원(20만원×9회) 등 260만원을 지원하였음.

- 보호관찰도 성실히 종료하였고, 2015.8. 고졸검정고시에 합격하여 장안대학교 게임콘텐츠학과(3년과정)에 합격, 현재 2학기에 재학 중임.

- 2016학년도 1학기 성적 4.11로 2학기 성적등록금 30만원을 받았으며, 여름방학동안 아르바이트(에코웨이 회사의 사무보조)로 학교 인근의 고시텔 자취비를 충당하는 등 성실히 생활함.

- 소년의 학업을 지속시키고 안정적 자립을 돕고자 (재)한국소년보호협회 주관 2016 하반기 장학 및 주거지원 대상자로 선정되어 장학금 200만원을 지원받을 예정이며, 소년은 졸업 후 게임개발 관련 IT업체에 취업하여 자립하기를 희망함.

[사례 2]

❏ 박○○, 16세, 7호처분(보호관찰등에관한법률위반), 대전소년원 2016.4. 출원

❏ **성장과정 및 소년원 생활**

– 소년은 무연고자로 서울시 소재 '임마누엘 공동체'라는 복지시설에서 유아동기를 보냈고, 지적장애인 및 치매환자 등 11명이 생활하는 '부여 밀알의 집'에서 생활하다가 시설 기물 파손 등의 이유로 현재 '시온 찬양의 집'에 임시 이송되어 생활함.

– 소년은 초등학교 입학 전부터 시설내의 선배(당시 고등학교)에게 항문성교 등 성적학대를 당한 적이 있고, 성적학대 경험 및 분노억제 조절 미흡 등의 이유로 2개월간 정신병원에서 입원치료를 받은 적이 있음.

– 성적학대 받은 이후 초등 고학년 무렵 음란물(야동) 시청, 자위행위 등을 하면서 성적 일탈행동을 하는 과정에서 시설 내의 다른 여원생을 추행하다가 적발됨.

– 7호처분 받았으나 학교연계를 위해 6호처분으로 변경되었으나 기관에서의 문제 유발로 재차 처분변경이 반복됨. 개인적 지도는 가능하나 단체 생활에서 발생하는 대인관계에 어려움을 나타냄.

❏ **출원 후 지원 및 상황**

– 무연고자인 소년은 퇴원 당시 인수할 곳이 마땅치 않아 자립생활관 담당자 및 소년과의 면담을 통해 전주자립생활관에서 생활하기로 함. 초기 동일한 질문을 100회 이상 하며 지도교사들의 관심을 받으려고 과잉행동하는 경향이 있었으나 해당교사들의 관심과 보살핌으로 차분히 생활하며 방학기간 중 아르바이트로 하는 등 사회에 적응하는 모습을 보임.

– 소년의 성비행과 관련하여 생활관 인근 일반학교에서 생활하는데 어려움이 있어 전주교육청 관계자와 협의하여 소년에게 적합한 대안학교에 위탁되어 학교생활을 하고 있음.

– 7호학생의 의료적 특성으로 타지역 자립생활관에서 인수하기 꺼려하는 현실을 감안, 소년의 적응사례가 긍정적으로 작용하여 출원 후 오갈 데 없는 소년들의 사회정착에 도움이 되기를 기대함.

4. 보호관찰 & 학교 밖 청소년 지원센터

[사례 1]

☐ 강○○, 15세, 7호처분(보호관찰등에관한법률위반), 대전소년원 2016. 8. 출원

☐ 성장과정 및 소년원 생활

– 소년의 모는 유흥주점 종업원으로 일하다가 부를 만나 임신을 하여 결혼, 소년은 선천적 장애(구순구개열)를 가지고 태어났으며 부는 소년 5세경 이혼 후 집을 나가 소식이 두절되었고, 모는 소년 출산 후에도 유흥주점 종업원으로 일하며 자녀를 방임한 채 생활하여 조모에게 맡겨짐.

※ 소년의 선척적 장애가 모가 임신 중 음주로 인한 것이라 여겨 부와 불화를 겪었다 함.

– 소년은 조모, 백부와 생활하였으나 성장하면서 습관적인 도벽과 거짓말, 장애로 인한 집단 따돌림으로 학교생활에 어려움을 느낌.

– 소년원 2014년 여름 자동차 밑에서 흡연하던 중 소년을 발견하지 못한 채 운행한 차에 교통사고를 당해 1년 이상 입원치료를 받았으며, 양쪽다리 화상부위에 32회의 피부이식수술을 받았음.

– 재원 시 기초학력부족으로 어려움이 있었으나 직원들의 도움으로 2016.8. 고졸검정고시에 합격하였으며, 출원 직전 대전가정법원에서 원호지원 및 병원치료 등 생활에 도움을 주고자 1·5호처분으로 처분변경함.

☐ 출원 후 지원 및 필요사항

– 선천성 구순구개열(언어장애 4급)로 발음이 부정확하고 말투가 어눌하여 의사소통에 어려움이 있으며 과거 잇몸수술만 하여 입천장에 천공이 있어 구강외과 수술이 필요하였던 바, 재원시 다니던 산내서울치과에서 부정교합에 의한 충치치료를 위해 70만원 지원하기로 하였고, 입천장 천공 외과수술은 주민센터 사회복지사와 지원가능방안을 지속적으로 논의할 예정임.

– 대전자립생활관에서 생활하던 중 7호처분을 받았고, 재원 시 관장과 지속적으로 유대관계를 맺어왔던 바, 출원 후에도 동 자립생활관에서 생활하고 주말에는 조모집에서 생활할 계획임.

[사례 2]

❏ 김○○, 18세, 9호처분(보호관찰등에관한법률위반), 청주소년원(바리스타반) 2016.5. 출원

❏ 성장과정 및 소년원 생활

－ 소녀는 외동딸로 태어나 출생 3개월 경 모가 가출하여 조부모의 보살핌으로 성장함. 부는 일용직 노동 및 재활용품 수거일 등을 하며 계모와 동거하며 따로 생활하였고, 교통사고 과실로 교도소 복역 중임. 조부는 무직이며 청각장애 4급으로 보호력이 상당히 미약한 실정임.

－ 소녀는 2014년 자연유산 경험이 있고, 2015년 공갈협박으로 복역 중인 동거남 사이에서 아들을 출생하였으나 양육의 버거움으로 소녀의 계모에게 맡겼는데 이후 아들은 보령 소재 애육원으로 보내짐.

－ 청주원 입원 초기, 2~3년 전 우측 고막 손상 이후 난청으로 잘 듣지 못해 이해력이 부족하고 말투도 다소 어눌하며 매사 소극적인 행동을 보였으나 출원 시에는 안정적인 태도를 보임. 기초학력 부족으로 열심히 노력하였으나 2015.4. 중졸 검정고시에 불합격함.

❏ 출원 후 지원 및 상황

－ 청주소년원 사랑의 손잡기 후원으로 75만원을 지원하였고, 매독 감염으로 대전원 위탁수용 시 페니실린주사를 3차에 걸쳐 접종하여 수치가 현저히 줄어든 상태이며, 청주원 재원 시 충치와 잇몸염증이 심하여 수차례 외부진료를 받음.

－ 임시퇴원 후 조부모와 생활하며 보호관찰소에서 장학금 원호지원과 취업성공패키지 연계를 추진 중이었으며, 학교밖청소년지원센터에 연계하여 검정고시 수업 참석과 2016.8. 시험에 응시하기로 담당교사와 약속하였으나 연락 두절되어 미응시함.

－ 출원 후 3개월 간 보호관찰 준수사항과 외출제한명령을 성실히 준수하였으나, 이후 지도감독 불응으로 현재 구인장이 발부되어 지명수배중임.

아동복지시설 & 민간자원

[사례 1]

❑ 강○○, 19세, 7호처분(절도), 대전소년원 2016.9. 출원

❑ **성장과정 및 소년원 생활**

– 소녀는 출생 직후 유기되어 부모에 대해 전혀 아는 바 없고, 발견된 후 서울시 아동복지시설 '꿈나무마을'에 위탁된 이래 대구시 '수지의 집', 성남시 '새날을 여는 청소년쉼터', 부천시 '물푸레공동체' 등 쉼터를 전전하며 생활함.

– 2005년, 2006년 두차례에 걸쳐 서울대학병원에서 '모야모야병'으로 수술을 받았고, 2015.7. 우측 후두부에 대한 수술을 받았으나 수술부위에 혈종이 생겨 재수술을 받음.

– 대전원 재원시 중졸검정고시에 합격함.

❑ **출원 후 지원 및 상황**

– 출원 후 '수지의 집'에서 생활하여 왔으나 부적응으로 퇴소하여 현재는 망우여자청소년단기쉼터(기지개꿈터)에서 생활하며 요가, 바리스타 등의 교육을 받고, 구리유일신경정신과의원를 연계하여 정신과 진료도 받는 등 소녀의 만족감이 높음.

– 소년원 재원 시 '모야모야병'의 지속적인 치료 및 진료가 필요하여 의료비 지원을 신청한바, 출원 즈음에 서울대 어린이병원후원회에서 입원비 및 외래비로 700만원 지원이 확정되어 현재 치료 중임.

– 다만 망우쉼터는 단기쉼터로 보호기간이 통상 3개월이며 최장 9개월까지만 수용이 가능해 이후 중장기쉼터로 옮겨야 하는 실정이므로 추후 소녀의 특성에 맞는 중장기쉼터로의 연계가 필요하며, 더불어 소녀가 제과제빵을 배울 수 있는 고등학교 진학을 희망하고 있어 이에 대한 진로지도가 필요함.

[사례 2]

❑ 권○○, 19세, 가정법원위탁, 대전소년원 2016. 8. 출원(1·4호처분)

❑ 성장과정 및 현 상황

－ 소녀는 출생 2개월 때 입양되어 양부모 슬하에서 성장, 초등학교 4학년때 자신의 입양사실을 알게 되었고, 이후 가출한 상태에서 20대 남녀들과 무리지어 다니는 등 위험한 생활을 하자 양부모가 법원에 신청하여 1·4호처분을 받은 뒤 '꿈이래청소년센터'[34)]에 위탁됨.

－ 소녀는 동센터에 입소하면서 학교를 유예하고 검정고시를 준비하며 매일 독서와 운동으로 심신을 단련 중임. 이전에 양모에게서 파양신청을 하겠다는 이야기를 반복하여 들어서 동 센터에 위탁 후 파양에 대한 두려움으로 불안정한 심리상태이므로 양모와의 관계개선이 필요하며, 검정고시 등 학업연계를 위한 적극적인 진로지도가 필요함.

---

35) '꿈이래센터'는 대전가정법원 1호 수탁기관으로 가정과 유사한 분위기를 마련해 주고 상처를 치유함으로써 재비행을 예방하는 곳임. 현재 10명의 여학생이 거주하고 있으며 이 중 9명이 대전소년원 위탁 출원생임.

제5절
맺음말

"이곳에서 80일을 보냈는데 ··· 정도 많이 들고 그래서 기다리던 퇴원날인데 슬프기만 슬프고 아쉽고 그렇습니다. 특히 선생님들이 너무 잘해주셔서, 특히 강ㅇㅇ선생님이 저희 엄마가 되어 아껴주시고 챙겨주시고 사랑해 주셨는데 정말 영원히 잊지 못할 것입니다."

"이곳에서 저에게 필요한 활동들, 수업들을 해주셔서 제가 많이 바뀔 수 있었고 무엇보다 검정고시 공부를 하므로 제 인생에 목표도 생기게 되었습니다. 저의 아버지 소원이신 '딸 고등학교 졸업', 밖에 있었다면 들어드리지 못했을 그 작은 소원 ··· 이뤄드릴 수 있게 되어 정말 좋습니다. 절이렇게 변화시켜주셔서 모든 선생님들께 감사드립니다."

"제가 여기서 제일 좋았던 것은 선생님들이 저희 학 생 한 명 한명 관심가져 주시고 챙겨주시고, 언니처럼, 엄마처럼 챙겨주시는 모습이 너무 좋았습니다. 프로그램들도 너무 좋고 항상 저희를 믿어주셔서 너무 좋았고 처음으로 저를 향한 진심을 느껴보았습니다."

이상은 청주소년원 출원생들의 학교생활 만족도 설문조사(무기명)에서 평소 하고 싶었던 이야기를 기술한 내용 중 몇 가지 사례다. 내용에서 알 수 있듯이 소년들을 변화시키는 교육운영의 두 가지 축은 교사와 프로그램이다. 현장에서 소년들을 지도하는 교사의 중요성은 아무리 강조해도 지나치지 않다.

이는 비단 소년원 뿐 아니라 소년들을 다루고, 관리하고, 관여하는 모든 기관이나 시설에서도 동일하게 적용된다. 즉 아무리 좋은 복지시스템을 갖추고 있어도 이를 필요로 하는 소년과 연계해 줄 '사람'이 없다면 무용지물이며, 소년과 관계한 사람(직원, 멘토 등)에게 진정성이 결여되어 있다면 소년을 결코 변화시킬 수 없다.

비행소년 1명을 제대로 사회에 정착시키려면 '사람'과 다양한 교육프로그램, 절도 있는 생활지도, 자립을 위한 사후지도, 다양한 인적·물적 사회자원 등 모든 것이 함께 어우러져야만 한다.

신입소년원생의 처우계획 수립을 위한 처우심사회의 때 심사자료를 살펴보면 각 소년들의 살아온 환경, 비행 이력, 가족관계 등 비록 짧은 인생이지만 웬만한 어른 못지않은 인생역정들을 가지고 있어 소년원생들이 안고 있는 상처를 짐작할 수 있다.

비행소년들에 대해서는 오랜 인내가 필요하다. 이들이 더 이상 성인범죄자로 전이되지 않도록, 더 나아가 다른 사람들의 상처를 치유할 수 있는 치유자로 성장할 수 있도록, 준비된 '사람'과 다양한 복지시스템, 더불어 지역사회의 모든 인적·물적자원들이 상호 긴밀하게 융화되어야 할 것이다.

마지막으로 비행소년 선도 현장에서 일하고 있는 우리 모두가 기억해야 할 테레사수녀의 말을 소개한다.

"We can do no great things ; only small things with great love."

– Mother Teresa –

참고문헌

김종렬, 류기환 (2007). 재비행 분석을 통한 보호처분 제도의 효율적 제고방안에 관한 연구. 소년보호논집 vol.8, 129-221

김태훈 (2008). 여자 비행청소년의 재비행에 영향을 주는 요인탐색. 경기대학교 대학원 석사학위 논문.

대검찰청 (2006~2015). 범죄분석.

민원홍 (2014). 비행청소년의 재비행 영향요인에 관한 연구. 한국청소년정책연구원.

법무부 대전소년원 (2016). 2016학년도 교육계획서.

법무부 범죄예방정책국 (2015.5). 소년원생 수용안정 및 맞춤형 의료처우를 위한 「소년원 내 정신질환자 특별관리 방안」.

법무부 범죄예방정책국 (2015.7.). 소년원생간 범죄학습 최소화를 위한 「재범 소년원생 분리수용 검토(안)」.

법무부 범죄예방정책국 (2016). 소년보호통합지시공문. IV장 소년원학생 사회정착 지원 및 소년보호위원 관리. 296-338.

법무부 안산청소년비행예방센터 연구개발과 (2015.4.) 2015년 소년원생 재입원율 검토 보고.

법무연수원 (2016). 범죄백서.

법원행정처 (2011-2015). 사법연감.

이민아, 김진균 (1991). 소년원 건축환경계획과 그 개선방향에 관한 연구. 대한건축학회학술발표논문집 제11권 제20호.

이연상 외 (2012). 소년원 출원 후 취업생과 비취업생의 재비행에 관한 연구. 소년보호논집, vol.12, 279-319.

이화련 (2007). 소년원 입원생 및 지방법원 소년부에서 상담조사를 의뢰한 비행청소년 대상 연구.

한재숙 (2004). 청소년 재비행의 요인에 관한 연구. 전남대학교 행정대학원 석사학위 논문.

제 **4** 장

보호관찰과
교정복지   – 집필 손외철

제1절
보호관찰제도 개관

1. 보호관찰의 의의

1) 개 요

(1) 보호관찰의 정의

보호관찰제도는 범죄인을 소년원이나 교도소 등에 구금하지 않고 사회 내에서 정상적인 생활을 하도록 허용하면서 보호관찰관의 지도·감독을 통해 준수사항을 지키도록 하고 사회봉사명령이나 수강명령을 이행하도록 하여 범죄성을 개선하는 선진 형사정책 제도이다.

(2) 용어의 유래와 기원

보호관찰probation이라는 용어는 '시험을 거친, 또는 검증된Tested or Proved' 이라는 의미를 가진 라틴어 'Probatio'에서 유래되었다. 12~13세기 영국에서 죄를 범한 성직자들을 가혹한 형벌로부터 보호하기 위해 보증인 또는 선행서약을 조건으로 석방하는 관습이 가벼운 죄질의 일반인에게까지 그 대상이 확대되었다. 이처럼 일정 조건을 통해 범죄인을 석방했던 것이 보호관찰의 기원이지만, 석방 후 선도나 관찰의 활동이 없으므로 현대적 의미의 보호관찰제도와는 다소 거리가 있다.

2) 연 혁

(1) 보호관찰 제도의 발전

오늘날과 같은 현대적 의미의 보호관찰제도는 1841년 미국의 매사추세츠 주에서 제화점을 경영하던 존 어거스터스John Augustus의 일화를 시작으로 한다. 그는 1841년 어느 날 보스턴의 형사 법원에 알코올 중독자 한 사람을 교정시설에 구금하는 대신 자신이 보호하겠다고 요청하였고 법원이 요청을 받아들여 대상자가 3주 후 재판에 출석할 것을 조건으로 보호관찰을 허용하였다. 이것이 현대 보호관찰의 시초이다.

이후 존 어거스터스는 75세 나이로 죽기까지 18년 동안 2천여 명의 대상자를 선도하기 위해 헌신적인 노력을 다했고 그가 맡은 대상자 중 도망하거나 재범에 이르러 실패한 경우는 단 10명에 불과하였다. 이후 이러한 노력이 성직자들에 의해 계승되다가 1878년 매사추세츠 주에서 처음으로 보호관찰제도가 입법화되었다. 존 어거스터스가 오늘날 '보호관찰관의 아버지'로 불리는 이유는 그가 맨 처음 보호관찰이란 용어를 사용하였을 뿐 아니라 오늘날 보호관찰관의 본질적인 실천 활동 즉 대상자에 대한 조사 및 분류, 사례관리, 환경개선, 법원보고 등을 최초로 실행한 점에서 비롯된다.

(2) 대한민국의 보호관찰

우리나라에서는 1960~70년대를 거치면서 학계의 관심이 고조되고 실무가들에 의해 제도 도입의 필요성이 제기됨에 따라 활발한 논의가 진행되기 시작했고, 1981년 1월 9일 법무부 보호국이 신설되면서 본격적인 제도 도입의 계기가 마련되었다. 1982년 1월 보호국 내 보호관찰 연구반이 활동을 시작하여 1983년 1월 부산지검 관내 일부 가석방 자를 대상으로 보호관찰 시험 실시가 시작되었다. 1984년 3월 전국으로 확대되어 그해 6월 보호관찰법안 및 같은 법 시행령 안이 작성되었고, 1988년 3월 보호관찰제도 도입 준비위원회가 발족되어 각계각층 의견을 수렴한 뒤 1988년 11월 보호관찰법이 국무회의 가결되었다. 이에 따라 1988년 12월 국회 의결 및 공포 절차를 거쳐 1989년 7월 1일부터 시행되게 되었다.

3) 보호관찰제도의 발전[35]

(1) 성인보호관찰제도 도입

1988년 「소년법」개정과 보호관찰법의 제정으로 도입된 우리나라의 초기 보호관찰제도는 소년

---

36) 이하 보호관찰제도론, 2016, 정동기 외. 39-49 참조.

범에 대한 보호처분 중심으로 운영되었다. 이후 소년범 재범률 감소에 효과가 있다고 분석되면서 급속도로 발전하기 시작하였다. 1995년 형법 개정에 따라 일반 성인형사범에 대한 보호관찰제도가 1997년 1월 1일부터 본격적으로 시행되기에 이르렀다.[36] 법원 형사부에서 재판하는 성인대상자에게 집행유예 또는 선고유예의 조건으로 보호관찰, 사회봉사 및 수강명령을 부과할 수 있도록 형법의 일부개정이 이루어진 것이다.

(2) 「보호관찰 등에 관한 법률」의 개정

형법에의 보호관찰 관련규정 편입에 맞추어, 형의 유예자들에 대한 보호관찰관의 지도·감독에 관한 사항을 규정하기 위하여 1996년 12월 12일 「보호관찰 등에 관한 법률」이 전부 개정되었다. 종전의 「보호관찰법」과 「갱생보호법」이 통합되고 보호관찰, 사회봉사 또는 수강명령의 집행절차 등을 보완하여 「보호관찰 등에 관한 법률」(법률 제5178호)로 전면 개정된 것이다.

(3) 가정폭력사범에 대한 보호관찰 도입

가정폭력사범에 대한 보호관찰은 1998년 「가정폭력범죄의 처벌 등에 관한 특례법」이 시행되면서부터이다. 1997년 12월 13일 법률 제5436호로 「가정폭력범죄의 처벌 등에 관한 특례법」을 제정·공포하였고, 이듬해인 1998년 7월 1일부터 시행하였다. 그럼에도 가정폭력에 대해 형사처분에 의한 개입이 가정와해 문제를 조장할 수 있다는 우려를 참작하여, 보호처분에 의한 개입을 실시하는 제도로 도입되었다.

(4) 성매매 청소년에 대한 보호관찰 도입

소년의 성을 사는 행위, 성매매를 조장하는 중간매개행위 및 청소년을 대상으로 하는 성폭력행위자들을 강력하게 처벌하고, 성매매와 성폭력행위의 대상이 되는 청소년을 보호·구제하고자 「청소년의 성보호에 관한 법률」이 2000년 2월 3일 법률 제6261호로 제정·공포되었고, 부칙에 의거 2000년 7월 1일부터 시행되었으며 이후 10차례의 개정을 거쳐 현재에 이르고 있다.

---

37) 1995년 12월 제14대 국회에서 5년 동안 끌어온 형법 및 형사소송법 개정안이 통과되었다. 전체성인형사범에 대해서도 형의 집행을 유예하는 때에 보호관찰, 사회봉사, 수강명령 등을 명할 수 있게 하고, 가석방 또는 선고유예시 보호관찰을 명할 수 있게 하였다. 형법에 범죄자에 대한 사회내처우 근거를 규정한 것은 형사사법의 연혁 상 의미가 큰 사건이었다.

(5) 성매매 여성에 대한 보호관찰 도입

성개방화와 이로 인한 성매매 · 성매매알선 등 행위 및 성매매 목적의 인신매매를 근절하고, 성매매 피해자의 인권을 보호함을 목적으로 하는 「성매매알선 등 행위의 처벌에 관한 법률」이 2004년 3월 22일 법률 제7196호로 제정 및 공포되고 2004년 9월 23일부터 시행된 「성매매알선 등 행위의 처벌에 관한 법률」제14조 등에서, 판사는 심리의 결과 필요하다고 인정할 때에는 결정으로 보호관찰, 사회봉사명령 또는 수강명령을 부과할 수 있도록 하였다.

(6) 성구매자에 대한 교육조건부 기소유예 (존스쿨) 도입

이 제도는 기소전 단계에서 검사가 성매매와 관련된 일정한 교육을 조건으로 기소를 유예하는 처분을 말한다. 성구매자 교육조건부 기소유예(존스쿨)는 성매매를 조장하는 사회분위기를 타파하고 성판매 여성을 만들어내는 사회구조적 문제를 해결하기 위하여 성구매자도 처벌하여야 한다는 인식을 배경으로 하고 있다. 다만 성매매에 대한 그릇된 인식전환에 주안점을 두어 일정한 교육처분을 실시하는 것을 주된 내용으로 하고 있다. 현재 성매매행위에 대한 이러한 형사적 대처는 성구매자에 대한 소위 '형사사법망의 확대net-widening'의 부작용을 최소화하면서도 성의식 교육을 실시하여 왜곡된 성문화를 개선하고자 하는 의미 있는 형사정책수단이기도 하다. 2005년부터 2016년까지 총 150,542명이 존스쿨 교육을 이수하였다.

(7) 위치추적 전자감독제도의 시행

2008년 9월 1일은, 1년 6개월 전 국회를 통과한 「특정 성폭력범죄자에 대한 위치추적 전자장치 부착에 관한 법률」의 시행으로 우리나라에 전자감독제도가 최초로 개시된 시점이다.[37] 2007년과 2008년 안양초등생 유괴살해 사건 및 일산초등생 납치 미수사건 등 사회의 시선을 집중시킨 성범죄가 연이어 발생하고 이에 대한 재범방지를 통한 사회보호 요구가 더 높아졌다. 성폭력범죄자에 대한 보호관찰의 실시에 있어서도 효과적인 재범방지를 위한 위험성 차단과 적극적인 개입 치료의 필요성이 제기되었다. 이에 따라 성폭력범죄에 대한 형사정책의 큰 변화가 이루어졌

---

38) 특정 성폭력범죄자에 대한 위치추적 전자감독제도의 도입 이외에도, 2008년 이후 일련의 성폭력범 형사사법적 특별대책은, ① 소아성기호증 등 정신성적 장애를 가진 성폭력범죄자를 최장 15년까지 선 치료 후 잔형기를 집행하는 내용의 치료감호 강화, ② 성도착 범죄자에 대한 성충동 약물치료(소위 화학적 거세)제도의 도입, ③ 성폭력범에 대한 징역형 상한을 최고 50년까지 상향한 형법개정, ④ 성 폭력범에 대한 신상정보 등록 및 공개제도 등이 있다.

는데 '위치추적 전자감독제도'(속칭 '전자발찌제도')를 도입하는 법안이 제정된 것이다.

(8) 새로운 유형의 보호관찰제도 도입

위치추적 전자감독제도 도입 이후에도 2009년 9월에는 벌금미납자에 대하여 사회봉사 대체제도가, 2011년 4월에는 성인 대상 성폭력범에 대한 신상정보 등록 및 공개제도, 2011년 7월에는 16세 미만의 피해자 성폭력범 중 성도착자에 '성충동 약물치료'(일명 '화학적 거세')가 도입되는 등 보호관찰제도의 외연은 지속적으로 확장·심화되어 왔다.

(9) 성충동 약물치료명령의 도입

2010년 7월 23일, 성폭력범죄자에 대하여 성충동 약물치료를 할 수 있는 법적 근거를 마련함으로써 성폭력 범죄의 재범을 방지하고 잠재적 피해자들을 보호하기 위하여 법률 제10371호로「성폭력범죄자의 성충동 약물치료에 관한 법률」이 제정되었으며, 1년 후인 2011년 7월 24일부터 시행되었다. 제정 당시에는 성폭력범죄자에 대한 '성충동 약물치료'(화학적 거세 등)가 16세 미만을 대상으로 범한 성폭력 범죄자에 대해서만 실시되다 2012년 12월 18일 같은 법률의 일부 개정(2013년 3월 19일 시행)을 통하여 16세 미만의 사람을 대상으로 하였는지를 불문하고 성폭력 범죄자가 성도착증 환자인 경우에는 이 법에 따른 치료명령 등을 할 수 있도록 개정되었다.

(10) 성폭력범죄자 신상정보 등록 및 공개·고지제도의 도입

신상정보의 등록 및 열람제도는 2006년부터「아동·청소년의 성보호에 관한 법률」제33조 제1항에 의하여 13세 미만 아동·청소년을 대상으로 한 성폭력 범죄자에 국한하여 실시하였으며, 이후 2010년에는 같은 법률에 의거한 신상등록 및 공개대상이 19세 미만 미성년자에 대한 성폭력범죄자로 확대되었다. 2011년에는「성폭력범죄의 처벌 등에 관한 특례법」에 의하여 성인을 대상으로 성폭력범죄를 저지른 사람에 대해서도 그 정보를 인터넷에 등록·공개하고 해당 성범죄자의 정보를 19세 미만의 자녀가 있는 인근 주민에게도 고지하도록 하였다(같은 법률 제32조 내지 제42조).

(11) 치료명령제도 도입

경미범죄를 저지른 주취·정신장애인에 대하여 형사처벌 외에 치료를 명할 수 있도록 하는 내용의 「치료감호 등에 관한 법률」 개정안이 2015년 12월 1일 공포되었다. 주취·정신장애 대상자가 경미한 범죄를 저지를 시 대부분 벌금형에 그칠 뿐 치료받을 기회가 없는 문제점을 해결하기 위한 제도로서 2016년 12월 2일 시행되어 2016년 12월 31일까지 총 5건의 치료명령 처분이 보호관찰소에 접수되었고 향후 사건의 지속적인 증가가 예상된다.

2. 보호관찰 담당기관

1) 보호관찰 조직체계[38]

(1) 중앙조직

우리나라에서 보호관찰을 담당하는 중앙조직은 법무부의 범죄예방정책국이다. 전신인 '보호국'은 1980년 12월 사회보호법이 제정됨에 따라 1981년 1월 법무부 직제개정을 통해 신설되었다. 당시 보호국은 보호과, 조사과, 심사과 등 3개과로 출범하였고 이후 한 동안 보호과, 조사과, 관찰과, 소년과의 4개과 체계를 유지하였다. 2008년 이후 이들 4개과는 범죄예방기획과, 보호법제과(구 사회보호정책과), 보호관찰과, 소년과 등 4개과 체제로 개편되었으며, 2011년에는 법질서선진화과가, 2015년에는 특정범죄자관리과가 각각 신설됨으로써 6개과 체제를 갖추게 되었다. 보호관찰제도의 운영과 관련하여 범죄예방정책국의 하위부서인 범죄예방기획과는 보호관찰에 관한 인사예산업무를, 보호법제과는 법령제정 및 연구평가업무를, 보호관찰과는 특정범죄자를 제외한 일반보호관찰대상자의 보호관찰, 사회봉사수강명령 집행기획업무를 그리고 특정범죄자관리과는 특정범죄자에 대한 보호관찰, 위치추적 전자감독, 신상정보등록 등과 관련된 업무를 담당하고 있다.

(2) 일선 조직현황

2016년 12월 현재 보호관찰의 일선조직은 전국에 5개 보호관찰심사위원회, 56개 보호관찰소

---

39) 이하 보호관찰제도론, 2016, 정동기 외. 276-279 참조.

(본소 16개, 지소 40개), 2개 위치추적관제센터 등 총 63개 기관이 있고, 이 중에서 보호관찰관이 보호관찰 대상자와 직접 접촉하며 면밀한 관찰과 사회복귀에 필요한 조치를 통하여 지도·감독하는 업무, 즉 '좁은 의미의 보호관찰' 업무를 수행하는 곳은 전국 56개 보호관찰소이다.

2) 보호관찰소의 발전

(1) 보호관찰소의 직제

보호관찰소는 법무부장관 소속하에서 보호관찰 대상자의 원활한 사회복귀와 재범방지를 위해 보호관찰의 실시, 사회봉사·수강명령의 집행, 판결전(결정전, 청구전) 조사 및 범죄예방활동에 관한 사무를 관장하는 기관이다. 보호관찰소의 명칭, 위치, 관할구역 등은 법무부와 그 소속기관 직제 및 동 시행규칙에 위임되어 있다.

보호관찰소는 1989년 5월 본소 12개지소 6개소에 직원 271명의 직제로 개청 이후 끊임없이 증설을 거듭해 왔다. 보호관찰대상자가 꾸준히 증가하는 상황에서 수차례 직제가 개정되는 가운데 1989년 보호관찰소는 전국 법원·검찰이 소재한 중소도시에까지 신설되기에 이른다.

개청당시 보호관찰소의 하부조직으로는 관호과, 조사과, 사무과 등이 있었다. 2005년 8월에는 신속한 의사결정과 업무 경쟁체제 구축을 위하여 기존 과 단위 체계를 팀 단위 하부조직으로 재구성하는 '팀' 제를 전면 실시하였다. 이는 기존 기관장 중심의 권한을 팀장에게 대폭적으로 위임하고 보호관찰 업무수행에 있어서 팀장의 전결권을 강화하는 것을 주요 골자로 한다. 제도도입 당시 팀의 총수는 전국 35개 보호관찰소 115개 팀이었는데 이 중 30개만을 직제 상으로 신설하였고, 나머지 85개 팀은 비직제로 신설하여 병행운영하게 하였다. 2011년부터는 팀제가 폐지되고 다시 과거의 '과' 편제로 회귀하였다. 주요 과 직제는 행정지원과, 관찰과, 집행과, 조사과 등이다. 기관규모에 따라 관찰과는 소년, 성인, 특정범죄(전자감독) 전담 등으로 세분화되고, 집행과는 수강, 사회봉사 등으로 나뉜다.

(2) 보호관찰소의 명칭

보호관찰과 이전갈등과 관련하여 보호관찰소가 구금 시설이라는 오해에서 비롯된 지역민들의 부정적인 인식을 개선하고자 2017년 1월부터 '준법지원센터' 라는 명칭을 병행해서 사용하고 있다. 보호관찰소 이전과 관련한 지역주민과의 갈등은 2013년 성남보호관찰소 이전과 관련하여 처음 발생하였다.

그 동안 보호관찰 업무에 대한 시민의 인식이 부족한 상태에서 보호관찰소 업무에 성폭력사범을 관리하기 위해 전자발찌제도가 도입되면서 이들의 재범, 발찌훼손사건 등이 언론에 보도되면서 부정적인 인식이 확산되기 시작하였다. 이러한 부정적인 이미지 개선 필요성에 따라 보호관찰소 인근 지역친화사업을 적극 전개해나가는 한편, 보호관찰소 명칭을 준법지원센터로 변경하게 되었다(손외철, 2015).

3. 보호관찰 통계분석[40)]

1) 연도별 현황

(1) 주요 업무별 실시사건의 연도별 현황

1989년 우리나라에 도입된 보호관찰제도는 2016년까지의 실시사건 누계가 420만여 건을 넘어서는 등 괄목할 만한 성장을 이루었다. 보호관찰제도는 한동안 소년사범 중심으로 시행되다가 형법 개정에 따라 1997년부터 성인 형사범으로 제도가 확대되면서 보호관찰제도의 연간 실시사건 수는 1989년 총 10,456건에 불과하였으나 차츰 증가하여 1997년에는 총 114,423건에 달하였다. 1997년 성인 형사범에 대한 보호관찰 전면 확대실시에 따라 사건 수는 10만 건 이상으로 급증한 후 2000년부터 2006년까지 15만 건 내외를 유지하였다.

〈표 4-1〉 보호관찰 주요 업무별 실시사건 현황 (단위: 명)

구분	계	보호관찰	사회봉사	수강명령	존스쿨	전자감독	벌금미납사회봉사	음란물소지자교육	성충동약물치료	신상정보등록	조사
1989년	10,456	7,971	121	297	–	–	–	–	–	–	2,067
1997년	114,423	67,831	30,551	2,606	–	–	–	–	–	–	13,435
2000년	167,052	94,705	42,761	9,390	–	–	–	–	–	–	20,196
2006년	166,173	87,247	35,886	13,783	13,455	–	–	–	–	–	15,802
2010년	222,525	101,924	42,469	24,306	15,576	714	11,958	–	–	–	25,578
2016년	304,148	100,995	48,395	43,930	12,510	4,066	9,892	1,297	14	47,690	35,359

40) 이하 보호관찰제도론, 2016, 정동기 외. 266-276 참조.

2016년 전체 실시사건 수는 304,148건인데, 이는 제도도입 원년인 1989년에 비하여 약 29배 증가한 것이다. 2000년대 들어서는 외출제한 명령, 성매수자에 대한 선도조건부 기소유예(존 스쿨), 특정범죄자에 대한 위치추적 전자감독 등 새로운 제도가 잇달아 도입되었다. 2006년 이후에는 형의 집행유예를 선고할 때 보호관찰을 부과하는 경우가 그렇지 않은 경우를 앞지르게 되었을 정도로 보호관찰제도는 이제 우리나라 형사사법체계의 주요한 한 축으로 자리를 잡게 되었다. 그러나 2010년까지 지속적으로 증가하던 보호관찰제도의 실시사건 수는 그 해를 정점으로 줄어들다가 최근 3년간은 다시 증가추세에 있다.

(2) 근거법률별 실시사건의 연도별 현황

1989년부터 1996년까지 근거 법률별 사건비율은 소년법 사건이 95% 내외이고 그 외 (구) 사회보호법, 성폭력법 사건 등을 합친 것이 5% 정도였다. 성인 형사사건으로 부과대상이 확대된 1997년 이후에는 형법 사건이 지속적으로 증가하여 2000년에는 전체 사건 중에서 가장 높은 비율인 47.6%를 차지하게 되었고 2001년부터는 전체 실시사건의 과반을 차지하고 있다.

⟨표 4-2⟩ 근거법률별 실시사건 추이 (단위: 명)

연도	총계	소년법	형법	치료 감호법	성폭력법	가정 폭력법	성매매 처벌법	기소 유예	전자장치 부착법	벌금미납 사회봉사법	아청법	아동학대 처벌법
1997	100,988	68,718	27,768	1,556	196	–	–	2,750	–	–	–	–
1998	135,216	76,936	53,150	1,654	755	144	–	2,577	–	–	–	–
2000	146,856	66,756	69,849	1,692	1,428	2,807	–	4,324	–	–	–	–
2001	145,021	56,472	77,520	1,594	1,354	3,918	–	4,163	–	–	–	–
2006	150,371	36,459	88,189	2,435	1,173	4,004	907	17,204	–	–	–	–
2010	196,233	61,447	92,368	1,170	1,657	3,267	1,648	22,327	227	11,958	164	–
2016	227,101	40,693	110,718	1,386	12,291	11,933	3,138	30,922	2,884	9,892	2,052	1,192

소년법 사건은 제도 시행 초기 증가세를 보이다가 소년인구의 감소 등으로 1998년을 정점으로 감소세를 보이고 있다. 그 외에 치료감호법에 의한 사건은 2005년 (구) 사회보호법 폐지 등에 따라 2006년 이후 감소하는 추세이고, 기소유예사건은 존 스쿨 등으로 해마다 증가해 가는 양상이다.

주요 근거법률별 실시사건의 추이를 살펴보면 우선 소년법 사건은 제도 시행 초기 증가세를 보이다가 소년인구의 감소 등으로 1998년을 정점으로 감소세를 보이고 있다. 그 외에 치료감호법은 2005년 (구)사회보호법 폐지 등에 따라 2006년 이후 감소하고 있다.

(3) 처분유형별 실시사건의 연도별 현황

1996년까지는 처분유형별 분포에서 소년보호처분의 비율이 압도적이었으나 1998년 72,348건을 정점으로 하락세를 보이고 있다. 반면 1997년부터 시작된 성인 집행유예사건의 대폭 증가와 소년사범 감소 경향 등에 따라 2000년 이후부터는 집행유예처분이 가장 높은 비율을 차지하게 되었다. 이와 같은 추세는 해마다 계속되어 2016년에는 집행유예가 53.0%, 소년보호처분이 17.2%를 보이고 있다. 임시퇴원은 소년보호처분보다 감소세가 더욱 심하여 2005년 이후에는 전체사건 중 비율이 대체로 1.5% 미만에 머무르고 있다.

가석방의 경우 1998년 이후 대체로 매년 5,000~7,000건대를 유지하고 있고, 가출소 가종료처분은 1,500~2,000여 건 수준을 유지하다가 「사회보호법」 폐지 전후인 2004년과 2005년 3,000건을 상회하였다가 2016년에는 1,384건을 기록하였다.

성인보호처분은 「성매매처벌법」과 「가정폭력법」 등의 제정 영향으로 2001년 이후 매년 4,000건 내외를 유지하다가 2014년부터 급증하여 2016년에는 14,218건을 기록하였다. 기소유예처분도 존 스쿨 시행 등의 영향으로 2006년 이후 급증하여 2009년에는 45,279건까지 상향하였고, 2010년부터 급감하여 2014년에는 15,941건을 기록하였다가 2015년부터 다시 증가하는 양상이다.

<표 4-3> 처분유형별 실시사건 현황 (단위: 명)

연도	총계	선고유예	집행유예	소년법상보호처분	임시퇴원	가석방	가출소가종료감호가석방	가정보호처분	성매매아동학대보호처분	기소유예	형기종료위치추적	벌금미납사회봉사
1996	67,947	55	1,764	55,775	5,898	751	1,837	–	–	1,867	–	–
1998	135,216	23	48,442	72,348	4,588	5,440	1,654	144	0	2,577	–	–
2000	146,856	10	63,626	62,168	4,588	7,641	1,692	2,807	0	4,324	–	–
2005	146,895	20	87,928	38,299	820	6,038	3,205	3,695	347	6,543	–	–
2010	196,233	16	87,524	59,751	1,696	7,493	1,170	3,267	804	22,327	227	11,958
2014	184,362	22	94,309	45,831	2,043	5,526	1,179	6,406	3,112	15,941	2,228	7,765
2015	194,548	36	100,953	42,318	1,732	5,356	1,147	9,693	2,526	18,223	2,532	10,032
2016	227,101	65	120,268	38,967	1,726	6,775	1,384	11,933	2,285	30,922	2,884	9,892

2) 대상자의 유형별 현황

(1) 연령별 현황

소년사범 위주로 보호관찰이 실시된 1989년부터 1996년까지는 소년사범이 매년 통상 97% 내외로 절대적인 비율을 차지하였으며 성인은 가출소자 등 3% 정도에 불과하였다. 성인 형사사범으로 보호관찰이 확대된 1997년부터 성인사범이 해마다 큰 폭으로 증가하였는데, 2001년부터는 실시사건에서 성인이 소년을 넘어서게 되었다. 2016년 기준 소년 실시사건 20.6%, 성인 실시사건이 79.4%인데, 이는 전년도의 소년 26.0%, 성인 74.0% 보다 성인 비중이 더욱 높아진 것이다. 연령별 보호관찰 전체 실시사건의 추이를 살펴보면 아래의 <표 4-4> 와 같다.

<표 4-4> 연령별 현황 (단위: 명)

연도	접수사건		실시사건	
	소년(%)	성인(%)	소년(%)	성인(%)
1997	46,709(66.6%)	23,373(33.4%)	74,043(75.4%)	24,195(24.6%)
2001	35,241(38.5%)	56,351(61.5%)	67,914(46.8%)	77,107(53.2%)
2005	26,011(28.1%)	66,512(71.9%)	46,385(31.6%)	100,510(68.4%)
2010	46,025(34.8%)	86,404(65.2%)	71,136(36.3%)	125,097(63.7%)
2015	31,612(23.5%)	102,752(76.5%)	51,902(26.0%)	147,811(74.0%)
2016	29,718(18.0%)	135,022(82.0%)	47,913(20.6%)	185,187(79.4%)

(2) 성별 현황

전체 접수사건 중 남녀비율은 대체로 남자는 90% 이상, 여자는 10% 미만을 유지해 왔다. 연령별 남녀 비율에서는 약간의 차이를 보이는데, 소년의 경우 1989년부터 2002년까지는 10% 미만이었으나 2003년 11%대를 넘어선 이후 매년 증가하여 2016년에는 16.7% 수준까지 상향된 반면, 성인의 경우에는 여자의 비율이 매년 10% 미만으로 1997년 5.6%, 2016년에는 8.8% 정도를 보이고 있다. 2016년 기준으로 소년과 성인으로 나누어 성별 접수인원의 비율을 살펴보면 아래의 〈표 4-5〉와 같다.

〈표 4-5〉 성별 현황 (단위: 명)

연도	전체		소년		성인	
	남자	여자	남자	여자	남자	여자
1997	48,102(93.0%)	3,640(7.0%)	29,512(92.1%)	2,545(7.9%)	18,590(94.4%)	1,095(5.6%)
2002	62,580(90.9%)	6,242(9.1%)	19,938(90.4%)	2,116(9.6%)	42,642(91.2%)	4,126(8.8%)
2003	62,415(90.4%)	6,599(9.6%)	18,326(89.0%)	2,374(11.0%)	44,089(91.3%)	4,225(8.7%)
2005	61,534(90.3%)	6,645(9.7%)	15,736(87.3%)	2,279(12.7%)	45,798(91.3%)	4,366(8.7%)
2011	79,979(88.4%)	10,546(11.6%)	25,460(81.9%)	5,615(18.1%)	54,519(91.7%)	4,931(8.3%)
2016	112,807(89.8%)	12,838(10.2%)	18,369(83.3%)	3,670(16.7%)	94,438(91.2%)	9,168(8.8%)

3) 처분의 상세현황

(1) 집행유예처분의 현황

보호관찰제도의 처분유형 중에서 집행유예처분은 1996년 1,764건에 불과하던 것이 1997년 이후 해마다 증가하여 2001년 8만 9천여 건을 넘어서기도 하였다. 처분별 점유율에서 집행유예사건이 차지하는 비율은 2001년 이후 매년 50%를 상회하고 있다.

한편 2015년 기준, 전체 77,021건의 집행유예처분 중에서 보호관찰만이 부과되거나 사회봉사명령 또는 수강명령과 함께 보호관찰도 병과된 경우는 총 44,477이며, 사회봉사명령 또는 수강명령이 단독으로 부과된 경우는 총 7,080이다.

〈표 4-6〉 집행유예 선고시 보호관찰 등 병과현황　　　　　　　　　　　　(단위: 명)

연도	집행유예 선고	보호관찰등 병과	보호관찰	사회봉사	수강명령	관찰봉사	관찰수강	봉사수강	관찰봉사 수강
2001	89,374	31,213	2,040	17,743	3,033	5,172	699	1,928	598
2005	72,659	35,299	3,872	15,514	2,725	6,717	1,841	3,178	1,452
2010	70,519	34,782	3,342	15,508	3,392	6,652	1,641	2,730	1,517
2013	63,610	36,496	3,565	13,532	5,044	6,315	2,161	3,873	2,006
2015	77,021	44,477	4,438	15,566	7,080	6,595	2,750	5,530	2,518

(2) 죄명별 접수인원 현황

성인사범으로 보호관찰이 확대 시행된 1997년에는 폭력사범이 30.0%, 절도사범이 28.2%로 여전히 높은 점유율을 보이는 가운데 교통사범이 세 번째 주요사범으로 부상하였다. 또한 IMF를 전후하여 사기와 횡령사범이 주요사범으로 떠올랐으며, 2006년부터는 사행행위 및 성매매 단속의 강화로 풍속사범이 급증하는 추세를 보여 왔다. 2016년 신규 접수인원[40]을 기준으로 죄명별 점유율을 살펴보면, 폭력(18.2%)·교통(18.7%)·성폭력(13.2%)·절도(7.6%)·사기횡령(9.0%) 사범 순으로 높은 비중을 보이고 있다. 특히 최근 사회적 관심이 높아진 성폭력사범의 점유율은 과거 수년간 평균 약 3%에 비하여 크게 증가한 수치이다.

〈표 4-7〉 죄명별 접수인원 현황　　　　　　　　　　　　(단위: 명)

연도	총계	폭력	교통	절도	사기 횡령	강력	마약	풍속	성폭력	경제	기타
1997	47,483	16,284	9,135	15,283	1,160	–	3,947	–	1,674	–	–
2000	69,191	18,715	14,174	16,488	3,147	4,166	3,589	625	2,771	–	5,516
2006	73,885	12,469	15,191	11,086	6,326	2,673	1,285	15,939	2,377	1,607	4,932
2010	103,655	18,896	19,690	17,037	8,840	3,111	2,077	18,641	3,232	1,704	10,427
2016	125,645	22,903	23,487	9,533	11,299	2,002	1,738	18,960	16,535	1,958	17,230

41) 보호관찰 실시사건의 수는 전년도 이월 분을 포함하고 처분 건별로 계산되기 때문에 접수인원과는 통계상 차이가 발생하는데, 예를 들면, 보호관찰과 사회봉사 및 수강명령이 한 피고인에게 병과 된 경우 보호관찰 정수인원은 1명이지만 실시사건은 3건이 된다(출처 : 법무부 범죄예방정책국 보호관찰 통계자료).

제2절
교정복지와 보호관찰

1. 교정복지의 개념 정리

교정복지의 개념이 공식적으로 정의된 것은 없다. 그러나 국내학자들 간에 실천대상, 목표, 철학적가치, 전문적인 방법 그리고 활동내용 등의 개념요소에 따라 다양하게 정의하고 있다. 이를 종합적으로 정리하면 "교정복지correctional welfare란 형사재판의 집행단계인 '교정' 이라는 특수한 사회복지 실천영역에서, 범죄인 및 비행청소년의 원활한 사회복귀와 사회적 기능회복, 범죄원인과 관련된 문제해결 및 범죄피해의 원상회복 등을 위하여 사회복지 철학과 가치를 기초로 전문적 사회복지실천방법론을 활용하는 복지실천을 의미한다."고 정의한다(조흥식 · 이형섭, 2014:17). 즉, 교정복지란 형 집행단계의 시설내처우를 의미하는 교정, 사회내처우를 의미하는 보호관찰을 포괄하여 범죄인의 행위를 변화시킬 수 있는 전문적인 개입을 통하여 그들의 사회복귀를 도모하는 것을 의미한다(Walsh, 1997:10).

개념규정과 관련하여 범위가 좁게는 교정상담, 교정사회사업, 교정복지, 사법복지 순으로 정하면 그 범위가 확대됨을 알 수 있다. 가장 좁은 의미의 교정상담correctional counseling은 일반 상담과 비교하면 클라이언트들의 비자발성으로 인하여 저항과 회피에 직면할 수 있다. 또 범죄인은 자신의 문제에 대처할 수 있는 자원이 한계가 있어 일반 상담에 비하여 더 큰 어려움에 있다. 조금 더 넓은 개념인 교정사회사업은 실천적 면을 강조한 말로서 의료사회사업이나 학교사회사업과 같이 교정분야에 지원되는 제반 서비스로 이해하면 될 것이다. 최광의 개념으로 사법복지forensic social work는 가장 넓은 의미로 사법제도 관련된 지원체계를 의미하며, 이는 범죄자처우기관인 교정, 보호관찰, 소년원 등뿐만 아니라, 법원에서의 사회사업, 무료법률상담 및 변호제도 등을 포함하는 최광의의 개념이라 할 수 있다.

2. 교정복지의 지도원리

교정복지에도 사회복지실천의 일반원리가 적용되지만, 교정복지는 형사사법단계에서의 범죄인의 문제해결을 위한 것으로 약간의 특수성인 있지만 기 확립된 범죄인처우의 기본적 원칙들은 교정복지의 지도 원리로서 기능할 수 있다.

(1) 인도적처우의 원칙

이는 범죄인에 대한 처우가 인간의 기본권을 침해하지 않고 인간의 존엄성을 해하지 않아야 한다는 원칙으로, 범죄인의 사회복귀에 부합하는 교정복지의 제 1의 지도원리라 할 수 있다.

(2) 법률주의의 원칙

범죄인의 처우는 그들이 신체적 자유나 권리 제한이 수반되므로, 헌법에서는 '모든 국민은 법률과 적법한 절차에 의하지 아니하고는 처벌·보안처분 또는 강제노역을 받지 아니한다.' 고 규정하고 있다. 한편 법률주의의 당연한 귀결로서 동일한 사건에 대한 '공평처우의 원칙' 이 나타난다. 우리 헌법에서도 법률 앞의 평등을 천명하고 있지만, 이는 절대적 평등을 의미하는 것이 아닌 상대적 평등을 의미하기 때문에 처우의 개별화가 가능한 것이다.

(3) 처우의 개별화와 과학주의 원칙

이는 범죄인의 개선과 사회복귀를 위해서는 범죄인의 자질·인성 등 개인적 특성과 죄를 범하게 된 환경적 배경을 고려하여 가장 적합한 서비스를 제공하여야 한다는 것으로, 이를 위해 필요한 것이 각종 인간과학에 대한 전문지식과 행동관찰에 의거한 과학적 분류가 필요한 것이다. 특히 처우계획 수립을 위한 범죄인의 분류와 사정은 사회복지학, 범죄학, 교육학, 심리학, 정신의학 등 전문지식을 활용하여 범죄인의 성격, 심신상황, 적성, 재범가능성 등을 정확히 파악하는 것이

성공적인 재활을 위해 필수적인 것이다.

(4) 사회내처우의 지향

범죄인을 교정시설에 구금하는 시설내처우보다는 사회내 상호작용을 통한 사회복귀의 필요성을 강조하는 것의 사회내처우의 지향이다. 교정의 역사를 살펴보면 '교정처우'라는 용어는 시설내 구금처우가 대세였지만, 20세기 중반 이후 사회내처우의 중요성을 자각하기 시작하였고 현재는 범죄인 처우의 강조점이 시설내처우에서 사회내처우로 중심축이 이동하고 있다는 사실에 주목할 필요성이 있다. 이는 사회복귀rehabilitation이론의 제창, 낙인이론labelling theory에 근거한 다이버전diversion, 비시설화와 불개입주의의 확산, 과잉구금에 대한 비판 등의 영향이라 할 수 있다.

3. 교정복지의 실천과정과 보호관찰

교정복지 실천은 범죄자들을 대상으로 하는 사회복지 실천의 과정으로 사회복지의 원리와 가치가 적용된다. 다만 교정복지 실천은 범죄인의 특수성과 실천현장의 특수성을 세심하게 고려하여야 하며, 실천 단계는 인테이크, 사정 및 계획, 효과적인 개입, 평가 및 종결단계로 나누어 설명할 수 있다.

1) 인테이크(intake) 단계의 실천기술

인테이크란 초기접수과정으로 클라이언트와 교정복지사와의 최초의 대면접촉을 말한다. 일반 클라이언트들과는 달리 보호관찰대상자들은 법원의 판결·명령이나 이에 준하는 행정처분에 의해 강제적으로 위탁되는 관계로 대상자의 비자발성nonvoluntary nature, 권위에 대한 저항resistance to authority, 정신심리적·가정적·사회경제적 열세fewer coping resources 등 세 가지 요소를 제시하고 있다(Walsh, 1997:2).

이러한 속성을 가진 대상자들과의 초기저항을 효과적으로 다루어 전문적 원조관계rapport를 형성하는 것이 아주 중요한데 이는 다음 단계의 개입에 큰 영향을 미치기 때문이다. 보호관찰대상자들과 담당직원과의 관계는 강제성이 개입할 수밖에 없는 속성이 있어 일방적 지시는 대상자의 행동변화를 유도하기 어렵다. 따라서 대상자들이 가지는 적대감, 분노, 무기력감, 당혹감 등의 부정적 감정에서 비롯되는 방어적 태도는 거부적 언행, 회피, 책임의 전가, 위협, 자포자기적인 행동 등으로 나타난다(법무부, 2007).

대상자들과 보호관찰관과의 라포를 형성하기 위해서 담당관은 기본적으로 온화함, 공감 및 진실성을 갖추고 대상자와의 신뢰관계를 우선적으로 형성하는 것이 중요하며, 이와 더불어 대상자들의 법적제약이나 준수사항의 내용과 의무 그리고 위반 시의 불이익 등에 대해서도 명확히 고지해 주어야 할 것이다. 이와 같이 보호관찰대상자와 보호관찰과의 관계는 조력자와 법집행자라는 상반되는 역할로 인한 갈등이 발생할 수 있으나, 보호관찰의 궁극적인 목표가 재범방지와 대상자의 건전한 사회복귀rehabilitation에 있기 때문에 충분히 양립할 수 있을 것이다.

2) 사정 및 계획단계에서의 실천기술

사정 및 개입계획의 수립은 대상자들의 문제와 욕구를 파악하고, 범죄성의 개선과 완화를 위한 개입의 방향을 결정하는 것으로, 이를 위해 범죄유발적 요인criminogenic factors의 사정assessment과 이러한 요인을 다루는 계획수립이 이루어져야 할 것이다(Taxman, 2002).

보호관찰 현장에서의 사정assessment은 신고·면담 그리고 가정방문 등을 자료수집을 통하여 대상자와 그의 환경에 대한 풍부하고 심층적인 정보를 수집하고 재범방지와 연결될 수 있는 다각적인 개입의 방법을 강구하고 실현 가능한 대안들을 도출한다. 자료수집의 내용은 범죄행위에 대한 정보(죄질, 범죄경력, 범죄시간, 음주여부 등), 가족력, 대상자의 자원 및 기능(지적·정서적·신체적·대인관계 경력·교육정도와 취업경험·개인성격·재정상태 등), 환경적 측면(거주지·가용서비스·취업구조 등)이다.

사정 시 주의할 점은 대상자의 문제점과 약점에만 초점을 맞추지 말고, 개입의 방향을 설정함에 있어 대상자의 자발적 노력이나 강점을 함께 살리는 접근이 필요하다는 것이다. 아울러 개별적 면담에만 의존하지 말고 반드시 현장방문을 통하여 주변의 객관적이고 실질적인 정보들 획득하는 한편, 관계인들과의 면담을 통하여 처우방향을 보다 정확하게 정할 수 있기 때문이다.

계획단계에서는 교정복지실천의 궁극적인 목적이 대상자의 건전한 사회복귀를 통한 재범방지에 있으므로 개별 대상자들의 재범위험성, 행동특성 그리고 환경적 고려를 통한 구체적 개입계획을 수립하여야 할 것이다. 이러한 목표를 실행하기 위해서는 우선적으로 보호관찰관과 대상자와의 관계에서 실현가능한 수준이어야 하고, 목표를 실행하기 위한 구체적인 행동과제들을 마련하고 가능한 명시적으로 계약될 필요성이 있다.

3) 개입단계에서의 실천기술

교정복지의 궁극적인 목적을 효과적으로 달성하기 위한 개입의 요소로 택스만(2002)은 '메릴랜드 지도감독 모델Maryland' s Supervision Model에서 먼저 각종 과학적인 사정도구를 활용하여 범죄원인적 위험/욕구의 원인을 규명하고, 지도감독적인 접촉과 인지행동적 치료를 통합하여 사용하며, 경찰, 전문치료기관, 그 밖의 지역사회기관을 포괄하는 지역사회팀 전략을 통하여 개입에서의 사회적 지지를 적극 넓혀 갈 것을 권하고 있다.

한편 효과적인 개입을 위해 보호관찰관에게 요구되는 특별한 자질로는 인간의 존엄성에 대한 기본적인 신뢰가 있어야 하며, 범죄자의 변화가능성에 대한 확실한 믿음을 가져야 하며, 있는 그대로 받아들일 수 있는 수용acceptance 그리고 비심판적인 태도가 필요하다 할 것이다. 아울러 범죄자들의 생각 · 느낌 · 환경을 이해할 수 있는 공감능력과 온화함과 진실성을 갖추는 것이 중요하다 할 것이다.

또한, 특별한 문제를 가진 대상자, 예를 들면 거부적이고 저항적인 대상자, 폭력적이고 위험한 대상자, 관계형성이 어려운 대상자, 타인을 조종하는 성향을 가진 대상자 등에 대한 체계적인 접근방법을 달리할 필요성이 있다 할 것이다.

4) 평가 및 종결단계에서의 실천기술

평가를 위해서는 대상자의 변화 정도가 측정될 필요가 있으며, 이때 대상자의 관점에서 성공과 유용성을 판단하도록 그들을 참여시키는 것이 중요하다. 교정복지에서도 일반적인 사회복지실천의 개입평가방법이 유용하게 활용될 수 있는데 중요한 평가도구로는 개별화된 척도, 표준화된 척도, 과제달성 척도, 목적달성 척도, 대상자 만족도 질문지 등을 사용할 수 있다.

대상자와의 관계를 종결하는 일반적인 형태는 인계, 의뢰, 종결 그리고 대상자에 의한 중단이다. 대상자에 의한 중단을 제외하고는 담당자는 종결과정을 재검토할 필요성이 있으며, 과정에 대한 재검토, 최종적인 평가, 종결에 대한 감정공유 및 인사나누기 등의 종결기술을 사용한다(Cournoyer, 2002: 345).

일반적으로 교정복지 실천의 서비스 제공 기간은 외부적 요인에 의해 미리 정해져 있기 때문에 대상자에게 서비스 종결 시점이나, 서비스 담당자의 직책교체로 변경되는 경우 등은 미리 알려줄 필요가 있으며, 서비스 종결로 대상자의 가족성원이나 사회적 관계망에 어떤 영향을 미칠지 예측하여야 한다.

제3절
보호관찰 운영실태

한국에서 보호관찰과 사회봉사·수강명령 등 보호관찰소에서 실시되는 모든 프로그램의 궁극적인 목적이 범죄자의 건전한 사회복귀rehabilitation를 통하여 재범을 방지하고, 이를 통하여 범죄로부터 안전한 사회를 만드는데 있음[41]은 명백하다.

1. 보호관찰

1) 보호관찰 제도

(1) 정의

좁은 의미의 보호관찰(이하 '보호관찰')이란 범죄자나 비행청소년에 대하여 사회 내에서 보호관찰관에 의하여 행하여지는 지도·감독과 원호를 주된 내용으로 하는 처분이라고 할 수 있다. 이들에게는 일정한 준수사항을 부과하여 이를 지키도록 하고 사회복귀를 위하여 지도와 감독, 그리고 필요한 원호 등의 조치를 취하여 보호관찰 대상자의 재범방지와 사회보호를 도모하게 된다. 소년범을 대상으로 우리나라에 보호관찰제도가 최초로 도입된 1989년 보호관찰 실시사건은 7,971건이었으나, 1995년 성인범까지 보호관찰이 확대되어 1995년 실시사건은 48,828건으로 급증하였다. 이후 2004년 성매매사범에 대한 보호관찰 실시, 2008년 위치추적 전자감독제도 도

---

42) 영국에서도 재범률을 낮추기 위해서 형사사법기관간의 철저한 공조체제(joined up system)를 구축, 소년범죄자 관리팀(Youth Offending Team), 교정과 보호관찰을 통합한 NOMS(National Offender Management Service)를 설치하는 한편 위험범죄자를 통합 관리하는 기구인 MAPPA(Multi Agency Public Protection Arrangement)를 설치하고, 교정현장에는 재범률을 낮추는데 효과가 입증된 다양한 프로그램을 현장에 실시함으로써 재범률을 낮추기 위한 다양한 노력을 기울이고 있다(손외철, 2006).

입 등 대상의 확대에 따라 2016년 실시사건도 100,995건(1989년 대비 12.6배 증가)에 이르고 있다.

(2) 소년 및 성인 보호관찰 기간

소년 및 성인에 대한 보호관찰의 적용법규에 따른 보호관찰 기간은 다음 표와 같다(표 4-8 참조).

〈표 4-8〉 소년 및 성인의 보호관찰 기간

근거법령	대상	기간
형법 성폭력범죄의 처벌 등에 관한 특례법	●형법범 ●성폭력범	●선고유예 선고 시 : 1년 ●집행유예 선고 시 : 유예기간(1년~5년) ●가석방자 : 잔형 기간
소년법	●보호소년	●단기보호관찰(4호) : 1년 ●장기보호관찰(5호) : 2년 ●소년원 임시퇴원자 : 6월~2년
가정폭력범죄의 처벌 등에 관한 특례법 성매매알선 등 행위의 처벌에 관한 법률	●가정폭력범 ●성매매사범	●6월 이내
치료감호법	●보호감호 가출소자 ●치료감호 가종료자	●3년
법무부 훈령	●선도조건부 기소유예 처분자	●1급 : 1년 ●2급 : 6월
특정범죄자에 대한 보호관찰 및 전자 장지 부착 등에 관한 법률	●성폭력범 ●미성년자 대상 유괴범 ●살인범 ●강도범	●부착명령 기간(최장 30년) ●형집행 종료 후 보호관찰 : 2년 ~ 5년
성폭력범죄자의 성충동 약물치료에 관한 법률	●19세 이상의 성도착증 환자	●치료명령 기간(최장 15년)
아동학대범죄의 처벌 등에 관한 특례법	●아동학대범	●집행유예 선고 시 : 유예기간 (1년~5년) ●보호처분 시 : 1년

2) 보호관찰 절차 및 내용

(1) 보호관찰 절차 및 분류

보호관찰은 법원의 판결이나 결정이 확정된 때 또는 가석방, 임시퇴원 된 때부터 개시되는데, 보호관찰 집행과정은 크게 개시, 집행, 종료단계로 구분된다. 보호관찰 개시는 사전교육·신고 및 초기면접·개시분류 및 처우계획수립의 단계를 거치며, 보호관찰 집행은 지도·감독과 처우 프로 그램, 원호 및 응급구호, 은전 및 제재조치 등으로, 보호관찰 종료는 기간경과, 집행유예취소 등으로 구성된다. 보호관찰 대상자에 대한 개별처우는 대상자의 환경적 배경이나 개인적 특성 등을 파악하는 것에서 출발하므로 대상자의 분류 및 위험성 평가도구의 활용은 필수적이다. 보호관찰의 초기 개시 단계에서부터 대상자의 범죄행위와 관련된 특성을 파악하고 이들이 가진 잠재적 재범 위험성을 예측하고 분류하기 위하여 보호관찰소에서는 관련 평가도구[42]를 개발하여 활용 중에 있다. 보호관찰대상자의 분류등급은 대개 처분유형, 성폭력범죄 여부, 재범횟수 및 보호관찰경력, 재범위험성 평가점수를 비롯하여 대상자의 진술과 심층면담, 현지출장을 통해 확인된 사항을 종합적으로 고려하여 결정하며, 이를 바탕으로 처우계획을 수립하게 된다.

(2) 보호관찰 지도·감독

보호관찰대상자의 건전한 사회복귀를 위하여 보호관찰관이 행할 수 있는 필요한 지도·감독의 내용은, ① 보호관찰대상자와 긴밀한 접촉을 가지고 항상 그 행동 및 환경 등을 관찰하는 것, ② 보호관찰대상자에 대하여 준수사항을 이행함에 적절한 지시를 하는 것, ③ 보호관찰대상자의 건전한 사회복귀를 위하여 필요한 조치를 하는 것 등으로 대부분의 처우 프로그램은 대상자에 대한 재범 방지 및 사회복귀 촉진을 위한 지도·감독권을 통해 개별 대상자별로 프로그램을 지정하여 참여하도록 하며, 그 밖에 「보호관찰 등에 관한 법률」 시행령(제19조제2호)에 근거하여 법원 등이 특별 준수사항을 부과하는 경우, 대상자의 성행개선 등을 위한 처우프로그램을 실시한다. 한편, 보호관찰관은 보호관찰대상자의 개선과 자립을 위하여, ① 숙소 및 취업의 알선, ② 직업훈련

---

43) 재범위험성 평가도구 : KPRAI(Korea Probationers Risk Assessment Inventory, 한국 성인 보호관찰대상자 재범 위험성 평가도구), YPRAI-S(Youth Probationers Risk Assessment Inventory_Static, 한국 소년 보호관찰대상자 재비행 위험성 평가도구).

기회의 제공, ③ 환경 개선, ④ 보호관찰대상자의 건전한 사회복귀를 위하여 필요한 원호의 제공 등을 지원한다.

(3) 처우계획과 프로그램

보호관찰관은 대상자의 범죄유발 요인 및 강점을 파악한 후 대상자의 행동을 개선하여 재범위험성을 감소시키기 위한 개별적인 지도감독 방향으로서의 처우계획을 수립한다. 이 때에 처우 계획은 보호관찰대상자의 범죄유발 요인(즉, 반사회적 태도, 성격, 대인관계, 가족관계, 약물남용 문제, 직업 및 학업문제 등)의 심각도 및 범죄성 개선을 위해 가장 시급히 다루어야 할 문제를 파악한 후 이를 개선하기 위한 각종 프로그램 등을 지원하고 있으며, 관련 지침을 통하여 담당자 간의 지도 감독의 절차와 방법을 표준화하고, 지도감독 내용에 있어서도 전문성을 기하여 위하여 면담 매뉴얼 정비 및 표준화 등 다양한 노력을 기울여 왔다. 특히, 2015년 법무부에서는 본부에 특정범죄자관리과를 신설, 위치추적 전자장치 부착대상 등 강력범죄자에 대한 정책 및 제도를 전담하게 되면서 지도·감독 방법 및 내용 역시 세분화하였고, 일선 보호관찰소에서도 성폭력·마약사범·폭력 사범 등 재범률이 높은 강력사범에 대한 '전담 직원제' 실시 등을 통하여 대상자 특성에 적합한 집중 처우를 실시하도록 시스템을 정비하였다.

한편, 소년 대상자 역시 2014년, 소년 지도감독 매뉴얼 및 상담 프로그램 개발을 통해 전문화된 프로그램 및 처우에 힘쓰고 있다. 이와 함께 산림청, 종교단체 등과 협력하여 숲체험·산사체험 등 체험형 프로그램을 발굴 확대하였고, 문화체육관광부와 협업으로 소년 대상자의 긍정적인 행동변화 유도를 위한 인문치료('인생나눔교실') 실시, 교육부, 시·도 교육청, 일선 학교 등과 협업체계를 구축하여 교사와 보호관찰 학생 1:1 결연을 통한 멘토링 사업 운영, 검정고시학원 등과 합력하여 학업 중단 대상자에 대한 사이버 학습권 등 검정고시 학습지원 등의 프로그램을 실시하였다. 아울러, 지역사회 상담사 및 자원봉사자와 보호관찰 청소년 결연 지도, 국립서울병원 등 관련기관과 연계하여 정신질환 보호관찰 대상자에 대한 의료지원 등 대상자의 개별적인 특성에 적합한 맞춤형 처우를 확대하는 방향으로 프로그램을 지속·확대하고 있는 실정이다. 아울러 2017년 초에는 소년정책의 체계화를 위한 소년정책과 신설을 위하여, 법무부 범죄예방정책국내에 소년정책팀을 신설하여 운영하고 있다.

2. 사회봉사명령

1) 사회봉사명령 제도

(1) 정의

사회봉사명령은 법원이 유죄로 인정한 범죄인이나 비행 청소년을 교도소 또는 소년원 등에 구금하는 대신, 사회 내에서 정상적인 생활을 하면서 일정한 기간 내에 일정시간 무보수로 봉사활동을 하도록 명령하는 것을 의미한다. 사회봉사명령은 수단에 있어서 구금을 수반하지 않고 있어 범죄자의 개인적 또는 사회적 기능을 저해할 가능성이 적고 운영이 경제적이라는 여러 가지 장점을 가진 제도로, 처벌, 배상, 속죄 및 사회적 재통합 또는 사회복귀 등과 같은 여러 상이한 요소가 합체된 자유형에 대한 대체수단으로 창안된 제도이다(정동기, 1999).

즉, 사회봉사명령제도는 범죄인에게는 범죄피해에 대한 배상과 속죄의 기회를 주고, 사회적 약자 및 일반 국민, 지역사회 일손을 지원함으로써 국가 · 사회적으로 공공의 이익증진과 비용절감의 효과가 있는 형사정책수단이라 할 수 있다. 사회봉사명령은 1972년 영국 「형사사법법Criminal Justice Act」에서 창안되어 전 세계로 확산되었으며, 우리나라의 사회봉사명령은 소년범을 중심으로 시작되어 2016년까지 약 86만 명이 사회봉사명령을 이행하였다.

(2) 관련법 및 집행 분야

사회봉사명령은 현행 「형법」상 집행유예의 조건으로 500시간 이내[43)]의 사회봉사명령이 부과될 수 있으며, 「소년법」상 보호처분의 하나로서 200시간의 범위 내[44)]에서 부과되는데, 관련법 및 사회봉사명령 시간을 정리하면 다음〈표 4-9 참조〉과 같으며, 보호관찰소에서 실시하고 있는 주요 집행 분야 및 내용은 아래와 같다.〈표 4-10 참조〉

---

44) 「보호관찰 등에 관한 법률」 제59조 제1항.
45) 「소년법」 제33조 제4항.

<표 4-9> 사회봉사명령 관련법 및 명령시간

근거법	시행	대상	명령시간
성폭력범죄의 처벌 등에 관한 특례법	1997	집행유예자	500시간 범위 내
아동학대범죄의 처벌 등에 관한 특례법	2014	집행유예자	500시간 범위 내
		보호처분자	200시간 범위 내 ※ 200시간 이내 1회 연장가능
소년법	1988	보호처분자	500시간 범위 내
가정폭력범죄의 처벌 등에 관한 특례법	1997	보호처분자	200시간 범위 내 ※ 200시간 이내 1회 연장 가능
성매매알선 등 행위의 처벌에 관한 법률	2004	보호처분자	100시간 범위 내 ※ 100시간 이내 1회 연장 가능
벌금 미납자의 사회봉사 집행에 관한 특례법	2009	사회봉사 허가자 (300만원 이하 벌금 미납자)	노역장 유치 1일당 계산 시간 ※ 통상 480시간 범위 이내

<표 4-10> 사회봉사명령 집행 분야 및 내용

연번	집행분야	주요내용
1	농어촌 지원	• 농·어촌 지역 모내기, 벼베기, 농작물 재배, 과실 수확, 농수로 정비, 농가 환경 개선, 마을 청소 및 공동시설 보수 등
2	소외계층 지원	• 목욕, 이·미용, 빨래, 청소, 무료급식, 가사 지원활동 등
3	긴급재난복구 지원	• 자연 재해 및 대형 재난 발생 시 복구활동 등
4	복지시설 지원	• 노인·아동·장애인 등 복지시설 지원활동 등
5	주거환경개선 지원	• 노후 및 낙후지역 집수리, 도배·장판·방충망 교체, 도색, 청소 등
6	지역사회 지원 및 기타 공익 지원	• 지역 환경정화 활동, 공익적 목적의 행사보조 등

2) 제도의 발전

(1) 사회봉사명령 제도의 발전

사회봉사명령제도는 1989년 12월 「소년법」 개정 시 보호처분이 세분화되면서 보호관찰, 수강명령과 함께 사회봉사명령이 규정되어 최초로 도입되었고, 1997년 「형법」이 전면 개정됨에 따라 「보호관찰법」은 「보호관찰 등에 관한 법률」로 명칭이 변경되면서 성인에게도 사회봉사명령 부과가 가능하게 되었다. 그 외 성폭력사범, 가정폭력사범, 아동학대사범, 벌금 미납자에 대한 사회봉사 및 사회봉사 부과 규정 법률들이 제정 · 개정되면서 제도적 발전을 이루어 왔다. 그 중 2009년 3월, '벌금 미납자에 대한 사회봉사제도[45]'를 신설하여 벌금미납자의 노역장 유치에 따른 국가의 수용비용 절감, 범죄 오염 · 가족과의 단절 등 구금의 폐해를 방지, 수혜자에 대한 실질적인 지원을 통한 대상자의 새로운 변화 동기 각성 등의 효과를 가져왔다.

아울러, 2013년 5월에는 사회봉사가 필요한 분야에 대해 일반 국민이 직접 신청이 가능하도록 '사회봉사 국민공모제'를 도입하는 등 사회봉사명령 제도는 국민 친화적이고 수요자 중심의 정책으로 확대 · 발전해 왔으며, 사회봉사명령 이행이 완료된 이후에도 대상자가 동일기관에서 '자원봉사'를 신청하는 사례가 발생하는 등 대상자의 건전한 사회복귀에도 긍정적인 영향을 가져오는 것으로 파악된다.

(2) 사회봉사명령 집행방식의 발전

사회봉사명령을 집행하는 방식은 크게 직접집행과 협력집행으로 구분할 수 있다. '직접집행'이란 사회봉사명령 대상자에 대해 집행명령서 교부 단계에서부터 대상자 인솔, 작업현장 배치, 작업 지시, 집행 프로그램 기획 및 진행, 집행 상황내역 기록 등 명령 집행의 전 과정을 집행담당 보호관찰관이 주체가 되어 직접 관리하는 것을 의미한다. 대표적인 예로는 농촌지원활동, 재해복구활동, 소외계층 주거환경개선 사업 등을 들 수 있다. 반면, '협력집행'이란 집행상황에 대한 담당관의 감독권 행사를 조건으로 집행명령서 교부단계 이후 진행되는 개별 대상자에 대한 구체적 활용분야 선정, 대상자 인솔, 작업현장 배치, 집행상황 내역 기록 등의 관리를 협력기관의 장이

---

46) 벌금 미납 사회봉사제도 : 「벌금 미납자의 사회봉사 집행에 관한 특례법」에 근거, 소액(300만원 이하)의 벌금 형을 선고받고도 경제적으로 어려워 벌금을 내지 못하는 서민들을 위해 이들을 노역장에 유치하기에 앞서 미납 벌금을 사회봉사로 대체할 수 있도록 하는 제도.

처리하도록 담당관이 의뢰하는 집행방식을 의미한다.

사회봉사명령제도는 1996년까지는 국립공원, 주요 하천, 도로변 유원지 등에서 집단적으로 자연보호활동을 위주로 한 직접집행이 사회봉사명령 집행의 주류를 이루었으나 1997년부터 성인 집행유예 대상자에게 사회봉사명령이 부과되면서 사건 수의 급증으로 집행 장소 확보를 위한 협력기관이 대거 증가하였다. 이에 따라 기존의 직접집행과 더불어 협력집행이 사회봉사명령 집행 형태의 중심축으로 부각되었고, 집행 분야에 있어서도 1998년 협력집행 중 약 23.6%를 차지하던 복지 분야가 2015년에는 80%를 넘어서는 정도로 소외·불우 계층에 대한 사회 복지적 지원 중심의 집행으로 변화하였다.

3. 수강명령

1) 수강명령 제도

(1) 정의

수강명령은 법원에서 유죄가 인정되거나 보호처분의 필요성이 인정된 사람에 대하여 일정시간 동안 강의, 체험학습, 심신훈련 등 범죄성 개선을 위한 교육 등을 받도록 명하는 제도를 의미한다. 수강명령의 취지는 죄의식이 미약하고 반복하여 범죄나 비행을 행할 우려가 있는 경미한 범죄자를 대상으로, 그들의 심성을 개발하고 자신의 범죄성향에 대해 문제인식을 갖도록 함으로써, 바른 가치관을 심어주며 성행을 교정하여 정상적인 사회생활을 하도록 도와주는데 있다.

수강명령은 범죄자의 자유를 일정시간 제한한다는 점에서 협의의 보호관찰이나 사회봉사명령 과 유사한 성격을 가지고 있지만, 그 내용이 일정한 교육 프로그램에 참가할 것을 요구한다는 점에서 다른 제도와 구별된다. 즉, 수강명령제도는 특정한 수강명령 프로그램이 범죄자의 의식과 행동에 영향을 미쳐서 재범을 억제할 것이라는 가정을 전제하고 있으며, 이로써 수강명령 프로그램을 이수한 사람에게 행동수정의 효과가 있을 것이라고 기대하는 것이다(정동기 등, 2016).

수강명령제도 시행 초기에는 소년범들의 약물 오·남용방지교육, 심성개발 훈련 등이 대부분이 었으나, 형법 개정과 특별법 제·개정으로 적용 대상이 점차 확대되어 교통사범, 약물사범, 가정폭력 사범, 성매매사범 등 다양한 분야에서 활용되고 있으며, 이에 따라 사건 수도 1989년 최초 시행(297건) 대비, 2016년에는 약 131배(38,857건)로 증가하는 등 지속적으로 확대되어 왔다.

(2) 관련법 및 집행 분야

수강명령은 현행 「형법」상 집행유예의 조건으로 200시간 이내[46]의 수강명령이 부과될 수 있으며, 「소년법」상 보호처분의 하나로서 100시간의 범위 내[47]에서 부과되는데, 관련법 및 수강 명령 시간을 간단히 정리하면 다음과 같다. 〈표 4-11 참조〉

〈표 4-11〉 수강명령 관련법 및 명령시간

근거법[49]	시행	대상	명령시간
소년법(제32조)	1989	소년부로부터 수강명령 처분을 받은 자 (12세 이상)	100시간 이내
성폭력처벌법 (제16조)	1994	성폭력범죄자로서 형사법원으로부터 유죄판결시 ※ 수강명령 또는 성폭력치료프로그램 이수명령	500시간 이내 ※2013년 이전 300시간
형법 (제62조의2)	1997	형사법원으로부터 수강명령을 조건으로 집행 유예를 받은 자	200시간 이내
가정폭력처벌법 (제40조, 제45조)	1998	가정법원으로부터 가정보호처분(4호)을 받은 자	200시간 이내 ※보호처분변경시 400시간
성매매처벌법 (제14~16조)	2004	보호처분사건으로 처리	100시간 이내 ※보호처분변경시 200시간
전자장치부착법 (제9조의2)	2008	'특정범죄 치료 프로그램의 이수' 준수 사항 부과자 ※ 치료 프로그램 이수	500시간 이내
청소년성보호법 (제21조)	2010	아동·청소년대상 성폭력범죄자로 유죄 판결시 ※ 수강명령 또는 성폭력치료프로그램 이수명령	500시간 이내 ※2013년 이전 300시간
아동학대처벌법 (제8조, 제36조)	2016	아동학대행위자로서 유죄판결시 ※ 수강명령 또는 성폭력치료프로그램 이수명령	200시간 이내 ※보호처분변경시 400시간

---

47) 「보호관찰 등에 관한 법률」 제59조 제1항.

48) 「소년법」 제33조 제4항.

49) 각 법률의 공식 약칭 사용.

한편, 수강명령제도는 처벌적인 성격보다는 대상자의 치료와 재활에 중점을 두고 있는 형사정책 수단으로 무엇보다 범행의 원인과 특성에 맞춘 다양한 전문 프로그램 개발이 중요하며, 보호관찰소에서 주로 실시하고 있는 주요 집행 분야 및 내용은 다음과 같다.〈표 4-12 참조〉

수강명령프로그램의 집행방식은 준법운전강의와 같이 대규모(20명 이상) 집단을 대상으로 단시간 내에 집행하는 방식이 있지만, 성폭력, 약물·알코올 프로그램 등 대부분의 프로그램들이 소규모(10명 내외) 집단으로 장기간 (10회기 내외)에 걸쳐 진행되고 있다. 프로그램의 주요내용은 대부분이 인지행동치료에 기반을 둔 왜곡된 사고의 수정을 통한 행동변화를 유도하는데 중점을 두고 있다.

〈표 4-12〉 수강명령 집행 분야 및 내용

연번	집행분야	주요내용
1	약물·알코올 치료 강의	•약물 등 오·남용에 대한 이해 증진, 단약·단주 결심 유도 및 강화 등
2	준법운전 강의	•바람직한 운전습관, 교통사고 재발방지, 음주운전 예방 등
3	정신·심리 치료 강의	•자기 이해 및 자아 개념 강화, 분노조절, 심리치료 등
4	성폭력 치료 강의	•성에 대한 왜곡된 생각, 인지적 왜곡 수정 등
5	가정폭력 치료 강의	•가정폭력 범죄성 인식, 폭력행위 인정 및 재발방지 교육 등
6	성매매 방지 강의	•성매매 개념과 환경, 성의식 점검, 성매매 재발방지 교육 등
7	아동학대 치료 강의	•폭력에 대한 태도 교정, 부모 교육, 상담치료 등
8	성구매자 재범방지 강의	•왜곡된 성의식 바로잡기, 성구매 거절연습, 재발 방지 교육 등
9	음란물사범 재범방지 강의	•아동·청소년 음란물 소지 유통행위 근절을 위한 재발방지 교육 등
10	기타 대상자 범죄성향을 개선할 수 있는 교육	

2) 수강명령제도의 연혁

(1) 수강명령 제도의 발전

현대의 수강명령제도는 1948년 영국에서 소년범들의 주말 여가시간을 박탈하여 건전한 여가 생활 습관을 개선하기 위하여 「형사재판법」에 규정을 둔 수강센터Attendance Center라 할 수 있다. 이후 사회내처우제도의 대표적인 유형 중 하나로서 약물알코올남용 치료, 정신 및 행동치료 프로 그램 등으로 제도가 발전해 왔다. 우리나라의 경우, 1988년 12월 31일 개정된 「소년법」(법률 제 4057호)에서 '보호관찰을 부과받은 16세 이상의 소년에 대하여는 사회봉사 또는 수강명령을 동 시에 명할 수 있다' 라는 규정을 신설하면서 최초로 수강명령제도가 법제화되었다.

이후 1997년 1월 「성폭력범죄의 처벌 및 피해자보호 등에 관한 법률」, 1998년 9월 「가정폭력 범죄의 처벌 등에 관한 특례법」, 2000년 7월 「청소년 성보호에 관한 법률」, 2004년 9월 「성매매 알선 등 행위의 처벌에 관한 법률」 등 특별법 제·개정에 따라 확대되었다. 아울러, 2010년 4월 에는 「아동·청소년 성보호에 관한 법률」 개정으로 이수명령[49]이 최초로 도입된 이후 2011년 11 월 「성폭력범죄의 처벌 및 피해자보호 등에 관한 법률」의 개정, 2016년 1월 「아동학대범죄의 처 벌 등에 관한 특례법」의 제정으로 이수명령이 추가 도입되는 등 지속적인 제도의 확대를 이루어 왔다.〈앞의 표 4-11 참조〉

(2) 집행 조직의 발전

1989년 제도 시행 이후, 집행 인원이 지속적으로 증가하였으나 2005년에 이르러 서울·부산· 대구·인천·광주·대전 및 수원보호관찰소 등 7개 소를 시작으로 수강명령과 사회봉사명 집행 을 전담하는 '집행과' 가 추가로 설치되어, 집행의 전문성과 효율성을 강화할 수 있게 되었다. 2012년도에는 수강명령 자체 강사의 양성과 전문성 있는 집행 프로그램 개발을 위하여 수원 보 호관찰소에 시범적으로 '광역수강센터[50]' 를 설치·운영하였고, 2013년부터 센터를 확대하여

---

50) 이수명령 : 「아동·청소년의 성보호에 관한 법률」, 「성폭력범죄의 처벌 등에 관한 특례법」, 「특정 범죄자에 대한 보 호관찰 및 전자장치 부착 등에 관한 법률」에 따라 성범죄를 범한 사람 또는 「아동학대범죄의 처벌 등에 관한 특례법」 에 따른 아동학대 행위자에 대하여 법원이 유죄판결을 선고하면서 일정시간 동안 재범예방에 필요한 성폭력 치료 프로 그램 또는 아동학대 치료 프로그램을 받도록 명하는 것을 의미.

51) 광역수강센터 : 광역수강센터는 수강명령 집행의 전문화, 체계화, 분업화를 위하여 보호관찰소 내에 설치한 것으로 집 행센터별로 4개의 전문 치료 프로그램(성폭력·가정폭력·알코올·약물)으로 특성화하여 인근 보호관찰기관의 수강 명령 대상자를 집결시켜 사범별, 수강 유형별로 구분하여 집중적으로 교육하기 위한 전담부서임.

2017년 현재, 전국 7개 광역수강센터(수원·서울·대구·광주·인천·대전·부산)를 운영하며, 인근 보호관찰소의 4가지 전문 치료 프로그램(성폭력·가정폭력·알코올·약물) 집행을 전담하고 있다.〈표 4-13 참조〉

<표 4-13> 수강명령 광역수강센터

센터명	관할기관 총 28개(해당 집행센터 제외)
서울(5)	• 서울 + 서울동부, 서울남부, 서울북부, 서울서부
수원(6)	• 수원 + 성남, 여주, 안산[52], 평택, 안양
대구(8)	• 대구 + 대구서부, 안동, 경주, 포항, 구미, 상주, 영덕
광주(4)	• 광주 + 목포, 순천, 해남
인천(3)	• 인천 + 인천서부, 부천
대전(6)	• 대전 + 홍성, 공주, 논산, 서산, 천안
부산(3)	• 부산 + 부산동부, 울산

3) 수강명령 전문성 확보 노력

(1) 전문 프로그램 개발 및 매뉴얼 제작

보호관찰소에서는 수강명령제도가 도입된 이후 지속적인 양적 증가와 함께 집행의 전문성을 향상시키기 위해 노력해 왔으며, 이에 따라 2007년 '수강명령 전문화 T/F'을 구성하여 소년사범을 위한 프로그램 개발을 비롯하여 가정폭력 치료, 약물 치료 등 수강명령 분야별로 표준화된 프로그램 및 매뉴얼을 개발하였다. 이후 준법운전 프로그램, 아동학대 가해자 대상 프로그램, 성범죄자 수강명령 프로그램 등 2016년까지 총 12개의 수강명령 프로그램 및 매뉴얼을 제·개정하는 등 전문성 향상을 위한 노력을 지속적으로 기울여 왔다.

---

52) 서울동부, 서울남부, 안산보호관찰소의 경우, 2014. 이후 서울·수원센터의 성폭력 수강 대상자 수 급증에 따른 집행 지연 문제 해소를 위해 2015. 이후 서울 남부, 서울 동부, 안산 총 3개 기관은 성폭력 프로그램에 한하여 직접집행(고위험군 제외) 실시.

(2) 직원 전문성 향상

위와 같이 각종 치료 프로그램 개발 등 수강명령 집행 여건의 전문화를 위한 노력과 함께 2005년 '수강집행지침' 개정을 통하여, 수강명령 집행에 필요한 지식 습득의 교육 기회를 수강담당직원에게 우선 부여토록 규정하고, 법무연수원 직무교육에 관련 '전문교육 훈련과정'을 신설하는 등 수강담당 직원들의 전문성 향상을 위한 노력도 지속해 오고 있다. 특히, 2013년 광역수강센터가 신설된 이후 '사내 강사 양성과정'을 확대하여 보호관찰소 내 수강 전문가를 지속적으로 양산하고, 담당직원의 직접집행 비율을 높이도록 노력하고 있다.

아울러, 직원의 전문성 향상을 보완하기 위한 방안으로 2006년부터 임상심리전문가, 정신보건임상심리사, 정신보건사회복지사 등 일정 자격 및 집행 역량을 갖춘 전문가를 특별채용, 2016년 현재 약 60여 명의 직원들이 관련 업무에 배치되어 집행 뿐만 아니라 사내강사로서 일반 수강담당직원에 대한 슈퍼비전, 각종 치료프로그램 개발에 참여하는 등 수강집행의 전문성 확보 및 업무 능력의 상향평준화를 도모하고 있다.

4. 전자감독

1) 전자감독 제도

(1) 전자감독제도의 의의

위치추적 전자감독제도란 재범 위험성이 높은 특정범죄자(성폭력, 미성년자 유괴, 살인, 강도범)의 신체에 위치추적(GPS tracking of sex offenders)전자장치를 부착하여 24시간 대상자의 위치와 이동경로, 상태를 파악·기록하고 보호관찰관의 밀착 지도·감독을 통해 재범을 억제하는 제도를 의미한다. 위치추적 전자감독제도는 2006년 '용산초등생 성폭행 살인사건' 등 아동과 여성에 대한 성범죄 등 강력범죄가 잇따름에 따라 제도도입에 대한 사회적 여론의 형성에 힘입어 2007년 「특정 성폭력범죄 자에 대한 위치추적 전자장치 부착에 관한 법률」(법률 제 8934호)이 최초로 제정되면서 2008년 동법 개정을 통해 일정요건에 해당하는 강력범죄자에 대해 최장 10년 동안 전자감독이 가능하게 되었다.

이후 4차에 걸친 법률 개정을 통해 최장 30년 동안 전자장치 부착이 가능하게 되었으며, 2016

년 12월 말 기준으로 현재 보호관찰소에서 감독하고 있는 전국의 전자감독 대상자는 약 2,700명에 달하고 있는 반면, 2008년 이래 제도시행 8년 간 성폭력 전자감독 대상자의 동종 재범률 (1.42%)은 시행 전(14.1%) 대비 1/9 수준으로 감소하는 효과를 가져왔다.〈표 4-14 참조〉

〈표 4-14〉 성폭력 전자장치 부착대상자 재범 현황

(단위: 명)

구분	계	2008	2009	2010	2011	2012	2013	2014	2015
재범자	171	1	0	3	15	21	30	48	53
재범률	1.42	0.49%	0%	0.65%	2.19%	2.40%	1.72%	2.03%	2.00%

※출처: 법무부 범죄예방정책국 특정범죄자관리과.

(2) 근거법령 및 적용대상

위치추적 전자감독제도는 전자장치부착법(약칭)에 근거하고 있는데 우리 사회에서 이슈가 되는 성폭력범죄 등 강력범죄가 발생할 때마다, 대상범죄와 부착 기간 등에 대한 개정이 있었으며, 제·개정과정은 아래와 같다.〈표 4-15 참조〉

〈표 4-15〉 전자장치부착법 제·개정 과정(타법개정 미포함)

구분	대상범죄	부착기간	배경
제정(2007.04)	성폭력범죄	5년	용산초등생 성폭행살해사건
1차 개정(2008.06)	위와 동일	10년	안양 초등생 살해사건, 일산 어린이 납치미수사건
2차 개정(2009.05)	미성년자 유괴죄 추가	위와 동일	의정부 초등생 납치미수 사건
3차 개정(2010.04)	살인죄 추가 및 성폭력범죄 소급적용	30년	조두순 사건 및 김길태 사건
4차 개정(2012.12)	강도죄 추가	위와 동일	통영 초등생 성폭행 사건 등

출처: 김혜정(2015).

2) 전자감독제도의 기능 및 조직

(1) 기능

전자감독제도의 순기능을 살펴보면, 우선 특정범죄자에 대한 강력한 재범억제 효과를 들 수 있다. 전자감독 대상자에 대한 보호관찰관의 밀착 지도감독 뿐만 아니라 신속대응팀을 운영하여 24시간 경보에 대응함으로써 위치추적을 통한 범죄동기를 사전 억제하는 효과가 있으며, 전자장치에 대한 훼손 자체도 하나의 범죄 징후로 인식하여, 신속한 조치 및 검거에 따른 후속 범죄 예방의 효과를 가져 올 수 있다. 다음으로 수사 및 재판의 효율성을 높이는 기능이 있다. 가령, 특정범죄 혐의 발생 시 대상자의 위치정보를 토대로 범죄시간과 해당 장소에 있었는지를 파악할 수 있어 신속하게 검거하거나 수사 및 재판정보로 활용할 수 있다는 이점이 있다. 다만, 전자감독제도는 '범행을 하면 반드시 검거된다' 라는 심리적 억제력을 기반으로 하는 제도이므로 처벌을 감수하고 범행을 저지를 경우 이를 사전에 예방하기는 어렵다는 한계가 존재한다.

또한, 현재의 전자장치는 대상자의 위치 정보만 제공해주기 때문에, 대상자가 과연 그 위치에서 '무엇' 을 하는지에 대한 정보를 파악할 수가 없어 모든 행동을 통제하기 어렵다는 문제가 있다. 이러한 전자장치의 기술적 한계에 따라, 최근 법무부에서는 휴대장치와 전자장치가 분리되어 있는 현재의 장치를 전자발찌에 통합하는 '일체형 전자발찌' 를 개발(2016년)하고, 과거 대상자의 범죄수법 및 현재 이동패턴 등을 분석하여, 재범위험성을 실시간으로 예측 가능하도록 '범죄 징후 사전예측시스템' 구축(2017년 개발 완료 예정)을 통해 선제적인 재범방지를 위해 다각도의 노력을 기울이고 있다.

(2) 집행 조직

보호관찰소에서 위치추적 관련 집행 조직은 위치추적중앙관제센터(서울, 대전)와 일선 보호 관찰소(56개)로 구분되며, 관제의 작동원리는 다음과 같다.[그림 4-1]

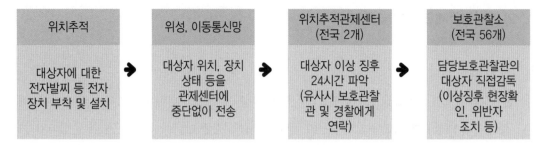

위치추적	위성, 이동통신망	위치추적관제센터 (전국 2개)	보호관찰소 (전국 56개)
대상자에 대한 전자발찌 등 전자 장치 부착 및 설치	대상자 위치, 장치 상태 등을 관제센터에 중단없이 전송	대상자 이상 징후 24시간 파악 (유사시 보호관찰 관 및 경찰에게 연락)	담당보호관찰관의 대상자 직접감독 (이상징후 현장확 인, 위반자 조치 등)

[그림 4-1] 위치추적 전자감독 작동원리

한편, 2013년도에는 일선의 보호관찰소에서 수시로 발생하는 전자장치 경보에 신속하게 대응하고, 불시에 현재지 출장 등을 위해 24시간 동안 공백 없이 업무가 지속되도록 전국 26개 보호관찰소에 담당공무원과 기간제 근로자(무도 유단자)가 합동으로 근무하는 '신속대응팀' 을 신설하였고, 지속적인 확대를 거쳐 2017년 현재, 전국 51개 기관으로 대응팀을 확대·운영하여 관리감독 강화에 힘쓰고 있다.

3) 전자감독 제도의 운영 방향

위치추적 전자감독제도의 근본적인 목표는 강력범죄자에 대한 실시간 감독을 통하여 재범이 더 이상 발생하지 않도록 하는데 있다. 보호관찰소에서는 전자장치 자체에 대한 기술력 강화 뿐만 아니라 경찰과의 공조[52] 등 외부 관련기관과의 협력체계도 적극적으로 구축하고 있다. 아울러, 최근 '강남역 묻지마 살인사건' 등 정신질환자에 의한 강력범죄 사건도 우리사회에서 심심치 않게 발생하고 있는 현실과 함께, 전자감독 부착대상자는 스스로가 '부착대상자' 가 되었다는 사실 자체만으로도 상당한 스트레스를 겪으면서 자살사고의 증가, 대인관계의 어려움 등을 겪으며 다양한 부적응 문제를 드러내고 있다(이성칠, 김충섭, 2013). 이러한 실정을 감안하여 보호관찰소에서는 전자감시를 통한 강력한 지도감독 체계를 강화하는 부분과 함께 범죄자의 정신·심리적인 문제에도 관심을 갖고 다양한 심리치료 및 체험형 프로그램 운영 등 전문화된 처우 제공을 통하여 강력범죄 예방 정책을 추진하고 있다.

---

53) 위치추적 전자감독제도를 담당하는 법무부 범죄예방정책국 특정범죄자관리과에서는 2015년 4월, 전자장치 훼손 시 신속대응 등을 위해 전국 56개 보호관찰소와 251개 경찰관서 간 '전자감독 관계기관 협의회'를 구성.

5. 조사업무

1) 조사업무 제도

(1) 조사의 정의 및 종류

보호관찰 조사제도란 보호관찰 등 형사사법제도의 시행에 있어서 법령에 정해진 바에 따라 보호관찰관이 범행동기, 범죄인의 인격 및 환경에 관한 상황, 범죄위험성의 양태 및 정도를 객관적으로 조사하고 이를 양형 및 처우개별화의 기초자료로 이용하는 제도를 의미한다. 조사업무는 조사의 시점에 따라서 '판결전조사'와 '판결후조사'로 나뉜다.

먼저, 판결전조사란 범죄인 개개인에 상응하는 적절한 처우방법을 결정하기 위하여 법원 등의 요청으로 유죄가 인정된 피고인 등에 대하여 보호관찰관이 범행동기, 성장과정, 성격, 피해회복 여부 등 다양한 사항을 조사하고 이를 양형의 기초자료로 이용하게 하는 조사를 의미한다. 협의의 판결전조사는 수집된 자료를 법관이 양형에 참고한다는 의미에서 양형자료조사, 정상조사제도라고 하며 법원의 종국처분에 앞서 행해지는 예비조사이기도 하다. 다음으로 판결후조사는 법률상 정립된 용어는 아니지만, 판결 이후 사회내처우와 관련하여 행해지는 조사업무를 통칭하는 것으로 법령상 환경조사와 사안조사[53]가 규정되어 있고 실무상 귀주환경조사가 시행되어 왔다. 현재, 보호관찰소에서 실시되고 있는 조사의 종류는 다음과 같다. 〈표 4-16 참조〉

---

54) 환경조사 및 사안조사 : 소년원(환경조사)이나 교도소(사안조사) 등 시설 수용자의 범행동기와 가정환경 등을 조사하여 환경을 개선하고, 수용자의 교정처우자료, 가석방·가퇴원 등 심사자료로 활용하는 조사를 의미, 보호관찰사안조사는 성인수형자에 대한 가석방여부 심사 및 보호관찰 필요여부를 심사하기 위한 조사로 1997년 성인에 대한 보호관찰제도 확대에 따라 도입·실시되고 있음.

<표 4-16> 보호관찰소에서 실시되는 조사의 종류

연번	조사명	내용
1	판결전조사	• 법원 요구에 의해 양형에 필요한 범죄동기, 피해회복여부, 재범위험성 등을 조사 • 양형의 참고자료 및 범죄자 처우에 대한 기초자료로 활용
2	청구전조사	• 검사의 요구로 살인, 강도, 성폭력, 미성년자 유괴 등 특정 범죄자에 대한 재범위험성 등을 조사 • 재범위험성 여부에 따른 위치추적 전자장치 부착(약물)치료명령 · 보호관찰명령의 적합성 결정의 참고자료로 활용
3	검사결정전조사	• 검사의 요구로 소년의 품행, 범죄력, 생활환경, 요보호성이나 그 밖에 필요한 사항 등을 조사 • 소년의 교화성행 개선에 가장 적합한 처분(기소유예, 소년부 송치 등) 결정의 참고자료로 활용
4	법원결정전조사	• 판사의 요구로 소년보호사건, 가정보호사건, 성매매보호사건, 아동보호사건의 각 피조 사자에 대해 범죄동기, 가족관계, 인격 및 환경 등 조사 • 조사대상자에 대한 적합한 처분(보호관찰, 수강명령, 사회봉사 등) 및 개별처우를 위한 참고자료로 활용
5	환경조사 등	• 아래 각주 54) 설명 참조

(2) 조사의 기능

보호관찰소에서 실시하는 각종 조사의 기능을 살펴보면 대체로 다음 6가지로 정리해 볼 수 있다. 첫째, '양형의 합리화' 즉, 조사 대상자의 성장환경, 범죄전력, 성격특성 등의 자료를 수집하여 법원에 제공함으로써 적절한 양형을 돕는데 조사의 일차적인 기능이 있으며, 둘째는 '처우의 개별화' 로, 법원의 양형판단 시 피고인의 범죄전력, 성격, 성장과정 등 배경자료를 참고하게 됨으로써 부수적으로 범죄인 처우 수단의 개별적인 적합성 확보에 기여하는 기능이 있다. 셋째로는 '보호관찰관의 적절한 보호감독 원조' 로, 피고인에 대한 통합적 분석을 통해 보호관찰 처우계획 수립과 보호관찰 준수사항, 지도감독 내용 등을 결정하는데 도움이 될 수 있으며, 넷째로는 '교도소의 교정 활동 원조' 로써, 조사서는 수형자의 분류 및 수형자에 대한 처우 프로그램 수립 시 피고인에 대한 정보제공으로 효과적인 교정정책수립 및 실시에 필요한 자료로 활용될 수 있다. 다음으로는 '가석방 심사 보조' 기능으로 조사서는 가석방자의 수용 전 문제점을 파악하고, 사회 조력을 받을 수 있는 능력이 있는지의 여부, 사회 내 적응 가능성에 대한 자료로 이용될 수 있으며, 마지막으로는 '형사정책 연구정보' 기능, 즉 범죄 및 형사정책연구 기관 등의 범죄인에 대한 사례연구 및 각종 관련 데이터 분석의 기초자료를 제공하여 범죄의 특성, 범죄의 동향을 파악하여 범죄예방 대책 수립에 기여하는데 활용될 수 있겠다.

2) 조사업무 제도의 연혁

조사업무는 1988년 12월 「보호관찰법」이 제정되면서 동법 제26조에 법관에게 피고인의 보호관찰 적합성 여부를 판단하기 위한 자료를 제공할 목적으로 소년 형사범에 대한 판결전조사제도를 규정함으로써 부분적으로나마 제한적인 범위에서 최초로 판결전조사가 도입되었다(김혜정, 2002, 강호성, 2015 재인용).

〈표 4-17〉 주요 보호관찰소 조사에 대한 근거법령 및 시행

구분	법 률 명 (제정/개정)	시행일
청구전조사	특정범죄자 전자감독법 제6조(제정) (위치추적 전자장치 부착명령 청구전조사)	'08.09.
	성충동 약물치료법 제6조(제정) (성충동 약물치료 청구전조사)	'11.07.
	특정범죄자 전자감독법 제2조(개정) (형 집행 종료 후 보호관찰 청구전조사) (강도범 확대에 따른 청구전조사)	'13.06. '14.06.
검사 결정전 조사	소년법 제49조의2(개정) 아동학대법 25조(개정)	'08.06. '14.09.
법원 결정전 조사	가정폭력범죄의 처벌 등에 관한 특례법(개정) 성매매알선 등 행위의 처벌에 관한 법률(가폭처벌법 준용) 보호관찰법 제19조의2(개정) 아동학대법 44조(개정)	'07.08. '07.08. '09.03. '14.09.
판결전조사	보호관찰법(제정, 소년) 보호관찰법 제19조(개정, 성인 확대) 치료감호 등에 관한 법률 제44조(개정)	'89.07. '09.03. '16.12.

이후 1994년 성폭력범죄에 대한 특례법 제정 이후 성폭력사범에 대한 보호관찰부 집행유예나 선고유예를 선고할 수 있도록 하고, 특히 소년 성폭력 사범의 경우 반드시 보호관찰을 하여야 한다고 규정함으로써 성인범의 경우에도 성폭력범에 한하여 판결전조사 실시가 이뤄졌다. 이후 각종 관련 법령의 제·개정에 따라 성인 및 소년 사범에 대한 판·결정전조사가 실시되어 왔으며, 2016년 12월 「치료감호 등에 관한 법률」 개정에 따른 치료 명령제도의 도입에 따라 경미한 범죄를 저지른 주취 및 정신장애인에 대한 판결전조사 실시 등 조사업무의 영역 및 범위도 지속적으로 확대되어 왔다. 〈표 4-7 참조〉

3) 조사 운영 방식의 효율화 및 전문화

(1) 청구전조사 전담제 실시 및 조사 메뉴얼 정비

앞에서 언급된 각종 조사는 전국 56개 보호관찰소에서 각각 실시되어 왔으나 한정된 인력을 효율적으로 활용하고, 상대적으로 조사의 난이도가 높은 청구전조사에 조사전문요원을 집중적으로 활용하기 위하여 청구전조사 전담제가 도입되었다. 2013년 4월, 전국의 본소급 단위의 보호관찰소(19개)에서 청구전조사 전담제를 시행한 이후 2017년 현재 전국 26개 기관에서 인근 보호관찰소의 청구전조사를 전담·실시하고 있다.

한편, 보호관찰소에서는 2008년 이후 조사서의 질적 향상 및 객관성을 유지하기 위한 노력으로 각종 조사 매뉴얼을 제·개정하여 조사과정 및 절차에 대한 표준화 작업을 꾸준히 지속해오고 있다. 현재, 보호관찰소에서 사용되고 있는 조사 매뉴얼은 청구전조사 매뉴얼(2014, 개정), 판결전조사 매뉴얼(2010), 소년사건조사 매뉴얼(2012), 가정폭력사건조사 매뉴얼(2014) 등이 있으며, 2010년부터 매년 1회 법무부 자체 시험('조사관 자격 인정제도')을 실시, 2016년까지 약 800명 이상의 직원이 '조사관 자격'을 취득하는 등 전문성 강화 노력을 지속적으로 기울이고 있다.

(2) 재범위험성 평가

보호관찰소에 의뢰된 조사의 성격에 따라 일부 조사 항목이 상이할 수는 있으나 공통적인 항목은 대개 범죄 및 비행력, 성장환경, 정서 및 성격문제, 범행 동기, 피해회복 여부, 재범 위험성 수준 등이다. 이 가운데 조사대상자가 다시 범죄를 저지를 가능성에 대한 예측 및 평가는 조사대상자의 처분 및 양형에 매우 중요한 요소인 바, 조사담당자는 이를 정확하고 객관적인 도구를 활용하여 위험성 수준을 파악하고 처분에 대한 타당한 의견을 제시해야 할 책임이 있다.

현재, 보호관찰소에서는 조사의 성격 및 사범에 따라 몇 가지 위험성평가도구를 사용하고 있는데, 특히 2007년 「특정 성폭력범죄자에 대한 위치추적 전자장치 부착에 관한 법률」의 제정에 따른 청구전조사에서는 재범위험성 평가가 핵심인 점을 고려하여 외부 기관에 대한 연구용역 및 법무부 자체 개발팀을 운영하여 각종 평가도구를 개발·활용해 오고 있다. 보호관찰소에서 사용하는 평가도구로 한국 성범죄자 위험성 평가도구(KSORAS : Korean Sex Risk Assessment Scale), 성인재범위험성 평가도구(KORAS-G : Korean Risk Assessment System-General), 정신병질자 선별도구(PCL-R : Psychopathy Checklist-Revised), 소년대상자 정적 재비행 위험성 평가도구(JDRAI-S : Juvenile Delinquency Risk Assessment Inventory-Static) 등이 있다.

6. 법교육

1) 법교육 개념 및 의의

법교육이란 청소년 및 일반국민에게 법에 관한 지식과 기능, 법의 형성과정, 법의 체계, 법의 원리 및 가치 등의 제공을 통하여 민주시민으로서 필요한 법적 이해능력, 합리적 사고능력, 긍정적 참여의식, 질서의식, 헌법적 가치관 등을 함양함을 목적으로 하는 법과 관련된 일체의 교육을 말한다.[54]

2) 준법지원센터 법교육 사업 도입 배경

법무부 본부 주도로 단기간에 법교육 기본 시스템 및 법적 기반을 구축하였으나, 법교육사업 지역현장 확산을 담당할 일선 기관 부재로 현장 법교육 사업 활성화에 한계가 있고, 전자발찌 대상자 관리 등에 따른 부정적 기관으로 인식되는 것을 개선하기 위해 보호관찰소 복수 명칭을 사

---

55) 법교육지원법 제2조 제1호.

용(2016. 7.)하면서 새로운 명칭에 부합하는 주민생활 밀착형 업무분야 부여 필요에 따라 법교육 사업이 도입되었다.

2016. 7. 전국 준법지원센터를 법문화진흥센터[55]로 지정하여 준법지원센터가 법무부 핵심정책인 법교육 사업 실천기관이 되어 사업 저변 확대 및 확산 계기를 마련하였다. 준법지원센터 법교육 사업에는 출장 강연 등 협의의 법교육 사업 외 범죄예방환경 개선사업(CPTED)[56]과 배려·법질서 실천운동이 포괄된다.

3) 준법지원센터 법교육 사업 운영 실태

(1) 준법지원센터 법교육 실시 통계

<표 4-18> 준법지원센터 법교육 사업 분야(2016. 7. ~ 2016. 12.)

구분	계	아동학대예방	성폭력예방	가정폭력예방	학교폭력예방	스포츠	기타 법교육	자치법정	배려	진로체험	학교밖 청소년	시민법교육
실시횟수 (건)	2,492	1,264	31	3	349	93	46	2	75	168	276	185
실시비율 (%)	100%	50.72%	1.24%	0.12%	14%	3.73%	1.84%	0.08%	3%	6.74%	11.07%	7.42%
실시인원 (명)	224,166	144,882	4,017	620	48,107	4,147	4,952	48	3,122	5,173	4,255	4,843
인원비율 (%)	100%	64.63%	1.79%	0.27%	21.46%	1.84%	2.20%	0.02%	1.39%	2.30%	1.89%	2.16%

※출처: 법무부 범죄예방정책국 보호관찰과.

---

56)「법교육지원법」제5조에 의거, 법교육을 주된 목적으로 하거나 법교육을 실시할 능력이 있다고 인정되는 기관·단체·시설 중 법교육위원회의 심의를 거쳐 법무부장관이 지정.

57) 셉테드(CPTED: Crime Prevention Through Environmental Design):범죄예방을 위한 환경설계로 범죄자들이 범행을 쉽게 실행하지 못하도록 방범환경을 조성하거나 범죄행위가 쉽게 노출되도록 환경(물리적·비물리적)설계하는 범죄예방기법.

<표 4-19> 지역사회 범죄예방활동 분야(2016. 7. ~ 2016. 12.)

구분	계	셉테드 유지 관리	셉테드 지역 순찰	게릴라 가드닝	벽화 그리기	CCTV 설치	방법등 달기	기타 범죄 예방 사업	법질서 실천 운동	법교육 대회 지원	셉테드 사업 선정	준법 자문 위원회
실시횟수 (건)	368	55	115	12	30	1	1	15	48	14	7	70
실시비율 (%)	100%	14.94%	31.25%	3.26%	8.15%	0.27%	0.27%	4.07%	13.04%	3.80%	1.90%	19.20%
실시인원 (명)	4,755	269	695	172	1,546	8	0	147	1,232	19	40	627
인원비율 (%)	100%	5.70%	14.61%	3.61%	32.52%	0.16%	0%	3.10%	25.90%	0.40%	0.05%	13.01%

※출처: 법무부 범죄예방정책국 보호관찰과.

(2) 아동 · 청소년 · 학교 법교육 등

준법지원센터는 아동학대 예방 법교육 분야를 법교육 중점사업으로 추진하여 초 · 중 · 고 학생 및 지역아동센터, 아동학대 신고의무자 등을 대상으로 교육을 실시하고 있고, 찾아가는 현장 법교육 확산을 위해 학교별 수요에 맞는 다양한 교육(학교폭력예방교육, 스포츠법교육, 배려교육)을 하고 있으며, 보호관찰 청소년, 학업 중단 청소년 등 학교 밖 청소년들에게 비행예방교육 등을 하고 있다. 또한 법교육 사각지대인 도서벽지 지역 소외 주민 등에게 놀이형 · 체험형 법교육을 제공하기 위해 '이동식 법교육 차량'을 이용한 '찾아가는 로파크'도 진행 중에 있다.

이 외에도 준법지원센터를 교육부 진로체험 지원기관으로 등록하여 학생들에게 법무공무원 직업체험 프로그램, 찾아가는 자유학기제 멘토 등 다양한 진로체험 프로그램을 운영 중이며, 법무부 본부에서 주최하는 청소년 모의재판 경연대회, 고교생 생활법 경시대회, 헌법토론대회 등의 행사 지원을 하고 있다.

(3) 시민법교육

준법지원센터에 공익법무관을 배치하여 무료 법률 상담소를 운영하고 있으며, 지역주민을 대상으로 다양한 법교육(보이스피싱예방교육, 부동산사기예방교육 등)을 자체 또는 지역 주민이 쉽게 찾을 수 있는 주민센터, 도서관, 대형마트 문화센터 등 지역사회와 연계하여 실시 중에 있다.

또한 법무부가 강연콘텐츠를 제공하고, 대한변협법률구조재단은 강사를 제공하며, 지자체 평생교육기관 등은 강의실 제공과 수강생을 모집하여 시행되는 법무부 법질서선진화과 전문 프로그램인 시민로스쿨과 시민법률콘서트도 활용하고 있다. 시민로스쿨은 4회기로 진행되고, 시민법률콘서트는 문화공연과 법률강연을 접목하여 1회기로 진행된다.

(4) 범죄예방환경 개선사업(CPTED), 배려 · 법질서 실천운동

준법지원센터는 관할지역 내 법무부 셉테드 적용지역을 유지관리하고 있으며, 관내 범죄환경 등의 분석을 통해 범죄 발생률이 높은 곳을 선별하여 새로운 사업지역을 발굴하고, 갈등기관 위주로 실시해 온 게릴라가드닝, 벽화그리기, 방범등달기 사업 등을 보다 확대하여 지역별로 특화된 '작은 셉테드'를 실시하고 있으며, 물리적 환경개선 외 통 · 반장 등 지역주민 대상 '공동체 준법역량강화 교육' 프로그램도 전개하고 있다.

지역 특성에 맞는 배려실천 주제를 선정하여 지방자치단체 · 유관기관 · 봉사단체 등과 연계한 '배려, 법질서 실천운동' 확산을 추진하고 있으며, 연고 구단간 프로모션 등 행사 진행을 통해 '클린 스포츠 운동' 지역 확산 도모를 모색하고, 관내 주민 등을 대상으로 법교육 테마공원인 솔로몬로파크 체험 학습도 실시 중이다.

한국에 교정복지의 일환인 보호관찰제도가 1989년 소년을 대상으로 도입된 지 26년을 맞이하고 있다. 선진제국에 비하여 역사가 일천한 한국의 보호관찰이지만, 그 동안 양적·질적으로 비약적인 발전을 이룩하였다. 제도도입 초기단계에 연간 접수건수가 2만여 건에 불과하였던 것이 지금은 30만 건을 상회할 정도로 범죄자 처우의 핵심수단으로 자리 잡게 되었고, 질적인 면에서도 대상자 위험성평가도구, 사범별 면담기법, 성폭력치료 프로그램 등을 개발함으로서 과학적인 처우의 기반을 마련하였다.

아울러 성폭력사범과 같은 위험범죄자를 관리하기 위한 전자발찌제도가 도입되고, 최근에는 성충동약물치료, 성범죄자 신상등록, 치료명령제도 등 새로운 제도가 보호관찰영역에 편입됨으로써 범죄로부터 안전한 사회를 만들기 위한 보호관찰의 역할이 더 커지게 되었고 국민의 기대수준도 높아져가고 있다. 그러나 이러한 비약적 발전의 이면에는 보호관찰소 이전반대와 같은 예상치 못한 새로운 문제에 부딪치게 되면서 극복해야 할 새로운 과제로 떠오르고 있다. 앞으로 준법지원센터가 지역주민들로부터 더욱 신뢰받는 기관이 되기 위해서는 보호관찰 본연의 임무에 더욱 충실해야겠지만, 명칭변경에 부합되는 다양한 법교육 사업을 전개하면서 지역주민들에게 더욱 다가갈 수 있는 노력을 해나가야 할 것이다.

보호관찰의 궁극적인 목적은 사회 내에서 생활하고 있는 각종 범죄자들을 대상으로 적절한 서비스와 통제를 통하여 이들의 재범을 방지하는 것이다. 이를 효과적으로 달성하기 위해서는 교정복지이론에 기반을 둔 과학적인 처우기법을 지속적으로 개발·실행해 나가야 할 것이다. 한편, 재범률 감소라는 목적을 달성하는데 있어서 보호관찰 담당기관의 제반 노력만으로는 한계가 있고 지역사회 주민 및 단체의 협력이 뒤따라야 할 것이다. 이를 위해 보호관찰 담당기관에서는 지역사회 내 전문성을 갖춘 다양한 자원을 적극 발굴하고 이를 실무에 참여시키는데 힘을 모을 필요가 있다. 최근 발족한 한국교정교육상담포럼과 같이 범죄자 처우에 관한 전문적인 지식을 갖춘 자격자를 양성하는 단체의 탄생은 이러한 측면에서 볼 때 대단히 환영할 만한 일이며, 향후 보호관찰의 든든한 버팀목이 되어줄 것을 기대해 본다.

참고문헌

강호성 (2015). 판결전조사제도의 활성화 및 전문성 강화방안. 보호관찰, 14권 2호, 191-235.

김혜정 (2015). 현행 전자감독제도의 발전방안에 관한 소고. 보호관찰, 15권 2호, 7-41.

법무부 (2007). 보호관찰 초기면담 관계형성론. 보호관찰비전연구팀

법무부 (2009). 한국보호관찰20년사. 법무부 범죄예방정책국 보호관찰과.

손외철 (2006). 재범률 감소를 위한 영국의 범죄자처우 정책과 그 시사점. 범죄심리, 2권 1호, 251-282.

손외철 (2015). 보호관찰소 이전에 대한 갈등원인과 해소방안. 보호관찰학회지, 15권 2호, 44-84.

이성칠, 김충섭 (2013). 전자발찌대상자의 스트레스와 정신건강에 관한 연구. 보호관찰, 13권 1호, 259-263.

정동기 · 이형섭 · 손외철 · 이형재 (2016). 보호관찰제도론. 서울: 박영사.

정동기 (1999). 사회봉사명령의 현황과 개선방안. 형사정책, 11호, 2-3.

조흥식 · 이형섭 (2014). 교정복지론. 서울: 학지사.

Cournoyer, B .(2002). 사회복지실천기술연습(김인숙 · 김용석 공역). 서울: 나남출판(원전출판 2000년).

Taxman, F. S.(2002). Supervision-exploring the dimensions of effectiveness. *Federal Probation*, Sep.

Walsh, A.(1997). *Correctional assessment, casework & counseling*(2nd ed.). Lanham, MDL: American Correctional Association.

제 5 장

교정복지의
국제 기준과 실제

– 집필 이명숙

제1절
청소년의 교정복지

1. 비행청소년 보호의 방향성

1) 복지대상으로서 청소년

Hirschi(1969)의 사회통제이론에 의하면 모든 사람은 선천적으로 비행의 동기를 가지는데, 사회적 유대가 강한 경우에는 비행성향이 통제되지만 비행을 저지르지 못하도록 하는 사회적 유대가 약화되면 자연스럽게 일탈행위를 하게 된다. 아동과 청소년의 비행행동을 통제하는 사회적 유대의 요소들 중 가장 중요한 것은 부모와의 애착이다. 청소년기에는 아동기와 달리 표면적인 애착행동이 감소하지만, 부모와의 애착이 여전히 중요한 안정기제로 남아 있어서 스트레스 시에는 애착체계를 활성화하고 부모애착에서 도움이나 심리적 안정을 구한다. 부모와의 정서적 친밀감이 낮은 경우, 또한 부모와의 대화시간이 적을수록 밀접한 의사소통이 없을수록 비행빈도가 높다는 연구들이 보고되었다(김희수, 양혜원, 2007).

소년보호시설에 수용되어 있는 비행청소년들은 보호자들이 이들에게 보여준 관심과 돌봄의 정도를 부정적으로 지각하고 있다. 부정적 인식이 축적된 보호시설 청소년들로 하여금 긍정적 태도를 견지할 수 있도록 돕는 지지자원의 역할이 필요하다(손병덕, 황혜원, 2006:49). 청소년들의 비행을 예방하기 위하여 청소년의 부적응을 그들 자신의 문제로만 인식하는 관점에서 탈피하여야 한다. 즉 가족체계 내에서 문제의 원인을 찾아내고 해결해야 할 것이다. 문제가 있는 가족체계를 변화시키기 위하여 배우자나 자녀의 감정을 이해하는 능력을 배양하고, 바람직한 의사소통 훈련뿐만 아니라 효율적인 자녀훈육방법이나 모니터링에 대한 교육을 실시하여야 한다. 현재 비행청소년을 수용 중인 보호시설들은 청소년의 행동 및 의식구조 변화에 주로 초점이 맞추어져 있다. 그러나 보호자와 그 자녀간의 유기적 관계와 문제시된 변인들을 개선하지 않는다면 긍정적 목표의 회복은 어려울 것이다(손병덕, 황혜원, 2006). 또한 청소년 개인의 심리적 유연성의 강화가 비행행동의 발생을 예방하는데 효과적이라는 연구가 시사하듯이, 개인의 심리적 역량강화가 청소년 비행에 대한 기본적인 접근이 될 수 있다(남영옥, 윤혜미, 2007:107).

김희수, 양혜원(2007)은 청소년의 건전한 성장과 발전을 돕기 위한 제언으로서, 첫째 비행이 급속히 저연령화 되어가기 때문에 비행에 대한 예방 및 개입대상에 청소년 뿐 아니라 아동도 반드시 포함시켜야 한다. 중고생 뿐 아니라 초등학생에 대하여도 비행문제에 관심을 가지고 지도해 나가야 한다. 둘째 아동에 있어서는 가족체계의 직접적, 간접적 영향이 모두 대단히 중요한 한편, 청소년의 경우에는 또래관계의 영향력이 특히 중요해진다.

비행을 하는 아동의 경우, 부모가 자녀와 지지적인 관계를 형성하고 자녀의 행동을 적절하게 감독하고 통제할 수 있도록 돕는 다양한 부모지원 프로그램을 마련해야 한다. 특히, 한부모, 조손, 다문화 가정의 경우에는 가족구조가 취약하고 부모-자녀가 함께 할 수 있는 기회가 제한적일 수 있으므로 학교나 지역사회 기관에서 다양한 가족단위의 프로그램을 마련하여 제공하여야 한다. 청소년의 경우에는, 또래집단의 영향력이 크다는 점을 인식하고 건전한 또래자원을 최대한 활용하고, 부정적인 또래관계는 최소화하는 전략을 수립해야 한다. 예컨대 대학생 멘토와 같은 성숙한 또래상담자를 통해 비행에 대한 치료적 개입을 개인이 아니라 비행성향의 또래집단 전체를 대상으로 진행할 수도 있다(김희수, 양혜원, 2007:180).

다양한 보호요소가 청소년의 자기인식과 동기부여적 양상에 영향을 미침으로써 스트레스를 주는 환경의 영향을 경감시키는 적극적인 역할을 한다. 보호요소는 환경에서의 부정적인 경험으로부터 주의를 다른 곳으로 돌리게 하고, 성공적인 경험을 주는 대안을 찾을 수 있는 환경을 제공하는 등의 간접적인 역할로서도 기여한다(박현선, 1998:151). 청소년비행에 영향을 미치는 보호요인은 개인요인(자아존중감, 유능감, 책임감), 가족요인(부모애착, 가족응집력, 합리적 부양태도), 친구요인(친구지지), 학교요인(교사지지)에서 다양하게 찾을 수 있다(이석형, 2008:223).

다양하고 복합적인 위기 상황에 처해 살아가고 있는 비행청소년들을 선도 교정하기 위하여는 청소년의 개별적인 요구와 필요에 구체적으로 대응하는 지도방식이 필요하다. 청소년멘토링 프로그램은 그 중 대표적인 지도방안이 될 수 있다. 이미리와 이명숙(2010)의 연구결과에 의하면, 보호관찰 청소년들이 일반청소년들과 차이나는 점은, 진학에 대한 목표수준이 낮고 진로와 관련하여 부모와 대화를 많이 하지 않는 실태임이 드러났고, 시범사업으로 실시된 대학생멘토링을 통해 보호관찰 청소년을 수개월간 지도한 성과로서 멘토가 부모를 대신해서 긍정적인 성인−청소년 간 관계를 형성할 수 있었고 그러한 관계를 통해서 학업에 대한 열정과 건전한 여가시간을 늘리도록 변화될 수 있음을 보여주었다.

2) 사법보호와 복지보호의 동행

국제비교를 통하여 소년사법에 있어서 공통되는 '모델'을 찾는 것이 가능하다. 즉 복지모델과 정의모델이 대표적인 구분이다. 어느 한 나라가 완전히 다른 나라들과 제도가 동일하지도 않지만 완전히 다른 것도 아니다. 그렇기 때문에 각기 다른 문화적 · 역사적 전통을 갖는 나라들이 추구하는 사법제도의 핵심 원칙들을 찾아 보는 것이 비교연구에서의 시사점을 도출할 수 있다. 영국의 소년사법은 '비행의 위험에 처한' 패러다임에 영향을 받고 있으며 또한 복지주의적인 사회통합론 및 아동인권론에도 많은 영향을 받는다.

최근 들어 회복적 사법Restorative Justice 이념이 소년사법에 있어서 강력한 추세로 부각되고 있으며 중재와 배상을 도입하는 나라들이 점차 늘고 있다. 뿐만 아니라, 부모의 책임, 공공의 비난, 사회복지, 교육처분, 수퍼비전과 사회통제, 그리고 지역사회내 처우 등 다양한 처분의 도입도 급격히 증가하고 있다.

소년사법을 논함에 있어서 항상 뒤따르는 상반된 이슈는 '청소년범죄자'에 대하여 특별한 보호와 개입이 필요한 '청소년'임을 어느정도 인정해야 하는가, 반면에 행위에 대한 '책임'을 져야 하는 '범죄자'임을 어느정도 고려해야 하는가의 문제이다. 이것이 곧 복지모델 대 정의모델의 관점차이인 것이다(Hazel, 2008:67).

전세계의 소년사법체계를 가장 분명하게 구분짓는 두가지 유형은 복지모델welfare model과 정의모델justice model이다. 물론 이러한 모델구분은 이상적인 것이다. 어느 한 나라도 정확하게 둘 중 어느 한 유형에만 부합되는 체계를 갖는다고 말할 수는 없다. 다만 양극단에 두유형의 모델을 상정하고 연속선상에서 각 나라의 소년사법 체계와 정책이 시대에 따라 어느 쪽으로 변화해 가는가를 탐색하는 틀framework로서는 유용한 분석틀이 될 수 있다(Hazel, 2008).

(1) 복지 모델 welfare model

복지모델은 가부장적인 보호주의 정책과 관련된다. 복지모델에서는 소년사법의 주요 목적이 처벌 보다는 치료에 있다. 청소년은 미숙하다는 관점에 기초하므로 청소년을 이성적이고 자기결정 능력이 있는 주체로 보지 않고, 대신에 그들이 살고 있는 환경에 종속되므로 그들의 행위를 환경의 결과로 본다. 그러므로 청소년의 범죄행위는 환경상의 역기능적 요인 때문에 발생한 것으로 이해하고자 한다. 따라서 사법체계의 역할은 비행의 밑바닥에 내재해 있는 사회적 또는 가정적 원인을 찾고 이를 치료하는 것이며, 비행행위 자체를 처벌하는데 있지 않다(Alder & Wundersitz, 1994: Hazel, 2008 재인용).

이러한 개념은 초기 소년사법의 절차 및 처분을 확립하는데 있어서 지배적인 것이었다. 대표적인 개념이 국친사상parens patriae으로서 아동보호에 관한 국가의 책임을 강조하여 19세기 말부터 서구 여러나라에서 독립적인 소년법원을 설치하는 근거가 되었다.

아동보호와 복지를 강조하는 모델은 유럽 여러나라에서 여전히 주도적으로 유지되고 있다. 그러나 동구권 국가에서는 점차 소년의 책임성을 더욱 강조하는 방향으로 도전을 받고 있다(Hazel, 2008:23-24).

(2) 정의 모델 justice model

정의모델에서는 모든 개인이 자신의 행위에 대해 책임질 만큼 충분히 이성적이고, 그렇기 때문에 청소년도 비행의 심각성에 부응하여 법률상으로 책임을 지고 처벌을 받아야 한다고 가정한다. 그런 과정에 있어서 개인은 청소년이든 성인이든 적법절차에 따라 처리되는 모든 권리를 보장받고 국가의 권한은 제한되고 예측가능하고 정의로운 것이어야 한다(Alder & Wundersitz, 1994; Hazel, 2008 재인용).

전세계적으로 특히 1960년대와 70년대에 비행청소년에 대해서도 정의모델이 풍미했다. 간단히 말하면, 정의모델은 비행자의 '요구needs' 보다는 '행위deeds'에 초점을 맞추어 대응해야 한다는 것이다.

권리와 책임 사이의 상반되는 개념이 정의모델의 기초를 이룬다. 피의자로서 청소년의 권리는 완전한 적법 절차를 통해 보장되어야 하며, 청소년도 자신을 변호할 권리를 갖는다. 이러한 개념 도입은 치료 및 처분을 위해 민간인 신분인 사회복지사 또는 청소년지도자에게 위탁되는 것을 인정하지 않게 된다(Hazel, 2008).

시민으로서 권리의 증진은 책임성 증가와 대응된다. 청소년이 시민(피의자)으로서의 권리를 향유할 만큼 성숙하였다면 자신의 행위에 대한 책임도 질 수 있을 만큼 성숙한 존재라고 본다.

(3) 복합 모델의 출현

복지와 정의의 이분법에서 발전된 제3의 유형은 범죄에 대한 사회 책임성societal responsibility 개념이 도입된 것이다. 이는 Cavadino와 Dignan(2006)이 제시한 소년사법체계 분류 중에서 최소개입모델Mininal intervention에 가깝다〈표 5-1 참조〉. 이 모델에서는 청소년의 비행 행위란 불가피한 사회구조의 결과물이라고 보고, 소년사법체계는 최소의 공적 개입과 더불어 지역사회 개입의 확대를 도모한다(Hazel, 2008:25).

〈표 5-1〉Cavadino & Dignan(2006)의 소년사법체계 분류

유형	기본 특징	해당 국가	근거 이론
복지 모델 Welfare	아동의 요구에 초점, 사법과 복지의 통합, 진단과 치료, 비공식적 절차, 부정기형	노르웨이, 스웨덴, 프랑스, 독일, 일본, 미국(60년대 이전), 이태리, 벨기에	실증주의
정의 모델 Justice	책임성, 행위자의 행위에 초점, 절차적 공식성, 처벌, 형사사법	미국(60년대 이후)	고전주의
최소개입 모델 Minimal intervention	'net-widening' 회피, 형사절차에서 다이버전, 탈수용, 지역사회 대안	스코틀랜드	사회작용주의 좌파 이상주의
회복적사법 모델 Restorative justice	책임성과 사회통합에 초점, 피해자 배상과 중재, 다이버전, 탈수용	뉴질랜드	좌파 현실주의
신-교정주의 모델 Neo-Correctionalist	아동과 부모의 책임성, 초기 개입과 예방, 피해자에 대한 책임, 배상, 체계관리, 효율성에 초점 -정의모델의 강경파	잉글랜드	우파 현실주의

2. 아동청소년 인권의 발견

1) 아동청소년 인권을 위한 국제적 노력

제 2차 세계대전 후 인권문제가 국제사회의 문제로 인식되고 UN을 중심으로 인권의 보편화와 이에 대한 철저한 적용이 추진되면서 아동의 인권에 대해서도 국제적인 선언과 협약이 작성되기 시작했다. 최종적으로는 1989년에 '아동의 권리에 관한 국제협약(CRC)' 선포되기에 이르렀다. 그 동안에 진행된 아동[57]인권에 관한 국제적 노력은 아래와 같이 요약된다(모상현 등, 2010:12-13).

• 1945년 국제노동기구(ILO)의 제27회 총회에서는 '아동·청소년 노동자의 보호에 관한 결의' 가 행해졌다.

• 1959년 UN 총회에서는 전문 10조로 된 '세계 아동 권리 선언UN Declaration on the Rights of the Child' 을 공포하였다. 이 선언은 전문과 10개조의 본문으로서 구성되었는데 아동을 단순한 구제나 보호의 대상으로서 뿐 아니라, 인권이나 자유의 주체로서 파악하려는 데서 아동 인권 역사에서 획기적인 진전으로 평가된다. 특히 아동을 인권이나 자유의 주체로 파악하려는 최초의 시도는 아동의 참여권을 기초하는 중요한 의미를 지니고 있다.

• 1975년에 UN은 청소년의 세 가지 주요영역을 참여participation, 발달development, 그리고 평화peace로 정하고 각 영역의 증진을 위한 지침을 개발하였다.

• UN은 1985년을 '청소년의 해' 로 선포하고 이어서 1989년에 마침내 '아동의 권리에 관한 국제 협약(아동권리협약, CRC)' 을 선포하기에 이르게 되었다.

• 아동권리협약은 아동인권의 존중 및 확보의 관점에서 필요한 상세하고 구체적인 권리들을 명시했다는 점에서 아동 · 청소년의 인권 역사에 있어 한 획을 긋는 사건으로 평가된다.

아동권리협약은 아동이 보호의 대상일 뿐만 아니라 적극적인 권리의 주체로 인식하면서, 아동

---

58) UN 등이 정한 국제규범에서 '아동(children)' 은 18세 미만자를 말하며, 우리나라 국내법규에서는 18세 미만자에 대하여 법률에 따라 '아동' 또는 '청소년'을 혼용하여 사용하고 있다.

의 권리로서, 무차별의 원칙, 아동 최선의 이익 우선, 아동의 생존, 보호, 발달 및 참여라고 하는 4개 주요 권리의 원칙을 중심으로 하고 있다. 이 협약의 주요한 특징은 다음과 같다(모상현 등, 2010:14).

첫째, 아동권리협약(CRC)은 선언적 의미 뿐만 아니라 협약의 회원국들이 매 5년마다 협약의 준수에 대한 보고서 제출을 의무화하는 구속력이 있다.

둘째, 아동의 권리를 구체적으로 제시하고 소극적 보호에서 벗어나 적극적인 권리의 주체로 아동을 규정하여 아동의 의사표현권과 자기결정권을 보장한다.

셋째, 이 협약은 그 이전의 선언과 비교하여 아동·청소년의 참여권을 강력하게 천명함으로써 정부 및 민간 차원에서 아동의 최선과 최대 권익을 우선하는 원칙을 규정하여 그 이전의 어떤 선언보다도 진일보한 아동·청소년 인권의 국제 규약이다.

2) 국내법에서 아동청소년 인권의 보장

우리나라에서 아동과 청소년의 인권이 구체적이고 선언적으로 명문화된 시점은 일제 강점시기인 1923년 '어린이 날'이 제정되면서 아동을 하나의 인격체로 간주하고, 14세 이하의 아동에게 유·무상의 노동을 폐지하며, 복지시설을 설치하는 것으로부터 출발하였다. 그 이후부터 지금까지 아동·청소년의 인권을 보장하기 위해 영역별로 다양한 법제도가 제정되어 왔다. 아동청소년과 관련된 국내법의 제정 연혁을 시대별로 구분해 보면 다음과 같다(모상현 등, 2010:16).

- 1940년~1950년대: 미성년자 노동보호법(1947, 현재 폐지), 교육법(1949), 근로기준법(1953), 소년법(1958).
- 1960년~1970년대: 아동복리법(1961, 현재 폐지), 미성년자보호법(1961, 현재 폐지), 학교보건법(1967), 모자보건법(1973), 특수교육진흥법(1977).
- 1980년~1990년대: 아동복지법(1981), 유아교육진흥법(1981), 청소년육성법(1987, 현재 폐지), 청소년기본법(1991), 청소년보호법(1997).
- 2000년~현재: 아동·청소년의 성보호에 관한 법률(2000), 청소년활동진흥법(2004), 청소년복지지원법(2004), 학교폭력 예방 및 대책에 관한 법률(2004).

한국은 '아동인권'과 관련한 직접적인 조치로는, 아동·청소년의 권리에 관한 내용이 담겨있는 '어린이헌장'(1975)과 '청소년헌장'(1990)이 선포되어 각기 1988년과 1998년에 개정하였다. '아동 권리 협약'은 한국이 1990년에 서명하고 1991년 비준하여 회원국으로 가입하였다.

이 협약에 따라 정부는 1994년 11월 유엔 아동권리위원회에 아동과 청소년의 인권상황을 '보고서'로 처음 제출한 바 있으며, 2000년 제2차 국가보고서를, 2008년에 제3·4차 통합 국가보고서를 제출하였고, 2017년에는 제5, 6차 국가보고서 제출을 준비하는 등 정부차원에서 UN에 정기적으로 아동·청소년의 인권에 관한 국가보고서를 제출하고 있다. 2017년 보고서에 담길 구체적 내용은 본 장의 '우리나라 소년사법복지 UN권고 및 실태' 부분에 제시되어 있다.

3) 아동권리협약의 4대 기본권

(1) 생존권

아동권리협약은 다른 인권선언이나 조약과는 달리 생명권보다 생존권을 더 많이 다루고 있다. 생존권은 아동이 생명을 유지하고 최상의 건강과 요양급여를 받을 권리를 의미하는 것으로 영양가 있는 음식을 제공받고 가족과 사회로부터 보호를 받을 권리, 의료혜택을 받을 권리, 살아가는 데 필요한 기술을 익히고 교육을 받을 권리, 집과 부모를 가질 권리, 생존은 물론이고 삶을 살아가는데 필요한 훈련을 받을 수 있도록 도움을 받을 권리 등을 의미한다. 생존권을 보장한 협약의 구체적 내용은 다음과 같다(모상현 등, 2010:12).

• 아동권리협약 제 6조는 "모든 아동이 고유한 생명권을 가지고 있음을 인정하고 가능한 최대한도로 아동의 생존과 발달을 보장하여야 한다"고 규정하고 있다. 제 6조는 생명, 생존권 외에도 발달권의 일부 조항, 보호권도 언급하고 있다. 이는 협약에서 보장하고자 하는 아동의 생존, 발달, 보호, 참여의 4가지 권리가 상호배타적이지 않고 상호의존적이기 때문이다.

• 제24조에서는 영유아사망률을 감소시킬 것, 모든 아동들에게 건강보장을 위해 필수적인 기초 의료지원을 보장할 것, 영양실조 및 질병, 구체적으로는 적절한 영양소가 포함된 음식과 깨끗한 식수, 환경오염으로 인한 위험을 포괄하는 모든 위험요소와 싸울 것, 산모의 산전산후 건

강을 관리할 것, 사회구성원 전체가 아동에게 필요한 영양과 보건지식 수준을 향상시킬 것, 그리고 아동의 예방적 건강관리를 위해 부모에 대한 지원을 강화할 것 등 생존에 관한 내용들을 규정하였다.

(2) 보호권

생존권, 발달권, 참여권에 비해서 보호권은 협약의 여러 조문에서 포괄적이고 광범위하게 기술되어 있다. 협약은 아동의 성장을 위협하는 요인들과 이로 인해 아동이 입게 되는 위기의 결과를 보호권으로 규정하고 있다.

아동에 대한 다양한 위협요인으로서, 경제적 착취, 신체, 정서, 성학대, 방임과 유기, 전쟁, 혹사, 차별대우를 적시하고 있고, 이로 인한 발달적 위기를 겪는 아동들이 보호의 대상이 된다. 예를 들면 위법행위를 한 비행아동, 돌봐주는 사람이 없는 아동, 학대를 당하는 아동, 성착취의 대상이 된 아동, 거리의 아동, 재난을 당한 아동(전쟁, 자연재해로 인한 난민아동)이다.

협약에서 보호권은 "모든 형태의 착취와 학대, 방임, 차별, 가족과의 인위적인 분리, 폭력, 고문, 징집, 부당한 형사처벌, 과도한 노동, 약물과 성폭력 등 유해한 것으로부터 보호받을 권리"로 규정되어 있다. 구체적으로 협약에서 보장된 규정들을 살펴보면 다음과 같다(모상현 등, 2009:13).

- 각종의 착취 및 학대로부터의 보호 : 협약 제10조, 제11조, 제19조, 제21조, 제25조, 제 32조, 제 33조, 제 34조, 제 35조, 제 36조, 제 37조, 제 39조, 제 40조.
- 차별로부터의 보호: 협약 제 2조, 제 7조, 제 23조, 제 30조.
- 위기상황과 응급상황에서의 보호 : 제 10조, 제 22조, 제 25조, 제 38조, 제 39조.
- 협약 제19조 제1항은 "당사국은 아동이 부모, 법정 후견인 또는 기타 아동양육자의 양육을 받고 있는 동안 모든 형태의 신체적, 정신적 폭력, 상해나 학대, 유기나 유기적 대우, 성적 학대를 포함한 혹사나 착취로부터 아동을 보호하기 위하여 모든 적절한 입법적, 행정적, 사회적 및 교육적 조치를 취하여야 한다"고 규정하고 있다.

(3) 발달권

아동·청소년의 발달권 개념은 아동권리선언 제1항에 서술되어 있는 것과 같이 "육체적으로나 정신적으로 아동의 정상적인 발달에 필수적인 수단"들을 제공받을 권리라고 정의되어 있다. 이 협약에서 아동·청소년의 정상적인 발달을 보장하는 '발달권' 관련 조항들을 살펴보면 다음과 같다(이민희, 2008: 모상현 등, 2010:20-21).

• 제5조에서는 포괄적으로 책임자들에게 '발달하는 아동의 능력에 따른 적절한 방향과 지침을 제공'하는 책임 및 권리와 의무가 존중될 것을 말하고 있다. 제6조 2항에서는 국가의 발달권 보장을 명시하고 있고, 제7조 1항에서는 부모에 의해 '양육을 받을 권리'를 규정하고 있다.

• 제12조와 13조에서는 나이와 성숙도의 발달 정도에 따라 '자유롭게 의견을 표현할 권리를 보장'할 것을 명시하고 있고, 제14조 2항에서는 제5조의 내용을 반복해서 강조하고 있는 것을 볼 수 있다.

• 제17조에서는 대중매체가 아동의 발달에 미치는 순기능을 인정하고 이에 대한 정보의 접근을 보장토록 하고 있다.

• 제23조 1항에서는 장애아동들에 대한 완전하고 품위있는 삶을 누릴 수 있는 조건을 언급하고 있으며, 3항에서는 이들의 완전한 "사회통합과 문화적, 정신적 발달을 포함하는 개인적 발달을 도울 수 있는 교육, 훈련, 건강보호서비스, 재활서비스, 취업준비 및 여가의 기회에 효과적으로 접근하고 제공받을 수 있도록 보장"하도록 하고 있다.

• 제24조와 제25조에서는 '최상수준의 건강 향유 및 질병 치료와 건강을 위한 시설을 이용할 수 있는 아동의 권리를 인정'하고 이에 대하여 국가가 정기적으로 심사하여 이들의 발달을 최선으로 보장할 수 있도록 한다.

• 제26조는 사회복지적 혜택으로 아동의 발달을 돕는 조항을 마련하고 있고, 제27조에서는 직접 '당사국은 모든 아동이 신체적, 지적, 정신적, 도덕적, 사회적 발달을 위해' 적절한 생활수준과 생활조건의 확보와 필요한 지원들을 하도록 명시하고 있다.

• 제28조와 제29조에서는 아동의 발달에 가장 필요한 교육과 직업, 제30조에서는 다문화 아동에 대한 기회균등, 제31조에서는 아동의 휴식 및 여가, 놀이와 각종 활동을 할 수 있는 권리에 대하여 명시하고 있다.

(4) 참여권

생존권, 보호권, 발달권, 참여권 중 가장 아동과 청소년의 연령이 문제될 수 있는 영역이 참여권이라 할 수 있다. '참여'는 기본적으로 공동의 행위에 함께 하기 위한 개인의 능동적 의사표시로서, 아동과 청소년들이 함께 참여하여 성인과 같이 평등하게 인간 개체로서의 마땅히 보장받아야 할 권리를 요구할 수 있는 매우 중요한 인권이라 할 수 있다.

참여권은 인권 중에서 가장 정신적이고 의지적인 권리이다. 즉, 생존권, 보호권, 발달권이 아동·청소년의 신체와 우선적으로 관련이 있는 권리라면 참여권은 이러한 자연적이고, 기본적인 신체적 권리가 충족된 이후에 요구되어질 수 있는 정신적, 의지적 권리인 것이다. 참여권은 아동보다는 청소년이 그 권리를 행사할 필요성이 더 많이 요청되기 때문에 긴급성과 중요성에 있어서 다른 3대 권리에 비하여 상대적으로 주목을 적게 받고 있는 측면이 있다(모상현 등, 2010:22-23).

참여의 전제여건으로서 아동 개체의 자발적이고, 자유로운 의사 표현에 대한 권한 부여는 협약의 12조, 13조, 14조 15조가 보장하는 '참여권'의 핵심으로 보는 것이 학계의 관점이다(모상현 등, 2010:26).

• 제12조(아동의사의 존중)에서는 자신의 생각을 형성할 수 있는 아동에 있어서 자신의 의사를 자유롭게 표명할 수 있는 권리가 보장되어야 함이 선언되고 있다. 12조는 13조(표현의 자유)와 비슷한 내용을 가지고 있으나 12조는 2항에 명시되어 있듯이 어떠한 특정한 사법적, 행정적 경우에 필요에 따라 자신의 생각을 진술한 기회가 부여되고 있다.

• 제13조(표현의 자유)에서는 아동이 언어나 문자, 예술 또는 모든 종류의 정보와 사상을 국경에 관계없이, 만들고 수용하고 전달하는 자유를 가질 권리를 말하고 있다. 제12조와 제13조를 축약하면 아동이 어느 곳에서나 자유롭게 의사를 표명할 수 있는 기회의 보장과 모든 생각과 정보를 소통할 수 있는 자유의 권리를 가지고 있음을 의미한다. 결국 참여권은 인간의 자유권과 매우 밀접한 관계를 가지고 있어 참여는 자발적이고 자유로운 의사의 표현임을 알 수 있다.

• 제14조(사상, 양심 및 종교의 자유)의 1항과 3항은 아동이 사상, 양심 및 종교의 선택에 있어

서 법에서 따로 정하거나 공공성과 타인을 위해서 제한되는 경우를 제외하고는, 항상 자유로울 수 있는 권리가 있음을 밝히고 있다.

• 제15조(결사 및 집회의 자유) 1항은 가장 직접적으로 아동의 참여권을 시사하고 있는 조항으로서 아동의 결사의 자유와 평화적 집회의 자유에 대한 권리를 인정하고 있다. 이 조항은 어린 아동들 보다는 보다 성숙한 청소년들의 참여권에 더 적합한 조항이라 할 수 있다.

우리나라 국내법에서 '참여권' 과 관련된 조문들을 정리하면 다음과 같다.

• 아동관련 법령의 가장 기본이 되는 '아동복지법' 에서는 아동의 생존권, 보호권, 발달권에 비해 참여권에 해당되는 조항을 찾기가 어렵다.

• 1991년 제정되어 지속적인 개정을 통하여 발전되어온 청소년관련 법령 중 가장 기본이 되는 청소년기본법 제1조(목적)에서는 "이 법은 청소년의 권리 및 책임과 가정 · 사회 · 국가 및 지방자치단체의 청소년에 대한 책임을 정하고 청소년육성정책에 관한 기본적인사항을 규정함을 목적으로 한다" 로 명시되어 있다. 즉, 청소년기본법의 제정 목적이 청소년의 권리를 최우선으로 정하는 데 있다는 사실을 확실하게 명시하고 있다.

• 기본법 제2조 제2항 1호 '청소년의 참여보장' 과 2호 '청소년의 창의성과 자율성에 기초한 능동적 삶의 실현' 에서는 이 법에 따른 청소년육성정책의 추진방향이 청소년의 참여권과 직접 관계되고 있다는 것이 뚜렷하게 명시되어 있는 것이다.

• 동법 제5조에서는 '청소년의 권리와 책임' 에 대한 조항을 명시하고 있고, 제46조의2 제1항에서는 "시장 · 군수 · 구청장은 … 청소년활동 · 자원봉사 · 참여 · 인권 등의 지원기능을 수행하는 기관을 설치 · 운영할 수 있다" 라고 표현하여 청소년의 참여권을 지원하는 기관을 설치할 것을 구체적으로 명시하고 있다.

• 2004년에 제정된 청소년복지지원법에서는 제3조 제2항에서 "청소년은 외부적 영향에 구애받지 아니하면서 자기 의사를 자유롭게 표명하고 스스로 결정할 권리를 가진다" 로 명시하고 있다.

• 청소년복지지원법 제4조에서는 청소년의 참여권을 가장 구체적으로 규정하고 있다.

> **청소년복지지원법 제4조**
>
> 1. 청소년은 사회의 정당한 구성원으로서 본인과 관련된 의사결정에 참여할 권리를 가진다. 이를 위하여 가정 및 사회는 적절한 노력을 강구하여야 한다.
> 2. 국가 및 지방자치단체는 청소년이 원활하게 정보에 접근하고 그 의사를 표명할 수 있도록 하기 위하여 청소년관련정책의 자문·심의 등의 절차에 청소년의 대표를 참여시키거나 그 의견을 수렴하여야 한다.
> 3. 국가 및 지방자치단체는 청소년과 관련된 정책수립절차에 청소년의 참여 또는 의견수렴을 보장하는 조치를 시행하여야 한다.

3. 비행청소년 인권보호의 주요 원칙

그동안 소년사법에 관한 연구는 그 대부분이 소년법의 규정에 대한 논의나 형사정책적 차원의 정책제안에 그친 측면이 많았다. 그러나 아동권리협약 및 국제인권규약이 국내법적 효력을 가지는 오늘날에 있어서는 인권보호 차원에서 소년사법을 국제규범과의 관계에서 재검토하는 것이 필요하다.

1948년 세계인권선언의 형태로 인권의 국제적 권리성이 선언된 후, 국제인권규약이 1966년 제정되었고 그 안에 아동·청소년 관련규정을 포함하였다. 국제인권규약 B규약 제24조 제1항은 아동에게 필요한 보호조치에 대한 권리를 아동이 가짐을 천명하고 있다. 그 조치는 가족, 사회 및 국가에 의한 조치로 되어 있으나 부모가 제1차적인 책임을 지며 사회와 국가는 가족이 없는 경우에 간접적·제2차적인 의무를 지는 것으로 해석되고 있다(청소년보호위원회, 1998:19).

국제인권규약 B규약에는 아동청소년의 신체적 자유관련 규정이 있다. '행형제도는 피구금자의 교정 및 사회복귀를 기본적인 목적으로 하는 조치를 포함한다. 소년 범죄자는 성인과 분리되는 것으로 하며, 그 연령 및 법적 지위에 상응하는 처우를 받는다'(10조3항)라고 성인과 청소년의 분리수용 및 청소년의 특성에 따른 처우를 규정하고, 소년재판절차의 연령과 갱생의 고려 등(14조4항)을 규정하고 있다(청소년보호위원회, 1998:24).

비행청소년의 보호에 관한 가장 근본이 되는 국제규약은 1985년에 제정된 「소년사법운영에 관한 유엔최저기준규칙」이라 할 수 있다. 유엔최저기준규칙은 국제인권규약 특히 B규약 14조4항을 구체화시킨 것이며, 국제인권법이 요구하는 소년절차에 있어서 인권보장의 최저기준을 제시한 것으로서 각국의 소년법제 및 운용의 지표가 되는 것이다. 1989년에 제정된 「아동권리협약」 제37조 및 제40조는 유엔최저기준규칙에서 유래한 것이다(청소년보호위원회, 1998:26).

소년사법운영에 관한 유엔최저기준규칙에서 강조하는 비행청소년 인권보호의 주요 원칙은 크게 4가지로 요약된다. 보호주의(보호권), 적법절차(참여권), 최소구금의 원칙(생존권), 처분의 선택기준(발달권) 등이 주된 특징인 것이다.

첫째, 보호주의 측면에 관해서 유엔최저기준규칙은 소년사법의 복지적 성격을 여러 곳에서 강조하고 있다. 예를 들면, 소년사법 시스템은 소년의 복지에 중점을 둔 것이어야 하며, 절차는 소년의 최선의 이익에 기여하는 것이어야 하며, 소년의 복지는 그 소년의 사건을 고려함에 있어서 지도적인 요소이어야 한다는 기술에서 기본 이념을 찾아볼 수 있다.

둘째, 적법절차 측면에 관해서 동 규칙은 범죄사실의 고지를 받을 권리, 변호인 의뢰권, 부모 및 보호자의 입회권, 법적 조언자에 의해 대리받을 권리, 무상의 법률부조를 요구할 권리를 명시하고 있다.

셋째, 최소구금의 원칙과 관련하여 사법당국이 청소년의 신체자유를 제한하는 조치를 결정할 경우에는 사회내에서 모든 가능한 교육 및 복지적 조치들을 강구한 이후에 어쩔 수 없는 최후의 선택이어야 한다는 것이다. 신체의 자유 박탈은 폭력발생 우려, 중대 범죄의 재발 우려 및 다른 적절한 방법이 없는 경우가 아니고서는 자유의 박탈을 해서는 아니된다고 명시하였다.

넷째, 처분의 선택기준은 사회의 필요와 소년의 필요를 동시에 고려하고 처분을 고려함에 있어서 청소년 최상의 이익 원칙과 복지가 지도적인 요소가 되어야 한다.

또한 아동권리협약에서도 "당사국은 자신의 견해를 형성할 능력이 있는 아동에 대하여 본인에게 영향을 미치는 모든 문제에 있어서 자신의 견해를 자유스럽게 표시할 권리를 보장하며, 연령과 성숙도에 따라 정당한 비중이 부여되어야 한다(제12조 1항)"고 규정하고 있다. 비행청소년에 대해서도 "아동에게 영향을 미치는 어떠한 사법적, 행정적 절차에 있어서도 직접 또는 대표자나

적절한 기관을 통하여 진술할 기회가 국내법적 절차에 합치되는 방법으로 주어져야 한다(2항)"고
보장한다.

청소년의 인권은 성인의 권위와 힘이 절대적인 사회환경에서는 특히 중요하다. 인권보장은 자신
의 환경과 삶의 경험이 "취약한" 또는 "불리한" 아동과 청소년들에게 더욱 중요하다. 성인에 비해
자기결정권 또는 자기보호권이 미약한 청소년들의 인권문제는 비행청소년과 같이 사회적으로 불리
한 처지에 있는 청소년들에게 있어서는 배가된다(McNeish, 1999; 천정웅, 2008:39에서 재인용).

소년사법과 관련된 국제인권준칙은 '소년사법운영에 관한 유엔최저기준규칙' (약칭 '베이징
룰', 1985년 채택), '자유를 박탈당한 소년의 보호에 관한 유엔규칙' (이하 '소년보호규칙')과
'소년비행의 방지에 관한 유엔지침 '(약칭 '리야드가이드라인', 1990년 채택) 등 세 가지를 들 수
있다. 국제인권준칙의 기본은 사법당국의 보호하에 있는 소년에게 최선의 이익을 실현하는 것이
며, 소년사법절차에서 소년의 방어권이 보호되는 것이며, 소년에 대한 처우는 지역사회의 활력에
의존해야 하고 다이버전이 추진되어야 한다는 것이다. 소년사법운영에 관한 세가지 국제준칙은
공통적으로 아동권리협약에 기초하여 소년의 권리확립을 위한 폭넓은 활동 속에서 '아동의 성장
발달권' 의 보장을 추구하고 있다(오영희, 2009:20).

1) 적법절차

소년사법에서 국친사상은 전통적인 복지주의의 핵심 원칙이라 할 수 있다. 그러나 50년여년 전
부터 서서히 그 영향이 축소되어 오고 있다. 본질적으로 국친사상은 법원이 아동의 미래를 결정
하고 보호할 책임이 있다는 보호주의 개념이다. 이면에는 아동 자신의 생각에 관한 고려는 배제
되어 있다. 특히 미국에서 20세기 전반에 이 원리가 지배적이었고 적법절차가 부각됨으로써 점차
아동보호에 관한 국친사상이 퇴조하게 되었다(Hazel, 2008).

베이징룰Beijing Rule에서는 수사과정에서 법집행기관과 소년범죄자와의 접촉은 각 상황에 적절
히 부응하여 소년의 법적 지위를 존중하고 복지를 증진하며 소년을 해하지 않는 방법으로 행해져
야 하며(제10조 제3항), 심판절차는 소년에게 최상의 이익을 제공하는 것이어야 하고 소년이 자

유롭게 표현하고 이해하기 쉬운 분위기에서 행해져야 한다(제14조 제2항)고 규정하고 있다. 어떠한 경우라도 소년은 적법절차due process에 따라 공평하고 적정한 심리fair and just trial를 받아야 한다. 공평하고 적정한 심리란 무죄추정, 범죄사실을 고지받을 권리, 묵비권, 변호인의뢰권, 부모·보호자의 입회권, 증인신문권, 상급기관에 불복신청할 권리 등이 보장되는 것을 말한다.

이상의 절차적 권리가 실질적으로 보장되기 위하여는 소년이 변호인 등 법률전문가의 지원을 받을 수 있어야 하고, 소년은 무료 법률구조를 요구할 권리가 있다(제15조 제1항)고 규정하고 있다.

베이징룰에서 '변호인 의뢰권은 … 절차의 모든 단계에서 보장된다'(7-1)고 규정하고 있으며, '절차를 통해 소년은 법률적 조언자legal adviser에 의해 대리받을 권리, 혹은 그러한 규정이 있는 국가에서는 무상의 법률부조free legal aid를 요구할 권리를 가져야 한다'(15-1)고 규정하고 있다(청소년보호위원회, 1998:304).

아동권리협약 40조에서도 '형사피의자(피고인)인 모든 아동은 피의사실을 신속하게 직접 또는 부모(후견인)를 통해 통지받으며, 변론의 준비 및 제출시 법률적 또는 기타 적절한 지원을 보장받는다'고 명시하고 있다.

변호인은 법적으로 소년을 원조하는 자이지만 부모나 보호자는 소년을 심리적·정서적으로 원조하는 자이며 소년의 성장 및 원조에 1차적인 책임을 지는 자로서 소년사법절차에의 참여가 요구된다. 베이징룰에서도 '부모 및 보호자의 참가권은 소년에게 있어서 일반적인 심리적 감정적 원조로 파악하여야 한다. 이 기능은 절차 전체에 미친다'(15-2의 주석)고 하였다(청소년보호위원회, 1998:310).

우리나라 소년심판의 절차에 있어서 소년 본인과 보호자는 일정한 범위 내에서 절차에 참가할 권리가 보장되어 있다. 즉, 심리개시가 결정되면 통지를 받으며(소년법 제20조 2항), 심리기일에 소환되고(소년법 제21조), 심리기일의 변경시에 통지를 받는다(소년법 제22조). 특히 보호자는 심리기일에 출석할 수 있으며(소년법 제23조 2항) 심리에 관하여 의견을 진술할 수 있다(소년법 제25조 1항). 또한 불처분결정(소년법 제29조), 보호처분의 결정(제37조 3항)시에 통지받을 권리 등이다.

이외에도 베이징룰에서는 소년의 프라이버시 권리보호의 필요성도 강조하고 있다. 특히 소년의 프라이버시 권리는 부당한 공표나 낙인에 의해 발생하는 폐해를 회피하기 위해 모든 단계에서 존중되어야 하며, 원칙적으로 소년범죄자의 특징으로 인식될 수 있는 어떠한 정보도 공표되어서는 안된다(제8조 제1, 2항; 오영희, 2009:25-26). 이외에도 프라이버시 권리보호를 위해 '범죄기록의 비밀유지'를 명시하였다. 즉 소년범죄자의 기록은 엄중하게 비밀이 유지되고, 소년범죄자의 기록은 성인에 달한 후에 일어난 사건의 절차에 사용되어서는 아니된다(제21조 제1항, 2항).

우리나라의 경우는 소년법 제24조에서 판사가 적당하다고 인정하는 자에게 참석을 허가할 수 있는 경우 외에는 소년에 대한 심리는 공개하지 아니한다고 '심리 비공개 원칙'을 명시하고 있다. 그러나 다른 한편으로는 헌법 제27조 제3항에서 형사피고인은 상당한 이유가 없는 한 지체없이 공개재판을 받을 권리를 가진다고 규정함으로써 '공개재판의 권리'를 천명하고 있음으로, 범죄소년이라도 '보호사건'으로 처리되면 '비공개 심리'가 진행되고, '형사사건'으로 분류되면 '공개재판'의 대상이 되어 소년의 프라이버시 보호가 되지 않고 있다(오영희, 2009:110).

2) 최소구금 및 최소개입의 원칙

1960년대에 복지주의에서 후퇴하고 대신에 적법절차를 강조함으로 인해 나온 결과 중 하나는 종전의 부정기형에 대한 문제인식이다. 소년에 대한 개입은 최소한도로 필요한 기간 동안 필요한 만큼만 한다는 원리가 많은 나라들에서 채택되어 제도변화가 진행되었다. 예들 들면, 1990년에 독일에서는 부정기형이 폐지되었고 어떠한 법원의 판결이든 최후의 수단이어야 한다는 원칙을 강조하는 개혁이 있었다. 이와 유사하게, 이태리의 가장 일반적인 법원의 처분은 '사면judicial pardon'으로 사건의 80%를 점하였다. 이는 법원이 형사적 처분을 부과하지 않는 것이 청소년의 발달에 더 이롭다는 신념에 기초하는 것이다(Hazel, 2008).

베이징룰은 심판을 위한 신병구속은 최후의 수단으로서만 사용되어야 하며 소년은 성인피구금자의 악영향을 받기 쉬운 시설에 수용되어서는 안 되고, 또 소년의 발달단계에 따른 특별한 요청을 항상 고려해야 한다는 기본원리를 제시하였다(청소년보호위원회, 1998:299-300). 소년보호규칙도 소년의 다양한 권리와 안전을 옹호하고 육체적·정신적 복지를 증진시켜야 한다고 규정하면서(제1조), 소년의 자유박탈은 최후 수단의 처분이어야 하며 그 기간도 최소한의 필요기간이어야 하고 예외적인 사례에 국한되어야 한다(제2조). '자유의 박탈'이란 소년보호규칙 제11조의정의에 따르면, 사법당국, 행정당국 혹은 기타 공적 권한을 가진 자의 명령에 의해 어떤 형태로든 구금 또는 교도소 수용 혹은 그곳에서 자신의 의사로 떠날 수 없는 다른 공적 또는 사적인 신병구속의 환경에 놓인 것을 의미한다. 소년보호규칙은 미결구금에 있어서도 체포되거나 심판을 받기위해 신병이 구속되어 있는 소년은 무죄로 추정되며 그에 적합한 취급을 받아야 하며 구금되는 미결소년은 기결소년과 분리되어야 할 것을 규정하고 있다(제17조; 오영희, 2009:29-30).

우리나라 소년법 제55조 1항은 '소년에 대한 구속영장은 부득이한 경우가 아니면 발부하지 못한다'고 하여 소년에 대한 구속을 억제시키고는 있으나, '부득이한 경우'의 내용이 극히 포괄적이고 애매모호할 뿐만 아니라 구속의 대체조치도 마련되어 있지 않다. 검찰이 중죄라고 판단하여공판을 청구한 사건 중 일부 청소년만이 실형선고를 받은 것으로 나타났는데, 이는 소년범죄에 대한 검찰의 구공판이 신중하지 못했음을 잘 입증하고 있다. 소년범죄에 대한 구공판 중에 상당한비율이 구속 하에 이루어지고 있음을 고려할 때 수사단계에서의 소년범죄자에 대한 구속의 신중성이 특별히 요청되고 있다(청소년보호위원회, 1998:299-300).

3) 청소년최상의 이익

청소년최상의 원칙은 UN아동권리협약 제3조에 명시됨으로써, 아동과 관련된 어떠한 절차에 있어서든지 주요한 원칙이어야 하기 때문에 소년사법절차에 있어서도 주요한 국제원칙이되었다.

베이징룰 제2조 제3항은 각국의 사법에서 성인과는 달리 특별히 소년범죄자에게 적용되는 법률, 규칙 등을 제정하고 소년범죄자의 기본권을 지키고 그들의 다양한 요구와 사회의 요구를 충족시키며 철저하고도 공정하게 소년에 관한 국제인권준칙을 실행하기 위해 설계된 제도 및 기관을 만들고 거기에 소년사법의 운영을 맡겨야 한다고 규정함으로써 성인의 사법절차와는 차별화된 소년사법체계를 확립토록 하였다. 소년보호규칙 또한 소년과 성인간의 분리수용의 중요성을 강조하고 있다. 모든 구금시설에서 소년은 가족을 제외하고는 성인으로부터 분리되어야 할 것을 명시한 것이다(제29조; 오영희, 2009:22).

베이징룰 제4조에서는 형사책임연령을 구체적으로 규정하지 않고 있으나, 소년의 형사책임연령 개념을 인정하고 있는 법제도에서는 청소년의 정서적 · 정신적 · 지적 성숙에 관한 사실을 고려하여 형사책임의 개시연령을 과도하게 낮게 정해서는 아니된다고 규정하였다(오영희, 2009:24).

베이징룰에서는 소년사법업무를 수행하는 수단, 방법, 태도를 포함하여 업무수행 직원의 능력을 개선하고 유지할 목적으로 조직적으로 전개 · 조정되어야 하고(제1조 제6항), 소년사건을 취급하는 모든 직원이 필요한 전문능력을 확립하고 유지하기 위해 전문교육, 직무연수, 재교육과정, 기타 적절한 방법의 교육이 활용되어야 한다(제22조 제1항)고 규정하고 있다(오영희, 2009:26).

또한 베이징룰 제12조 제1항은 '경찰의 기능을 최대한 발휘하기 위해서는 독점적으로 소년을 취급하는 경찰관 그리고 주로 소년범죄의 방지에 종사하는 경찰관은 특별히 지도되고 훈련받아야 한다'고 규정하고 있다. 이는 경찰조직도 소년의 성장 · 발달을 지원하는 기관의 하나이므로 그에 상응한 체제를 갖추어야 하며, 경찰관은 소년의 성장 · 발달과 소년이 놓여져 있는 환경에 대해 이해하고 소년을 위해 활동하는 전문소년경찰이어야 한다는 것을 강조한 것이다. 특히 경찰은 소년이 소년사법제도와 접촉하는 최초의 단계이므로, 경찰관이 전문적인 지식을 갖추어 적절한 태도로 접하는 것이 가장 중요하다.

한편, 베이징룰 제22조는 '소년사건을 취급하는 모든 사람에게 필요한 전문가로서의 능력을 습득시키고 유지하기 위해, 전문교육, 현직교육, 보충학습, 기타 적절한 교육방법이 이용되어야 한다'고 규정하여, 전문교육의 필요성과 다양성을 요구하고 있다(청소년보호위원회, 1998:318).

중요한 것은 청소년최상의 원칙이 실제에 있어서 어떻게 반영되고 있는가 하는 점이다. 예를 들면, 스웨덴에서는 비행소년에 대한 개입의 절대적 원칙은 청소년들의 행위behavior 보다는 필요 needs에 기초해야 한다. 벨기에의 1965년 청소년보호법에서도 동일한 원칙이 적용되고, 스페인 에서는 사회조사팀이 특정아동에게 있어서 무엇이 최상의 이익인가에 관한 보고서를 작성하여 판 사에게 제출하고 만약 판사가 그 권고를 따르지 않을 경우는 그 사유를 상세하게 설명하여야 한 다(Hazel, 2008).

우리나라의 경우, 소년법원은 조사 또는 심리를 함에 있어서 정신과 의사·심리학자·사회사 업가 교육자 기타 전문가의 진단 및 소년분류심사원의 분류심사결과와 의견을 참작하여야 한다 (소년법 12조). 소년법 제11조 2항은 '소년부 판사는 조사관에게 사건 본인, 보호자 또는 참고인 의 심문 기타 필요사항의 조사를 명할 수 있다. 조사방침에 대하여는 '조사는 의학·심리학·교 육학·사회학이나 그 밖의 전문적인 지식을 활용하여 소년과 보호자 또는 참고인의 품행·경력· 가정상황, 그 밖의 기타 환경 등을 밝히도록 노력하여야 한다'고 규정하고 있다(소년법 9조).

그러나 이러한 법 취지에도 불구하고 소년사법의 실무를 보면, 경찰과 검사는 조사에 필요한 전문지식도 없이 피의사실의 수사에 부수하는 형식적인 조사만을 토대로 사건처리를 하고 있고 형사법원이나 소년법원은 법원의 조사관, 보호관찰소, 소년분류심사원 등에 의한 조사결과를 적 극적으로 활용하지 못하고 있다(청소년보호위원회, 1998:330-331).

4) 복지적 보호

비행청소년에 대하여 복지주의적 접근을 하는 나라들의 특징은, 어린 시기에 학대·방임을 받 은 부작용으로 비행을 저지르게 된 '어려움에 처한' 아이들로 본다는 것이다. 이런 관점은 전통 적으로 사회민주주의 국가들 - 스웨덴, 노르웨이, 핀란드, 벨기에, 프랑스, 네덜란드 - 로부터 도래된 것이다. 또한 영국에서도 이에 기초하여 아동의 복지적 필요를 찾기 위해 아동청문회Chil-dren's Hearing Panel를 거치는 것이다. 유럽의 보수적인 복지주의 국가들 - 독일, 프랑스, 이태리 등 - 이 시행하는 소년사법체계의 핵심원칙은 "교육"이다. 독일이 좋은 예로서, 재활과 교육이

처분의 핵심이다. 법원은 소년에게 적합한 재사회화의 대안을 찾기 위하여 가정배경과 학업 성취정도를 검토한다.

그러나 최근에는 이런 복지주의 관점에서 변화해 가는 나라들도 있다. 호주가 대표적이다. 범죄통제 또는 신-교정주의 모델을 따르는 나라들의 주된 원칙은 사회보호 원리이다. 공공에 위험이 된다고 보이면 청소년이라도 구금을 강조하는 것인데, 예들 들면 2003년 캐나다의 소년사법개혁과 1994년 호주의 소년사법 개혁의 원리가 그것이다(Hazel, 2008).

각국의 상황에 따라 소년사법의 모델이 조금씩 상이하다고 하더라도, 소년사법은 모든 소년에 대해 사회정의를 실현한다는 넓은 관점에서 그 목적은 소년의 복지에 중점을 두어야 하기 때문에, 당연히 소년 자신과 소년을 둘러싼 환경에 대해 자료를 수집하여 이를 심판에 반영시킬 필요가 있다.

베이징룰은 '심판권자는 사건에 있어서 올바른 심판을 내리기 위해 소년이 생활하고 있는 환경, 범죄를 어떠한 상황 하에서 범하였는가를 적정하게 조사하여야 한다'(16조)고 규정하고, 또 '사회조사보고는 소년에 관한 법률상의 절차를 수반하는 많은 경우에 있어서 빠뜨릴 수 없는 역할을 한다' 고 규정하고 있다.

또한 동 규칙은 '채택된 처우는 항상 범죄가 범해진 사정 및 그 중대성과 함께 사회의 필요 및 소년의 형편과 필요에 상응한 것이어야 한다(17-1a조)고 규정하고 있다. 이는 범죄소년의 처우를 결정함에 있어서 범죄사실과 함께 소년을 둘러싸고 있는 사회 · 가정환경, 성장과정, 성격, 자질 등을 정확하게 조사하는 것이 소년의 복리를 증진하고 건전한 성장을 지원하는 데 불가결하며, 비행재발의 방지로 이어진다는 관점을 명확히 한 것이다(청소년보호위원회, 1998:329-330).

베이징룰 제11조는 다이버전Diversion에 대한 규정으로서, 적합하다고 인정되는 경우 '권한 있는 기관' 에 의한 정식재판이 아닌 방법으로 소년범죄자를 취급할 것을 고려하여야 하고(제1항), 경찰, 검찰 내지 소년사건을 취급하는 기타 기관에서는 원칙에 따라 정식 심리를 거치지 않고 재량으로 사건을 처리할 권한이 부여되어야 한다(제2항). 소년사건을 다루는 '권한있는 기관'은 나라에 따라 법원court, 중재기관tribunal, 치안판사magistrate, 행정위원회administrative board, 기타 지역사회의 분쟁조정기관conflict resolution agency 등 다양하다(최병문, 2008:639; 오영희, 2009:24 재인용).

베이징룰 제18조 제1항에서는 사법기관에서 이용할 수 있는 소년에 대한 처우로는 관리·지도·감독, 보호관찰, 사회봉사명령, 벌금, 손해배상 및 원상회복, 중간처우, 집단상담 및 기타 유사한 활동에의 참가명령, 양육, 지역사회 또는 교육시설에 관한 명령 등으로 규정하고 있다(오영희, 2009:24).

1990년 12월 14일 유엔총회에서 채택한 '소년비행의 방지에 관한 유엔 가이드라인'(리야드가이드라인)은 소년비행을 예방하기 위해서는 유아기부터 인격을 존중하고 인격을 향상시킴으로써 조화로운 사춘기의 성장을 확보하도록 사회 전체가 노력할 필요가 있다고 전제하고(1조 및 2조), 각 국의 법체계에 따라 유아기부터 적용되는 복지를 소년비행예방의 핵심으로 삼아야 하며, 사회통제를 위한 공식기관은 청소년에 대한 최후수단으로 이용되어야 한다고 규정한다(5조 및 6조).

UN총회에서 채택한 리야드가이드라인에서는 소년비행을 예방하기 위해 특히 명백히 '위험에 빠져 있거나 사회적 위험에 직면하여 특별한 관리나 보호를 필요로 하는 청소년'에게 적용가능한 원칙들을 다음과 같이 제시하고 있다. 주요내용을 6가지로 분류하면 다음과 같다(최병문, 2008:644; 오영희, 2009:32-33 재인용).

첫째, 국가의 공교육의무가 있다(제20, 21조). 정부는 모든 청소년에게 공교육 받을 기회를 부여할 의무가 있다. 교육기관은 학문활동, 직업훈련 활동 이외에도, 소년의 개성, 재능, 정신적·육체적 능력 등을 개발하고, 단순한 대상물이 아니라 적극적이고 유효한 참가자로서 소년을 교육과정에 참가시키며, 학교 및 지역사회에 동화하여 소속되고 있다는 의식을 양성할 수 있는 활동을 실시하며, 직업훈련·고용기회·직업능력의 개발에 관한 정보를 제공하며, 소년을 정서적으로도 적극 지원하여 심리적 학대를 회피하도록 하며, 가혹한 징계, 특히 체벌을 금한다.

둘째, 사회적 위험에 빠진 소년에 대한 특별프로그램의 개발과 활용이 있어야 한다. 교육기관은 사회적 위험에 빠져 있는 청소년을 보살피고, 그들에게 주의를 기울이되 이를 위한 특별한 방지계획 및 교재, 교육과정, 접근방법 및 수단을 개발하여 충분히 활용하여야 한다.

셋째, 알코올·약물 남용 방지정책과 교사연수가 있어야 한다(제25조). 약물남용을 지도하기 위하여 교사 및 기타 전문가는 이런 문제를 방지·대처하기 위해 필요한 소양을 충분히 습득하고 연수를 받아야 한다.

넷째, 지역사회의 광범위한 지원조치가 있어야 한다(제33조). 지역사회는 청소년에게 활동센터, 레크리에이션 시설 및 각종 서비스를 포함한 지역사회 차원의 지원을 마련하여야 한다.

다섯째, 학대·방임·유기 아동을 보호해야 한다(제46조). 하지만, 복지·보호시설이라 하더라도 아동에 대한 시설수용은 최후수단이며 필요한 최단 기간에 국한되어야 하며, 아동 최상의 이익이 가장 중시되어야 한다. 공식적인 개입에 의한 시설수용을 인정하는 기준은, 아동 또는 청소년이 부모·보호자로부터 위해를 입은 경우, 아동 또는 청소년이 부모·보호자로부터 성적·육체적·정서적 학대를 받은 경우, 부모·보호자에게 방임·유기·착취 당한 경우, 부모·보호자의 행동으로 인해 신체적 위험이나 도덕적 위기에 빠져있는 경우, 아동 또는 청소년의 행동에서 심각한 육체적 혹은 심리적 위험이 표출되고, 공공시설에 수용하는 것 외의 수단으로는 부모, 보호자, 소년 자신은 물론 비거주 지역사회 서비스non-residential community service 조차도 그러한 위험에 대처할 수 없는 경우 등으로 제한한다.

여섯째, 범죄나 약물남용 등에 아동을 이용하는 행위를 금지해야 한다(제53조). 이를 위해 정부는 아동 및 청소년에게 유해한 행위를 방지하는 법률을 제정, 시행해야 한다.

5) 지역사회 참여와 소통

비록 비행을 저질렀다 하더라도 청소년은 사회의 구성원으로 복귀시켜야 한다는 사회통합의 원칙은 일부 회복적 사상에 영향을 받은 것으로서, 청소년을 그들을 속한 지역사회로 되돌려 보내고 긍정적 인간관계를 잘 유지시키는 것을 강조한다. 유럽의 예를 보면, 벨기에서 소년법원은 보호조치 및 교육조치를 통하여 청소년의 사회 재활을 지원하도록 노력해야 하고, 1996년 이래로 오스트리아 판사들은 선고시에 청소년의 사회통합에 미치는 영향을 고려해야 하고, 이는 불가피하게 최소개입 원칙과 관련이 된다(Hazel, 2008).

베이징룰은 법의 개입 필요성을 줄이기 위해서, 소년의 복지를 증진시키고 법을 저촉한 소년을 효과적이고 공정하며 인간적으로 대우하는 것을 목적으로, 학교 및 기타 지역사회 시설과 함께 가정, 자원봉사자, 지역단체를 포함하여 가능한 모든 자원을 최대한 활용하는 적극적인 수단을 취할 것을 요구하고 있다(제1조 제3항). 심판전 구금에 있어서도 소년은 연령, 성별, 인격에 따라 필요한 지원과 보호, 사회적 · 교육적 · 직업적 · 심리학적 · 의학적 · 신체적 지원 등 필요한 모든 개별적인 지원을 받아야 한다(제13조 제5항)고 규정하고 있다. 또한 소년보호규칙 제3조 역시 자유를 박탈당한 소년의 공정한 처우를 확보하기 위한 조건을 명확히 하고, 인권과 기본적 자유에 합치하여 소년의 개인적인 권리와 복지를 보장하는 조건을 구체화하였다(오영희, 2009:29).

베이징룰에 의하면 시설외 처우와 관련하여 심판절차의 각 단계에서 소년에게 숙소, 교육 또는 직업훈련, 고용 및 기타 현실적 지원 등 사회복귀 과정을 촉진시키기 위해 필요한 지원을 제공하는 노력을 하여야 하며(제24조 제1항), 자원봉사자, 자원봉사조직, 지역사회의 기관, 기타 사회자원은 지역사회내에서 (가능한 한 가정내에서) 소년의 재활에 효과적으로 기여하도록 활용되어야 한다(제25조 제1항; 오영희, 2009:27-28).

아동권리협약 제40조 4항은 처우의 다양성에 관하여 규정하고 있으며, 베이징룰 제18조 1항은 '심판권자는 가능한 한 최대한 시설수용을 피하기 위해 유연성을 고려하여야 한다'고 규정하면서, 처우의 다양성으로서 보호 · 지도 · 관찰명령, 보호관찰, 사회봉사명령, 벌금 · 보상 · 손해배상, 중간처우와 기타 처우명령, 그룹 카운슬링과 그러한 활동에의 참가명령, 부모에 의한 보호 · 지역사회 · 기타 교육적 환경에 관한 명령 등 비수용화 처분의 개발 · 활용을 제시하고 있다(청소년보호위원회, 1998:320). 베이징룰이 각종 처우 프로그램을 제시하고 있는 것은, 지역사회를 신뢰하고 지역사회의 역할을 활용하고자 하는 점에서 공통점이 있다. 즉, 비행청소년의 보호 및 선도를 위한 정책이 실효를 거두기 위해서는 지역사회를 중심으로 가정, 학교, 청소년 관련기관, 시민단체, 종교단체, 사회복지기관, 자치단체, 경찰·검찰이 긴밀하게 협력하여야 한다는 점이다. 특히 청소년 문제는 사회전반과 밀접한 연관성을 지니는 총체적인 문제이므로 유관기관 간의 상호협조는 필수적으로 요구되는 요소이다. 따라서 소년 보호 및 육성 프로그램이 성공을 거두기 위해 지역별로 유관기관 간의 긴밀한 공조체제 속에서 함께 대처하는 다기관 협력의 접근방식이 필요하다(청소년보호위원회, 1998:327).

또한 1990년의 리야드가이드라인 5조도 '아동의 권리발달이라는 측면에서 중대한 해악을 발생시키지 않거나 타인에게 위해를 가하지 않는 아동의 태도를 범죄화하거나 형벌화하는 것을 피할 것'이라고 하고 있으며, '소년보호규칙' 8조 또한 '소년과 지역사회 간의 열린 접촉을 배양하는 수단이 적극적으로 취해져야 한다'고 규정하는 등, 비수용non-residential 처분의 개발·활용은 국제적인 관심사가 되고 있다.

특히, 권한 있는 기관은 구금된 소년들에 대한 배려와 그들의 사회복귀를 준비하는 것이 매우 중요한 사회복지라고 강조한다. 따라서 의무교육의 취학연령에 있는 모든 청소년은 자신의 필요와 능력에 적합하고 사회복귀 준비를 위한 교육을 받을 권리가 있다. 이러한 교육은 가능한 한 소년구금시설 밖의 지역사회 학교에서 자격을 가진 교사에 의해 국가의 교육제도에 통합되는 프로그램으로 시행되어야 한다(제38조).

이외에도 외부와의 소통은 인도적 처우를 받을 권리 뿐 아니라 청소년의 사회복귀를 돕는 핵심적 사항이므로, 소년이 가족, 친구 및 신뢰로운 외부 단체와 소통하거나 가족방문을 위해 특별허가를 받아 시설에서 외출할 수 있도록 허용하는 것도 소년보호규칙(제59조)에서 규정하고 있다(오영희, 2009:30-31).

각국의 소년 사법복지 추세

1) 적법절차의 보장

(1) 청소년청문시 적법절차

청소년도 성인과 동일하게 완전한 사법절차상의 권리를 보장받아야 한다는 "적법절차" 논쟁은 1960년대에 미국에서 처음으로 제기되었다. 그 이전에는 국친사상에 기초하여 소년법원이 보호자의 역할을 대신할 수 있고 법적 절차에 대한 별다른 고려없이 법원이 청소년에게 발생하는 사항들에 대해 결정할 모든 권한을 갖는다고 가정하였다(Hazel, 2008:46).

이태리 등 일부 국가에서는 아직도 공식 재판으로부터 청소년을 분리하는 다이버전 개념을 공식적으로 거부한다. 그럼에도 불구하고 이태리는 최종 판결단계 전에 법원내에서 다단계 처리절차가 마련되어 있어서 실제는 다양한 형태의 다이버전이 시행되고 있는 것이다. 공식적인 다이버전 거부원칙이 반드시 청소년의 기소나 구금을 촉진하는 것을 의미하지는 않는다.

청소년을 위한 법률 변호인과 보조인을 항상 허용하는 국가는 51개 국가 중 37개 국에 달한다. 법률 보조인의 출석 문제는 매우 민감한 문제로서, 보조인은 복지주의 또는 회복적 사법 원칙들에 상반되는 이슈를 내포한다. 대부분의 국가에서 법률 보조인은 일반 변호사가 담당한다(Hazel, 2008:46).

(2) 변호사 보조인 의뢰권

우리나라의 경우 형사재판에서는 일정한 중대범죄의 피고인에 대해서는 재판 개정의 조건으로서 반드시 변호인이 선임되는 것으로 규정되어 있고(형사소송법 제282조), 그 밖의 자에 대해서도 피고인이 권리를 포기하지 않는 한 자력이 없는 자에게는 국가의 비용으로 변호인이 선임된다(헌법 제12조 4항). 그런데 성인에 비해 방어능력이 부족하고 일반적으로 자력이 없는 소년에게는 성인에게 보장되어 있는 국선변호인의 원조를 받을 권리가 일부 소년에게만 보장되어 있다. 따라서 형사사건의 피의자단계에서 부터 법원 소년부 처분결정단계에 이르기까지 구속된 모든 소년의 방어권을 보장하기 위한 공적인 변호인 보조인 제도가 확대되어야 할 것이다.

또한, 소년에 대한 변호인 선임권의 고지가 법제화되어야 한다. 소년에 대한 변호인 선임권의 고지가 행해진다고 할지라도 사회적 미성숙으로 인해 소년이 변호인 선임권을 적절하게 행사할 것이라고는 볼 수 없다. 따라서 변호인 선임권의 고지는 소년이 아니라 부모나 보호자에게 행하도록 하는 방법을 강구하여야 한다. 현행 소년법은 소년을 심리적 · 정서적으로 원조하는 보조인에 대해 그 자격을 한정시키지 않고 있다. 따라서 경우에 따라서는 교사, 직장의 사용자, 지역사회의 청소년지도자 등이 유효한 역할을 할 수도 있을 것이다.

2000년부터 프랑스에서는 경찰조사에서 청소년들이 묵비권을 행사할 권리가 인정되고 조사과정은 비디오 촬영을 하여야 한다. 뿐만 아니라 검사의 동의 없이는 경찰구금이 허가되지 않으며 경찰 구금시에는 청소년이 의사의 검진을 받아야 한다. 오스트리아에서는 경찰조사과정에서 심리적 지원을 해 줄 적절한 성인과 법률적 지원을 위한 전문가가 배석하여야 한다(Hazel, 2008:44).

(3) 부모 · 보호자의 입회권
청소년에 대한 수사단계에서의 부모 및 보호자 내지 변호인의 입회권을 보장하는 규정을 법제화시킬 필요가 있다. 소년이 보호자 또는 변호사의 입회를 요구했을 경우에는 그에 따르도록 하는 방안을 모색할 필요가 있다.

학계에서는 법제도적 개선과 함께 부모나 보호자를 입회시키지 않고 조사하여 작성된 자백조서는 증거로 채택할 수 없음을 법문화할 필요성이 있다고 지적하기도 한다.

2) 청소년의 최소구금

(1) 구금율
소년원, 치료센터, 리셉션센터 등 청소년 수용시설의 명칭은 나라마다 다양하나 실제로 소년의 의사에 반하여 그들을 수용하고 있는 시설들은 '구금시설'로 볼 수 있다. 미주국가별로 18세 미만 청소년에 대한 구금율을 비교하면 표5-2와 같다(Hazel, 2008:59).

(2) 구금 기간

이태리 등 일부국가는 부정기형을 시행하지만, 대부분의 국가들은 청소년을 구금할 수 있는 기간을 제한하고 있다. 청소년 형사사건의 경우 한국, 핀란드 등은 최장 15년 유기징역에 처할 수 있고, 상한선이 없는 국가는 이태리, 미국, 호주 일본 등이다(Hazel, 2008:62).

(3) 구금의 유형

대체구금의 한 유형으로, 일부 나라에서는 중간구금 형태를 사용하고 있다. 이태리에서는 야간에만 구금하고 주간에는 외부에 나가서 교육이나 근로를 담당할 수 있다. 우리나라의 경우는 성인에 대해 천안교도소에서 개방처우를 실시하고 있다. 이와는 반대로 스페인에서는 주간에는 교정센터에서 엄격한 프로그램에 참여하고 야간에는 자가에서 거주하는 제도도 있다. 또한 스페인에서는 주말에만 구금하는 형태도 있다.

독일은 최장 4주까지 구금할 수 있는 최단기 구금이 있고 이 사실은 범죄기록에 등재되지 않는다. 이와 유사하게 오스트리아에서는 '불기소 구금형' 제도가 있는데, 범죄기록에는 구속기소로 나오고 실제로 형량결정은 하지 않는 것이다(Hazel, 2008:63).

〈표 5-2〉 각국의 청소년범죄자 구금율(2002년)

국가별	18세 미만 기소자 수	18세 미만자 중 수감율
벨기에	105명	1.1%
이태리	267명	0.5%
독일	841명	1.4%
핀란드	7명	0.2%
네덜란드	574명	3.1%
뉴질랜드	369명	6.4%
영국	2869명	3.8%
미국	135,107명	6.5%

(4) 최후수단으로서 구금

아동권리협약 제37조에서 명시한 '최후수단으로서 구금' 원칙은, 아동이 지역사회 내에 있을 때 위험하고 다른 방식으로는 통제할 수 없는 경우에만 구금을 사용해야 한다는 것이다. 미국은 아동권리협약에 비준하지 않았고 소년구금율도 최고인 나라이다. 독일, 핀란드 등 구금율이 낮은 나라들은 최후수단으로 구금 원칙을 공식적으로 법제화시킨 나라들이다. 오스트리아에서는 판사가 소년에게 구금형을 내릴 때는 청소년의 사회재통합에 구금이 미칠 영향을 반드시 고려해야 한다는 법규정이 마련되어 있어서 청소년구금을 최소화시키고 있다(Hazel, 2008:60).

(5) 구금율을 낮추는 다른 대안들

이태리, 독일 등 유럽 국가들은 청소년구금율을 낮추기 위해 다양한 노력을 기울여 왔다. 특히 소년사법 절차 및 처분의 개혁과 관련이 있다. 뉴질랜드에서 구금율이 급격히 감소한 것은 아동의 복지에 기반을 둔 가족집단청문Family Group Conference제도를 도입한 효과로 평가된다. 가장 극적인 감소는 핀란드에서 볼 수 있는데, 징역형 유예제도를 도입함으로써 청소년의 구금율이 거의 제로에 가깝게 감소했다(Hazel, 2008:61).

(6) 구금시 훈육과 인센티브

훈육의 수단으로 인센티브 아니면 처벌 방식을 사용하는 방법은 나라마다 다양하다. 오스트리아에서는 "재-사유화re-personalisation"를 주된 인센티브로 사용하여, 교정성과를 보이는 청소년은 구금시설내에서 자신의 옷을 입을 수 있거나 자신의 스포츠용품이나 전자용품을 사용할 수 있도록 허락받는다. 호주에서는 외부와의 접촉허용과 관련된 인센티브를 주로 사용한다.

이와는 반대로, 많은 나라에서는 기존에 시설 내에서 청소년이 가졌던 특권의 상실을 처벌로 사용하고 있다. 일부 국가에서는 여전히 '독방수감'을 처벌의 일환으로 사용하기도 한다. 독방수감 제한기간은 호주, 스위스 등이 10일, 독일, 핀란드, 오스트리아 등이 21일~30일로 규정된다(Hazel, 2008:64).

<표 5-3> 각국의 '수사에서 기소까지' 소요기간

소요기간	해당 국가
3개월	한국, 일본, 호주, 싱가포르
6개월	스페인, 스웨덴, 스위스
9개월	이스라엘
12개월	레바논, 파나마, 슬로바키아
12개월 이상	이태리, 아르헨티나

출처: UN(1998), Hazel(2008) 재인용.

법원 판결전 청소년의 신병구속은 최후의 수단으로서 가능한 한 단기간이어야 한다. 그러기 위해서는 ① 신병구속의 결정기준을 소년의 권리보장이라는 관점에서 구체적이고 엄격하게 정립하여 영장의 발부가 신중하게 되도록 특별한 체제를 검토해야 하며, ② 체포 후 법원이 신속하게 신병구속의 기준에 대한 심사를 엄격하게 하고, ③ 구속의 경우에도 다른 대체조치(소년분류심사원 등)를 준비하여 그것을 활용하도록 의무화하며, ④ 일단 구속된 소년에 대해서도 가능한 한 신속하게 송치전·심판전이라 할지라도 석방될 기회를 부여하도록 제도를 정비하고, ⑤ 신병구속기간을 최소화하고 심판을 신속하게 행하여야 한다.

구속사유인 '부득이한 경우'의 판단에 대체조치의 확보노력을 요건으로 하는 엄격한 운용이 필요하며, 구속의 대체조치를 명문화할 필요가 있다. 이에 대해서는 '소년의 피의사건에 있어서는 법관에 대하여 구속을 청구하는 대신에 소년분류심사원등에의 감호조치를 청구할 수 있다'고 규정한 일본 소년법이 참고가 될 것이다(청소년보호위원회, 1998:360-361).

3) 청소년최상의 이익 보장

(1) 소년전문경찰 제도

소년사건의 처리에 있어서는 범죄 사실의 확인과 아울러 그 원인과 배경을 이해하고 주변의 사회적 환경을 정비하여 원조하는 복지적 접근이 필요하다. 다시말해 사회방위적 관점에서가 아니라 교육적·복지적 관점에서 소년사법이 운용되어야 하는 것이다. 이를 위해서는 심리학, 교육학, 소년비행론, 사회병리학, 정신의학 등 전문성을 갖춘 자를 청소년전담 경찰로 임용하는 것이 바람직하다. 현직경찰도 경찰양성기관에 소년경찰전문화과정을 신설하여 그 과정을 이수한 자를 소년경찰에 우선적으로 배치하는 것이 바람직하다(청소년보호위원회, 1998:363).

UN자료에 따르면, 전세계 절반이상의 나라에서 청소년사건을 처리하는 경찰은 특별한 교육훈련을 받는다. 더 나아가 일부 나라에서는 소년경찰대가 별도로 구성되어 있다. 이는 베이징룰 제 12조1항의 규정을 반영하는 것이다. 좋은 예로서, 프랑스에는 100명이 넘는 전문경찰로 '소년수사대 juvenile brigades'가 설치되어 있다. 또한 덴마크 경찰은 소년경찰 부서를 새로 신설하고 소년을 지원하기 위한 사회복지사를 임명하였다. 네덜란드는 청소년조사를 담당할 '다기관 아동전담 팀multi-agency child-focused team'을 발족하였다(Hazel, 2008:44). 벨기에 경찰은 '아동중심' 절차를 시행하는데, 예를들면 경찰이 아동조사시에 안락한 방이나 경찰차가 아닌 승용차를 이용하기도 한다. 각 나라에서 청소년대상 수사에 있어 가장 중요하게 고려하는 사항은 청소년 전문성이 있는 경찰(소년경찰)을 활용하는 것이다.

(2) 법원 조사의 전문성

소년사법은 모든 소년에 대해 사회정의를 실현한다는 폭넓은 시야에서 사회의 평화적 질서유지에 공헌하는 것과 더불어 소년의 복지증진을 목적으로 한다. 따라서 소년 자신과 그를 둘러싼 환경에 대해 자료를 수집하여 이를 심판에 반영시킬 필요가 있다.

베이징룰 제16조는 '심판권자는 사건에 있어서 올바른 심판을 내리기 위해 소년이 생활하고 있는 환경, 범죄를 어떠한 상황 하에서 범하였는가를 적정하게 조사하여야 한다'고 규정하고, 덧붙여서 '사회조사보고는 소년에 관한 법률상의 절차를 수반하는 많은 경우에 있어서 빠뜨릴 수 없는 역할을 한다'고 규정하고 있다.

또한 제17조 1항에서는 '채택된 처우는 항상 범죄가 범해진 사정 및 그 중대성과 함께 사회의 필요 및 소년의 형편과 필요에 상응한 것이어야 한다'고 규정하고 있다. 이는 범죄소년의 처우를 결정함에 있어서 범죄사실과 함께 소년을 둘러싸고 있는 사회·가정환경, 성장과정, 성격, 자질 등을 정확하게 조사하는 것이 소년의 복리를 증진하고 건전한 성장을 지원하는 데 불가결하며, 비행재발의 방지로 이어진다는 관점을 명확히 한 것이다. 다시 말해, 소년사법운영의 기본은 '비행소년'을 어떻게 파악할 것인가에 있다는 것을 의미한다(청소년보호위원회, 1998:330).

우리나라에서도 소년법 제9조는 조사방침에 대하여 '조사는 의학·심리학·교육학·사회학 기타 전문적인 지식을 활용하여 소년과 보호자 또는 참고인의 성행·경력·가정상황 기타 환경 등을 구명하도록 노력하여야 한다'고 규정하고 있다.

그러나 이러한 법 취지에도 불구하고 소년사법의 실무를 보면, 경찰과 검사는 조사에 필요한 전문지식도 없이 피의사실의 수사에 부수하는 형식적인 조사만을 토대로 사건처리를 하고 있고 법원단계에서도 법원 조사관, 보호관찰소, 소년분류심사원 등에 의한 조사결과를 적극적으로 활용하지 못하고 있다.

일본의 가정재판소 조사관제도는 조사관의 전문성을 존중한다는 정신에서 발족하였으며, 소년의 처우를 결정할 때에는 사법적 기능을 주로 담당하는 법관과 주로 교육적 기능을 담당하는 조사관이 상호 의견을 교환하면서 소년에게 가장 적절한 처우를 내린다는 이념에 기초한다. 그러나 일본의 조사방법을 보면 모든 사건에 대한 과학적 조사를 실시한다는 가정재판소조사관제도의 발족이념으로부터 크게 후퇴하고 있다. 소년의 자질, 성장환경, 가정환경 등에 대한 조사의 중요성보다도 저지른 범죄의 대소(大小)에 중점을 두어, 사건에 따라서는 조사를 생략할 수도 있다는 방향으로 흘러가고 있다(청소년보호위원회, 1998:331).

4) 다이버전의 다양화

(1) 경찰단계 다이버전

비행소년이 처음 접촉하는 기관은 언제나 경찰이다. 외국 51개 국가 중 19개 국이 경찰단계의 다이버전을 제도화하고 있다. 경찰의 '주의cautioning'가 많은 나라에서 사용하는 다이버전 방식이다. 그러나 Hallett & Hazel(1998)에 따르면, 대부분의 경찰 주의 조치는 공식기록에 남지 않고 기타 다른 민간기관의 개입을 조건으로 하기 때문에 진정한 다이버전으로 볼 수 없다고 한다.

경찰단계의 다이버전을 허용하지 않는 나라는 한국을 포함하여 벨기에, 독일, 호주 등이다. 이는 모든 사건을 검사에게 송치하여 결정을 받아야 한다는 것이다. 일본에서는 경범죄에 한하여 경찰이 검사를 거치지 않고 법원에 직접 보낼 수 있고, 검사는 중범죄 수사에 집중한다(Hazel, 2008:48).

(2) 검찰 및 법원 단계 다이버전

청소년사건을 법정에 보낼 것인지 아니면 다이버전시킬 것인지를 결정하는 주체는 검사이다.

벨기에에서 검사는 비행사건이 청소년의 개인적, 사회적, 가족적 문제 때문에 발생한 결과이고 사회복지서비스가 필요한지 여부를 결정할 수 있다. 또한 벨기에 소년법원에서는 소년사건에 대해 법원의 초기단계에서 전담 판사가 지정되어 최종 법원결정에 이르기까지 전담하기 때문에, 아동최상의 이익이 무엇인지를 파악하여 일관성 있게 그 이익이 추구되도록 한다. 소년전담 판사제도를 도입하고 있는 것은 프랑스와 스코틀랜드도 마찬가지다(Hazel, 2008:48).

5) 등급화 처우 및 회복적 처분

(1) 등급화된 처우

오늘날 각종 청소년 보호정책의 수행에 있어서 지역사회의 보호와 청소년의 책임감 고양은 대단히 중요한 두 요소이다. 특히 미국에서는 지역의 청소년 단체와 소년사법기관이 비행 청소년이 지역사회에 미치는 위험을 평가할 수 있는 적절한 심사수단을 가지고, 재활교육의 필요성, 일탈행위의 성격, 처우의 필요성 등에 따라 '등급화 처우graduated treatment'를 행하고 있다.

등급화 처우를 시행하기 위해서는 청소년 관련 각 분야의 다양한 전문가로 구성된 심사팀multi-disciplinary assessment teams과 시설에서 다양한 서비스를 제공하는 심사센터assessment centers 등이 필요하다. 심사팀과 심사센터는 개별 청소년의 처우와 사회복귀를 위해 필요한 도움의 종류와 지역사회에 대한 위험도 등을 평가하는 역할을 수행한다. 이를 통해 문제 청소년을 소년사법제도에 이송하거나 청소년 관련 단체 등으로 위탁하여 개인에게 가장 효과적이며 비용도 절약할 수 있는 다양한 처우방식을 채택하고 있다(청소년보호위원회, 1998:328).

일본 소년법에서는 시험관찰제도를 규정하고 있다. 시험관찰은 가정재판소조사관에게 케이스워커의 역할을 부여함과 아울러 민간독지가 등 사회자원을 적극적으로 이용하여 소년의 자발적인 갱생을 촉구한다. 시험관찰의 성적을 보고 가정재판소가 보호처분을 결정하게 되는데, 성적이 양호하면 불처분결정을 내리게 되어 낙인의 폐해를 피할 수 있는 것이다. 그러나 문제는 일본에서도 시험관찰제도가 그다지 활용되지 않고 점차 감소되고 소년원 송치가 증가하고 있다는 점에 있다(청소년보호위원회, 1998:324).

우리나라 소년법에서도 법무부시설이외 치료보호시설에 위탁이 가능하다. 그러나 실제로 아동보호시설에의 감호위탁처분 등 민간 보호시설에의 위탁이 저조한 것은 시설수가 매우 적은 데다 재정적으로 심각한 경영난을 겪고 있으며 시설운영을 위한 법적 장치도 불충분하여 공공단체나 개인이 시설의 설립과 운영을 기피하기 때문이다. 한편, 병원·요양소위탁은 예외적으로 행해져 왔으나 그 처분실적이 매우 저조하다. 청소년의 약물남용, 인터넷 등 각종 중독성 사범이 증가하고 있는 사회적 현실을 감안하면 향후 그 이용이 더욱 확대되어야 할 것이다.

(2) 회복적 처분

지난 30여년 전부터 시작된 소년사법에 있어서 '회복적 정의restorative justice' 사상이 이제는 전세계적으로 도입되고 있는 사상이 되었다. 회복적 정의가 국제적 호응을 얻는 이유는, 복지 모델과 정의 모델의 각기 다른 철학을 잘 융합시키고 있기 때문이다. 복지주의자들은 범죄자의 사회 재통합과 공식절차로부터의 다이버전에 강조를 두는 '회복적restorative' 측면에 끌리고, 신-교정주의자들은 범죄자들의 자신의 행위에 대한 책임을 져야 하고 피해자 및 사회에 빚진 것을 갚아야 한다는 '정의justice' 측면에 끌린다는 것이다(Hazel, 2008:53).

엄격히 말하면, 회복적 정의 자체는 처분보다는 절차에 관한 것이다. 그럼에도 불구하고 중재나 배상같은 일반적 조치들은 그 자체가 일종의 처분 성격을 띠고 있다. 예컨대, 벨기에, 스페인 등에서는 회복적 정의 결정이 법원에서 전통적인 처분 대신에 부과되고 기소 전에 사용되는 경향이 있다. 독일, 노르웨이 등에서는 일반 처분과 함께 병과되는 부가처분으로 내려진다.

그러나 중재나 배상을 일종의 처벌로 사용하는 것은 회복적 정의의 통합성 및 자발성 원리를 저해하는 것으로 비판을 받는다. 예컨대, 신-교정주의 입장을 취하는 미국은 사회봉사와 같은 지역사회 처벌로 사용하고, 네덜란드는 가장 흔한 법원 처분인 '무조건적 사면unconditioned pardons'을 점차 대체하는 '조건적' 다이버전으로 사용하고 있다(Hazel, 2008:53).

(3) 피해자-가해자 중재

가해자와 피해자 사이의 중재를 통하여 사건을 해결하는 것은 전세계적으로 가장 많이 사용되는 회복적 정의이다. 그러나 아직 많은 유럽 국가들 -벨 기에, 이태리 등 - 에서는 사법절차에 완전히 통합되지 않고 단편적으로 사용되고 있다. 벨기에, 프랑스, 독일 등에서는 중재 의뢰가 주로 검사에 의해 행해진다. 이태리에서는 초기 법원단계에서 중재가 부과되고, 만약 사건이 최종판결을 받기 전에 중재의 결과가 긍정적이라 평가되면 사건을 기각하거나 사면할 수 있다(Hazel, 2008:54).

(4) 배상

범죄행위에 대한 배상은 배상raparation의 형태, 피해자 개인에 대한 보상compensation, 간접적인 지역사회 봉사 등을 통해 이루어질 수 있다. 뉴질랜드에서는 비행소년의 1/5 가량은 경찰단계에서 피해자 배상을 하도록 설득되고 1/3은 지역사회 봉사를 하도록 시행한다(Hazel, 2008:54).

6) 지역사회 참여 촉진

(1) 부모의 책무성

자녀의 행위에 대해 부모가 책임을 지도록 하는 사상은 최근 수년간 증가하는 추세에 있다. 1990년에 플로리다 주는 자녀 비행에 대한 책임을 물어 그 부모를 구금할 수 있는 법률을 통과시켰고, 미국의 일부 주와 뉴질랜드 등은 비행소년들을 보호하는 데 소요되는 비용을 부모에게 청구할 수 있도록 하였다. 호주에서는 부모가 가위나 못 등을 방치하여 아동이 비행을 하는 것을 알고 있는 경우에는 부모를 기소할 수 있다.

2002년에는 프랑스도 부모에 대한 처벌 제도를 도입하였고, 일본에서도 판사가 자녀의 행위로 인해 부모에게 경고를 보내고 부모교육를 시킬 수 있는 권한을 갖게 되었다. 미국에서도 처벌로서 강제적인 부모교육 명령을 부과하는 주들이 점차 증가하고 있는 추세이다(Hazel, 2008:56).

(2) 사회복지와 교육처분

스웨덴에서는 법원이 사건을 사회복지기관으로 이송하는 처분을 할 수 있다. 이와 공시에 부가적으로 벌금을 부과하거나 이송과 더불어 배상을 명령할 수 있다(Hazel, 2008:56)..

교육 조치는 유럽의 보수적인 복지주의 국가에서는 가장 일반적인 조치이다. 프랑스 법무부에서 명시한 지역사회 처벌의 목적은 '성인세계 및 사회생활에 대한 청소년의 잘못된 이미지를 변화시키는 것' 즉 재교육에 있다. 이태리에서는 개별화된 사회 프로그램들personalized social pro-grammes을 운영한다(Hazel, 2008:56).

(3) 감독과 다기관 지원

영국에서는 157개의 지역중심 다기관체제 YOT가 설치되어서 보호관찰을 시행하고 있다. YOT는 소년사법위원회로부터 정책 지침을 받지만 행정감독은 지방정부의 관할하에 있다. 이태리에서는 소년에 대한 보호관찰이 법무부소속 직원인 사회복지사의 책임하에 있고 법무부 사회복지사들은 지역내 사회복지사의 조력을 받는다.

일부 국가에서는 구금을 대체해서 집중 보호관찰로 변화해 가고 있다. 이태리에서는 단기 구금에 대한 대체로서 경찰 감독police supervision이 시행된다. 청소년은 정기적으로 경찰서에 생활상태를 보고하여야 한다. 네덜란드에서는 부모와 가족 전원이 청소년의 생활을 관찰하겠다는 계약서에 서명을 하기도 한다(Hazel, 2008:56).

(4) 기타 사회통제

벨기에, 프랑스 등에서는 야간통행시간을 제한하거나, 미국, 프랑스 등에서는 청소년에 대하여 전자감시장치를 사용하기도 한다.

(5) 가정격리/비구금적 보호

지지적 감독의 형태로 아동을 자신의 원 가정original family으로부터 격리시키고 신뢰할 만한 성인이 있는 위탁가정으로 보내거나 치료가 필요한 경우는 전문기관에 치료위탁을 하기도 한다.

(6) 지역사회내 시설

일부 국가에서는 폐쇄적 구금시설과 개방적 치료센터를 구분하기 곤란한 경우도 있다. 예를 들면, 프랑스에서는 일시적 위기에 처한 비행청소년을 일상의 사회적 환경으로부터 격리할 필요가 있을 때 사용하기 위한 '긴급센터Emergency Placement Center'를 1999년에 설치하였다. 이외에도 지역사회내 치료센터를 공공, 민간, 종교기관 등에서 운영하고 있는데, 여기에는 비행소년 또는 일반소년이 모두 있다. 뿐만 아니라 2002년에는 사회내 처분을 받은 비행소년들을 수용하기 위한 '폐쇄적 교육센터Closed Education Center'를 개설하였다. 이 교육센터에서 야간에는 감금하지는 않지만 청소년이 야간에 밖으로 나갈 수는 없다. 상기한 시설들이 구금시설이라고 볼 수는 없지만, 모두 청소년을 폐쇄적이고 집중적으로 감독하기 위한 시설인 것이다(Hazel, 2008:56).

핀란드에서는 보호관찰 대상자에 대해 Youth Rise 프로젝트를 통해 집중적인 통합적 개입을 한다. 여기에는 3개월간 즉각적 개입프로그램이 포함되는데, 구금후 수일내에 시작하는 1주간의 야외캠프가 있고 집중 멘토링을 실시한다. 이 멘토링은 일종의 수퍼비전과 유사하다. 그러나 보호관찰관에 의해 수행되는 것이 아니라 가치있는 근로경험을 갖고자 하는 성인을 멘토로 고용하여 수행한다.

뿐만 아니라 지역사회 시설 중 출소한 청소년에게 안정적인 숙소가 필요하다는 것을 특별히 강조한다. 이유는 1/3 정도의 비행청소년은 부모이혼 후에 자신의 거처를 옮겨 다니다가 비행을 하기 때문이다(Hazel, 2008:65).

최근 우리나라 정부의 주요 정책수행에도 민간의 참여가 증가하고 있다. 특히 청소년 관련 업무나 소년 및 형사 사법제도의 정책시행에 있어서는 시민단체, 종교단체, 사회복지 기관, 자원봉사자, 민간기업 등의 민간부문의 참여와 협조는 더욱 중요하다.

소년보호에 있어서의 민간분야의 참여확대는 소년보호시설에의 위탁에서 전형적으로 그 예를 찾아볼 수 있다. 소년보호시설에의 위탁은 보호처분의 상당 부분을 사설기관이 담당케 함으로써 형사사건의 상당수를 보호사건으로 유도할 수 있어 소년의 복지에 기여할 수 있으며, 국가의 부담을 경감한다는 면에서 시설내처우에 대한 대안으로 활용될 수 있다.

그러나, 현재 우리나라의 보호소년 수탁기관들은 국가의 통제를 거의 받지 않기 때문에 시설에 따라 설치와 운영프로그램이 많은 차이를 보이고 있다. 공식인가를 받은 시설도 국가 차원(법무부)의 지도를 받지 않은 채 자체적으로 프로그램을 편성하여 운영하고 있으며, 미인가시설은 재원부족 및 열악한 시설로 말미암아 비전문가에 의한 교육과 처우가 이루어지고 있다.

정부는 일선에서 보호 및 선도 활동을 하고 있는 청소년관련기관들이 효율적으로 잘 수행할 수 있도록 재정적으로 지원하는 한편, 철저한 사전지도 및 사후감독, 프로그램의 개발 및 보급 등을 통해 전문성을 기하는 노력을 기울여야 한다(청소년보호위원회, 1998:327).

5. 우리나라 소년 사법복지 관련 UN권고 및 실태

한국정부는 유엔아동권리위원회로부터 받은 제3·4차 권고의견(2011년)에 대한 이행성과를 담은 제5·6차 국가보고서의 유엔 제출(2017년)을 앞두고 협약 이행상황에 대한 점검을 위하여 각 부처로부터 해당 영역 보고를 받은 바 있다. 2014년에 보건복지부와 국제아동인권센터가 작성한 아동권리모니터링 결과보고서 '제2장 제3·4차 권고사항 이행점검' 내용 중에서 「소년사법운영」 영역 및 소년비행과 관련된 아동보호조치에 관한 9개 권고와 이에 대해 해당 중앙행정기관(법무부, 대검찰청, 여성가족부, 법원행정처 등)이 제출한 보고내용 및 NGO 의견을 발췌하여 아래에 제시하였다.[58]

---

59) 출처 : 한국청소년정책연구원에서 실시하는 '유엔아동권리협약 이행과제 모색을 위한 1차 전문가 의견조사'의 참고자료로 제시한 "유엔아동권리위원회 제3, 4차 권고사항 이행점검 결과'(보건복지부, 국제아동인권센터 2014) 보고서, 181-191, 162-172.

80. 위원회는 당사국 내 청소년 비행율이 계속하여 증가하고 있고 높은 수준의 재범률 등 청소년 범죄율이 높다는 점을 우려한다. 위원회는 또한 비행아동이 이러한 상황에 처하게 된 근본원인을 다루기보다 성인 구금시설에 비행아동을 구금하는 등, 아동 범죄자를 사회에 효과적으로 복귀하도록 하는 조치 대신 징계조치를 늘리는 식으로만 청소년 범죄 대책이 이루어졌다는 사실을 우려와 함께 주목한다. 나아가 위원회는 청소년전담검사 임명을 긍정적으로 평가하나, 이들이 실제 소년사법 전문가가 될 수 있도록 하는 환경을 제공받지 않아 이러한 기능을 충분히 수행할 수 없다는 점을 우려한다.

81. 위원회는 청소년 범죄 및 높은 수준의 재범률에 효과적으로 대응하기 위한 적절한 방안을 마련할 것을 당사국에 요구한다. 이 과정에서, 위원회는 대한민국이 소년사법제도를 특히 37조, 39조 및 40조를 비롯한 협약과 소년사법 운영에 관한 유엔최저기준규칙(베이징 규칙), 소년비행방지를 위한 유엔가이드라인(리야드 가이드라인), 피구금소년보호규칙(하바나 규칙), 형사사법제도 하에서의 아동을 위한 비엔나 행동지침, 소년사법 시 아동의 권리에 관한 위원회의 일반논평 제10호(2007) 등을 포함한 여타 관련 기준에 완전히 합치하도록 할 것을 권고한다. 특히, 위원회는 다음 사항을 촉구한다.

a) 대한민국 전역에 충분한 인적·기술적·재정적 자원을 갖춘 소년전문법원을 설립하라.

b) 형법위반 혐의를 받는 아동에게 충분한 법률 및 기타 지원을 법적 절차 초반과 전반에 걸쳐 제공하라.

c) 자유를 박탈당하거나 교화시설 혹은 구금시설에 있는 아동이 절대로 성인과 함께 구금되지 않고, 안전하고 아동을 배려하는 환경을 제공받고, 가족과 정기적으로 연락을 유지하고, 음식, 교육, 직업훈련을 제공받을 수 있도록 하라.

d) 자유를 박탈당한 아동이 자신의 배치에 대한 결정에 대해 주기적으로 검토 받을 수 있는 권리를 보장하라.

e) 구금이 최후의 수단으로 사용되도록 하고, 가능한 한 자유박탈 대신 다이버전(diversion), 보호관찰, 상담, 사회봉사, 집행유예 등 다른 대안을 장려하라.

f) 유엔 청소년사법정의에 관한 기구 간 패널과 유엔 마약 및 범죄사무소(UNODC), 유엔아동기금(UNICEF), 유엔인권최고대표사무소(OHCHR) 및 비정부기구 등 패널 회원기구들이 개발한 기술적 지원도구를 활용하고, 패널 회원기구로부터 소년사법 분야의 기술적 지원을 구하라.

[권고 1] 대한민국 전역에 충분한 인적·기술적·재정적 자원을 갖춘 소년전문법원을 설립할 것

법원행정처 국제심의관 2014년 보고

• 2011년 부산가정법원, 2012년 대전·대구·광주에 각 가정법원이 설립되어 현재 전국에 5개의 가정법원이 있고, 2014년 울산지방법원에 소년부가 개원하였다.

• 2016년 인천가정법원, 2018년 울산가정법원, 2019년 수원가정법원이 개원할 예정이다.

NGO 의견[59]

• 소년법원의 필요성과 도입여부에 대한 연구를 실시하여야 한다.

• 소년법원 설치 및 소년 사건 처리 절차를 개선해야 한다.

현재 소년사건처리는 검사를 통해 대부분의 사건이 걸러지면 법원 소년부에서 처분형태를 결정하는 방식으로 운영된다. 그러나 소년보호이념에 따라 소년사건에 대한 정확한 판단을 하기 위해서는 소년의 인격과 환경에 대한 조사를 충분히 하여야 하고, 소년보호사건과 소년형사사건이 한 곳에서 일괄적으로 처리되어야 사건 처리 절차와 미결구금의 장기화 등의 문제들을 해결할 수 있다.

또한, 경찰, 검찰, 교정단계에서 중복적으로 이루어지는 조사로 인한 처리지연과 소년의 인격권 침해를 방지하기 위해서는 현존하는 각 조사기관 간의 자료를 공유함으로써 불필요한 반복질문과 중복검사를 피할 필요가 있다.

[권고 2] 형법위반 혐의를 받는 아동에게 충분한 법률 및 기타 지원을 법적절차 전반에 걸쳐 제공할 것

법무부 2012년 보고

• 소년범의 경우 국선보조인 제도, 정신과 의사의 진단 등 소년사법절차 전반에 걸쳐 법률 및 기타 지원을 제공하고 있다. 소년이 소년분류심사원에 위탁된 경우 보조인이 없을 때에는 변호사

---

60) 출처 : 보건복지부(2012). 아동권리증진을 위한 아동정책 발전방안 연구Ⅱ, 366-371.

등 적정한 자를 국선보조인으로 선정해야 한다(소년법 제17조의2).

법무부 형사기획과, 소년과, 대검 형사 2과 2014년 보고

- 일선 검찰청에 아동피의자 수사 시 신뢰관계자 동석 또는 가족 참관을 허용하도록 하였다.
- 소년분류심사원에 위탁·유치된 소년에 대하여 국선보조인의 조력, 전문가 진단 등 제도적 지원을 진행하고 있다.

NGO 의견[60]

- 소년분류심사원에 위탁되지 않은 소년에 대한 법률 지원도 제공하여야 한다.
- 소년의 변호인(보조인)이 수사단계에서 개입되도록 하여야 한다. 현재는 소년원에 위탁된 다음 기일인 2차기일 단계에서 개입한다.
- 제1심 소년원 송치 처분을 받고 항고한 경우, 송치집행이 정지되게 하거나 집행이 정지되지 않는다면 그에 대응하는 보상을 제공하여야 한다.

[권고 3] 자유를 박탈당하거나 교화시설 또는 구금시설에 있는 아동이 성인과 함께 구금되지 않고, 안전하고 아동을 배려하는 환경을 제공받고, 가족과 정기적으로 연락을 유지하고, 음식 · 교육·직업훈련을 제공받을 수 있도록 할 것

법무부 2012년 보고

- 교도소에서 성인과 소년수용자는 분리수용하고 소년수용자의 경우 급식 우대[61]를 하고 있다.
- 소년원 및 소년분류심사원에서는 만10세 이상 19세 미만의 소년을 수용하여, 규율 있는 생활 속에서 교과교육, 직업능력개발훈련, 의료 · 재활교육, 인성교육 등을 통하여 전인적인 성장·발달을 도모하고 안정적인 사회복귀를 지원하고 있다.
- 소년원 수용생활 중에도 면회, 서신 및 전화를 통해 가족과 수시로 연락을 유지하고 가정관 운영, 가족과 함께 하는 날, 가족사랑 캠프, 주말가정학습 등 다양한 가족 기능회복 프로그램을 운영하여 가족 간 신뢰 회복을 지원하고 있다.

---

61) 출처 : 보건복지부(2012), 아동권리증진을 위한 아동정책 발전방안 연구Ⅱ, 366-371.
62) 소년수용자급식비(4200원/1일), 성년수용자급식비(3602원/1일).

소년과, 분류심사과 2014년 보고

- 소년보호시설 소규모화 등 개별처우 기반 강화하고 있다.[62]
- 면회, 서신, 전화를 통해 필요시 또는 수시 가족과 연락을 유지케 한다.
- 8개 소년원에 13개 직업훈련 직종을 개설하여, 빠른 산업수요 변화 대처와 수요자 중심 맞춤형 직업훈련을 실시하고 있다.[63]
- 재학생 학업중단을 방지하기 위하여 상급학교 진학을 지도하고 있다. 중·고교 재학 중 소년원 입원생의 학업지속을 위해 교과교육과 인성교육과정 병행, 학업연계 등을 실시 중이다.[64]
- 건전한 인성함양, 소질과 재능 개발을 위한 예체능교육을 실시하고 있다. 전체 소년원생의 1人1技 연마를 위해 예체능 교육시스템을 구축하고 있다.[65]
- 체험형 인성교육을 확대하고 있다. 소년원학생 중 일부는 스키캠프 및 수상스포츠교실 개설, 승마교실을 수료하였다.[66]

김천소년교도소 2014년 보고

- 소년수용자는 법령에 의거하여 기관별 또는 거실별로 성인 수용자와 분리하여 수용하고 있다.
- 소년수용자 급식은 성인수용자에 비해 우대를 받고 있다.[67]
- 소년수용자의 학업 단절을 보완하고 적합한 직업훈련 실시를 통해 근로의식을 함양하고 사회복귀를 촉진한다. 김천소년교도소는 30명 규모의 방송통신고등학교와 4개 직업훈련 과정을 운영 중에 있다.[68]

---

63) '13.8. 대구소년원, 4인1실 시설개선; '14.11. 부산소년원, 1인실 15개 증설 등 지속적 시설개선.
64) '13년 10개 직종 → '14년 13개 직종
 ※ '14년 신규 설치 직종 : 한식조리, 매직 엔터테인먼트, 골프매니지먼트.
 ※ 직업훈련 자격증 취득(자동차정비기능사, 바리스타, 특수용접 기능사 등 국가공인기능자격증 및 민간 자격증):
  '11년 670명, '12년 900명, '13년 774명, '14년 11월 707명.
65) 상급학교 진학 : '11년 111명(고등학교 89명, 대학교 22명) '12년 137명(고등학교 92명, 대학교 45명), '13년 115명
 (고등학교 70명, 대학교 45명) '14년 11월 127명(고등학교 63명, 대학교 64명).
66) ※ 예체능교육 실시율: '13년 55.7% → '14년 100%
 ※ 예체능교육 과정('14년 11월): 79개 과정(예능 46, 체육 33)
 ※ 전문 강사('14년 11월): 121명(예능 71, 체육 50)
67) ※ 스키캠프: '00년부터 개설·운영 중, '14년 9개 기관 142명
 ※ 수상스포츠교실: '10년부터 개설·운영 중, '14년 5개 기관 35명 참가
 ※ 소년원학생 승마교실: '11년부터 현재까지 88명 수료
68) 소년수용자 1일 급식비 4,759원(성인수용자 급식비 3,962원).
69) 정원 기준: 용접(15명), 자동차정비(15명), 제과제빵(15명), 커피바리스타(30명) '13년 75명, '14년 75명 실시.

• 특별 프로그램으로서 2013년부터 예능 · 체능 · 집단상담의 「제로캠프」 프로그램을 통해 소년수용자의 공동체 의식과 자존감을 함양하여 건전한 수용생활 및 사회복귀를 도모하고 있다.[69]

NGO 의견[70]

• 소년보호시설이 인권친화적 환경이 되기 위해서는 우선적으로 시설을 소규모화하여 개별처우가 가능한 시설환경을 조성해야 한다. 또한 소년보호시설의 폭력적인 문화를 개선하기 위해 폭력에 대한 수용도를 낮추기 위한 교육을 실시하고 상호 인권을 존중하는 문화를 조성해야 하며, 보다 근본적으로는 과밀수용의 해소가 전제되어야 한다.

• 소년에 대한 구금을 최소화하는 국제적 기준에 부합하면서 소년원에 대한 우리 사회의 인식을 개선하기 위한 방안으로 소년원의 개방처우 시설화가 필요하다.

• 소년보호시설의 인권상황을 발전적으로 개선하기 위해서는 목욕, 물품, 운동, 의료 등의 질적 개선 및 두발 자율화 등 국제기준에 부합하는 처우수준으로의 개선이 필요하다. 또한 성별 및 처분별로 수용소년의 특성에 따른 개별화 처우를 통해 인권상황을 개선할 필요가 있다.

---

* [외출 · 통학 · 통근 · 학원 수강 · 가정 학습 등 개방 처우비율이 낮다는 점에 대한 통계]
– 2006년 382명에서 2010년 380명으로 절대 수에서 오히려 줄었으며 개선되지 않았음.

(제4차 자유권 규약 국가 보고서)
– 수용 인원 대비 개방 처우 해택 인원의 비율을 보면 개방 처우의 악화 경향이 더 뚜렷하게 드러남. 2010년 한해에 새로 소년원에 수용된 보호소년 중에 개방 처우를 경험한 보호소년은 32.67%에 불과하고 소년원에 수용된 인원에 소년분류심사원에 위탁된 인원까지 더하면 개방 처우비율은 4.16%로 훨씬 더 낮아짐.

(출처: 법무부 소년보호통계 '신수용인원' 과제 4차 국가보고서 '개방 처우대상 인원'을 비교한 것)

---

70) 교육기간(매년 실시): '13. 2.~11. / '14. 3.~11 기간중 주 5일 실시.
　※소년수용자들이 예능 · 체능 · 집단상담 프로그램을 통해 땀 흘리며 갈고 닦은 실력을 바탕으로 연 1회 뮤지컬 형식의 공연 개최.
71) 출처: 김경태(2014); 김봉수, 강동욱(2014); 김진영(2012); 이유진(2012).

소년원 관련 NGO 의견

• 보호소년이 교과교육과 직업교육 중 어떤 과정을 선택하더라도 양질의 학습을 받을 수 있도록 교육과정을 내실화하고, 교육과정 선택권을 강화할 필요가 있다.

• 소년에 대한 인권교육에서는 자신의 인권을 보호하기 위한 교육도 중요하지만 다른 또래 소년에 대한 인권존중의 중요성과 권리에 따르는 책임의 의미 등 인권에 대한 균형감각을 기를 수 있는 인권교육이 될 수 있도록 교육내용을 내실화할 필요가 있다.

• 일종의 중간처우 단계에서 가족만남의 날 행사 및 가족만남의 집 제도를 활성화하여 수용청소년과 가족관계가 단절되지 않도록 가족관계 개선 프로그램이 절실하다.

소년교도소 관련 NGO 의견

• 사회내 처우 방안으로 교도소에 수감된 소년수용자에게는 가석방제도, 보호관찰제도, 사회봉사 및 수강명령 등 청소년의 특성에 맞는 다양한 사회내처우를 더욱 확대하여야 한다. 또한 소년수용자들의 처우는 사법적 기능보다는 교육적, 복지적 관점에서 바라보는 시각이 필요하다.

• 소년수용자의 처우개선방안 과정에 정부 추진 기본계획을 적용하여 현장토론회, 온라인 정책토론 등 현장, 국민 중심의 행정 구현, 모니터링단 개편, 분야별 정책자문단 구성·운영 등 교정행정제도개선 과정에 민간전문가, 정책고객의 참여 활성화 등이 필요하다.

• 소년수용자의 재범방지 및 올바른 사회복귀를 위한 교정복지적 차원의 처우대책 마련과 사회와 가정의 따뜻한 관심과 배려를 이끌 수 있는 시민의 인식 개선을 위한 정책이 절실히 필요하다.

아무리 좋은 제도, 시설, 인적구성 등이 충족되어 소년수용자를 교정·교화하여 사회에 내보냈다 하더라도 사회가 이들을 받아들이지 못한다면 많은 시간과 노력, 경비를 투자하여 이루어 낸 교화개선의 실제적인 효용성이 없게 된다. 우리 사회의 미래를 짊어지고 갈 청소년들을 밝고 안전하게 자라나도록 하는 것은 우리 모두의 책임이기에 소년수용자들을 진심어린 마음과 따뜻한 시선으로 감싸 안음으로써 올바른 성인으로 자라날 수 있도록 국가와 학교 그리고 지역사회의 인식 개선을 위한 인식 개선 캠페인이나 교육 등의 방안 마련이 필요하다.

[권고 4] 자유를 박탈당한 아동이 자신의 배치에 대한 결정에 대하여 주기적으로 검토 받을 수 있는 권리를 보장할 것

법무부 소년과, 분류심사과 2014년 보고

• 소년원에서는 신입자 교육 및 담임 · 주무과장면담 및 수시교육을 통해 청원, 진정, 원장 면담, 여론조사 등 자신의 배치 및 처우와 관련하여 항시 의견을 개진하거나 이의를 제기할 수 있는 시스템을 운영 중이다.

• 소년교도소에서 소년수용자는 소장 면담(형의 집행 및 수용자의 처우에 관한 법률 제116조), 청원(동법 제117조), 진정, 민원 등을 통해 자신의 처우에 관해 의견을 개진 또는 불복할 수 있다. 현재 운영 중인 제도와 시스템에 대한 홍보와 교육을 강화하고 자신의 처우와 배치에 대한 자유로운 의견개진을 보장하는 것이 향후 계획이다.

NGO 의견[71]

• 소년원에서 청원, 진정, 원장 면담 등의 제도적인 시스템이 마련 되어 있기는 하나 아직까지 자신의 처우와 배치에 대한 자유로운 의견개진을 보장하는 수준까지 나아가지 못하고 있는 것이 현실이다. 또한 시스템이 제 기능을 수행하며 효용성을 발휘하고 있는지 대한 조사 · 보고가 미흡하여 객관적인 평가에 어려움이 있다. 이에 대한 조사연구를 착수하여 객관적인 평가를 통한 실효성 있는 시스템으로의 변화가 필요하며 궁극적으로는 자유를 박탈당한 청소년의 참여권을 보장하도록 나아가야 한다.

• 청원이나 진정 제도에 대한 인지도를 향상하기 위한 적극적인 홍보와 교육이 필요하다. 보호소년 · 위탁소년을 대상으로 한 청원, 진정 제도 인식도 조사 결과에서, 청원에 관해 안내나 교육을 받은 적이 있다는 응답이 57.9%이고, 진정에 관해 안내나 교육을 받은 적이 있다는 응답은 59.4%로 나왔다.

---

72) 출처 : 한국청소년정책연구원(2011). 소년보호시설 인권상황 관련 의식 조사, 84-95.

*보호소년(소년원) · 위탁소년(분류심사원)을 대상으로 한 청원, 진정 제도 이용 관련 조사 결과

- 청원을 한 후에 그에 대한 결과를 전달받은 비율은 15.3%.
- 진정을 한 후에 그에 대한 결과를 전달받은 비율은 14.6%.
- 청원을 하고 싶은데 하지 못한 경우가 있는지 알아본 결과, 9.4%가 있다고 응답.
- 진정을 하고 싶은데 하지 못한 경우가 있는지 알아본 결과, 9.8%가 있다고 응답.
- 청원이나 진정을 하고 싶은데도 하지 못한 이유로는 '해도 소용이 없을 것 같아서 못한 경우(25.2%)'가 가장 많았고, 다음은 '선생님이 눈치 챌 것 같아서(8.7%)', '청원서·진정서 작성이 불편해서(6.4%)' 등의 순서로 나타났다.
- 인권침해를 당했을 때 소년보호시설의 선생님에게 알렸는지 알아본 결과, 17.2%만이 알렸다고 응답.
- 소년보호시설의 선생님에게 알렸을 때 결과는 어땠는지 알아본 결과, '무시당했다(46.1%)', '진상조사만 이루어졌다(32.4%)', '진상조사 후 시정되었다(21.6%)'로 나타나 진상조사가 이루어진 경우도 많았지만 무시당한 경우도 적지 않게 나타남.
- 만약에 앞으로 인권침해를 당한다면 누구에게 알리겠는지 알아본 결과, '부모님(41.3%)', '소년보호시설의 선생님(40.8%)', '진정함이나 청원함 이용(14.2%)', '원장님(3.7%)'로 나타나 대부분이 부모님이나 선생님께 알리겠다고 응답.

출처: 한국청소년정책연구원(2011). 소년보호시설 인권상황 관련 의식 조사. 84-95.

[권고 5] 아동의 구금이 최후의 수단으로 사용되도록 하고, 가능한 한 자유박탈 대신 보호관찰 · 상담 · 사회봉사 · 집행유예 등 대안을 장려할 것

법무부 2012년 보고

• 소년범에 대한 불구속수사원칙을 유지한다.

• 검사의 결정전 조사제도를 적극 활용한다. 소년범의 품행 · 경력 · 생활환경 · 신체 · 정신건강상태 · 요보호성 등을 조사하여 구속 · 불구속 기소, 소년부송치, 기소유예 등 소년의 교화 · 선도에 가장 적합한 처분을 내린다.

• 다양한 기소유예제도를 활용한다. 현재 활용하고 있는 보호관찰소 선도위탁조건부 기소유예 외에도 대안교육명령부 기소유예, 상담 및 심리 · 예술 치료 등을 강화한다.

법무부 형사기획과, 대검 형사 2과 2014년 보고

• 흉악범 등 중한 범죄는 엄하게 처벌하되, 「소년사범 수사 특칙」을 준수하여 구금을 최소화하

고 소년범의 특성을 고려하여 선도조건부 기소유예[72] 등을 적극 활용한다.

• 소년범들의 재비행예방 및 사회적응력 제고를 위해 '소년범 기소유예 다양화 방안'을 지속적으로 추진한다. 예를 들어, 푸른 교실 등 심리치료 · 상담전문가 상담 · 교육(의정부, 북부지검), 준법운전교육, 청소년상담기관 교육(대전지검), 학교폭력 가해자 등 소년범 예술·정서교육 (중앙지검, 안양지청), 소년범 인성교화 · 템플스테이 (영월지청)가 실시되었다.

• 대안교육(청소년 비행예방센터) 조건부 기소유예, 봉사활동 조건부 기소유예, 예술 · 심리치료 조건부 기소유예 등 다양한 기소유예 처분을 활용, 구금 등으로 인한 낙인효과를 방지하고 소년범의 성정교화 · 재범방지를 도모한다.

• 「소년 사건처리 지침」을 제정 · 시행한다 ('14.2월). 학교폭력 등 소년사범에 대한 심층적 처리, 조건부 기소유예 등 처분별 대상 · 기준 마련, 소년사건의 효율적인 처리 절차 등 규정하여 소년범의 특성에 따른 적정하고 균형 있는 처분을 도모한다.

• 법사랑위원 · 보호관찰소를 활용한 소년선도, 기소유예 다양화 등 소년범의 전환(다이버전) 처우를 확대하는 것과 흉포화하고 있는 소년범죄의 억제를 위한 법집행의 조화로운 방안을 검토할 필요가 있다. 예를 들어, 소년선도기관, 선도위원의 교육, 간담회 등을 통해 전문성을 제고하고, 유관기관 협의, 선진사례 연구, 세미나 등을 통한 소년사법절차 개선을 검토한다.

NGO 의견

• 소년원 청소년에 대한 실질적 개방처우와 개방처우의 비율을 늘려야 한다.

• 출입국관리소에서의 아동 구금 문제에 대한 사법적인 안전장치 마련이 필요하다.

2012년에는 총 15명의 아동(남자 6명, 여자 9명)이 구금되었는데, 그 가운데는 1세 아동(5일 동안 구금)과 4세 아동(2일 동안 구금)도 있었고, 최대 22일까지 구금된 아동(17세 여자)도 있었다. 2013년에는 총 11명의 아동(남자 6명, 여자 5명)이 구금이 되었는데, 그 가운데는 만 4개월의 아동(19일 동안 구금)도 있었고, 최대 27일까지 구금된 아동(17세)도 있었다. 2014년 1월에는 여수출입국관리사무소 보호실에는 생후 10개월 된 베트남 출신의 아동이 2개월 동안 구금되었다. 한국의 경우 부모나 자신의 체류자격(불법체류)으로 인해 이주 아동이 구금되며, 구금은 최후수

---

73) 선도조건부 기소유예 현황('13.1.~ '14.10.): (자원봉사자)법사랑위원 소년선도(7,382명), 보호관찰소 선도위탁 (8,689명).

단으로 이루어지고 있지 않다. 이주 구금 제도 자체에 구금의 상한과 정기적인 사법심사 보장이 없어 자의적 구금의 요소가 많은 문제를 안고 있다.

[권고 6] 유엔아동기금, 유엔인권최고대표사무소 및 비정부기구 등 패널 회원기구들이 개발한 기술적 지원도구를 활용하고, 패널 회원기구로부터 소년사법 분야의 기술적 지원을 구할 것

* 청소년사법정의에 관한 기구간 패널은 소년사법에 대해 기술적 조언과 지원을 하고 있는 협의회로, 소년사법에 관여하고 있는 13개의 유엔 기구와 NGO로 구성되어 있다. 이하 6개의 유엔기구는 다음과 같다.
- Committee on the Rights of the Child (유엔아동권리위원회)
- United Nations Department of Peacekeeping Operations (유엔평화유지활동국)
- Office of the United Nations High Commissioner for Human Rights (유엔인권최고대표사무소),
- United Nations Development Programme (유엔개발계획)
- United Nations Children's Fund (유엔아동기금)
- United Nations Office on Drugs and Crime (유엔마약범죄사무소)

이하 7개의 NGO는 다음과 같다
- Child Rights International Network (CRIN)
- Defence for Children International
- International Association of Youth and Family Judges and Magistrates
- International Juvenile Justice Observatory
- World Organisation Against Torture
- Penal Reform International
- Terre des hommes – child relief

법무부 소년과 2014년 보고
- Save the Children Korea와 의료비 지원 업무협의를 체결하였다('12. 5월).

보호처분을 받은 비행청소년 중 심신장애로 치료가 필요하나 적정치료를 받지 못한 경우에 연 6천만원의 의료비를 지원받는다.
- '15년 아동 관련 전문기관으로부터 기술적 지원과 각종 교육프로그램 등 도입을 검토하고 있다.

권고 7. 성적착취를 위해 아동을 제공, 전달, 또는 인수하는데 해당되는 모든 행위를 법적으로 금지하고, 아동학대를 효과적으로 기소하기 위해 노력할 것

법무부 형사기획과, 형사법제과, 대검 형사 2과 2014년 보고

• 형법에 성매매와 성적 착취 등을 목적으로 한 아동매매 등 인신매매 범죄 처벌조항을 신설하였다 ('13. 4월).

• 일선 검찰청 실정에 맞춘 아동전담검사제를 전국적으로 확대 실시하였다.

• 전담검사 및 수사관 전문 교육을 강화하였다. 검사대상으로는 '여성·아동범죄 수사전문가 과정'을 운영하였고, 검찰수사관 대상으로는 '여성·아동 학대범죄 수사 실무과정'을 개설하였다.

• 진술분석관을 채용[73]하여 피해자 등에 대한 면담 실시 및 진술 분석을 한다.

진술인의 연령, 장애, 지위(피해자, 용의자) 등에 따라 다양한 분석기법을 활용하여 진술 진위 여부 검토하고, 아동·장애인 피해자 대상 성폭력 범죄의 신속·정확한 처리를 도모한다. 주관부서는 형사2과에서 국가디지털포렌식센터(NDFC)로 이관하였다.

• 범죄에 상응하는 형량 구형 및 항소를 적극 제기한다. 양형위원회(대법원)가 제정한 '수정 양형기준'[74]을 시행한다.

• 성폭력 피해자에 대한 법률조력인 제도를 도입하여 시행하고 있다('12. 3월). 개정된 「성폭력범죄의 처벌 등에 관한 특례법」을 시행('13.6.19.)하고 있으며, 지원대상이 전체 성폭력 피해자로 확대되고 명칭도 '피해자 국선변호사'[75]로 변경되었다.

• 「아동학대범죄의 처벌 등에 관한 특례법」 제정('13.12.31.)으로, 피해자 국선변호사 지원대상이 학대 피해아동까지 확대되었다.

• 진술조력인 제도가 도입되었다. 법률적 근거로는 '12. 12월 「성폭력범죄의 처벌 등에 관한 특례법」 전부 개정되어 '13. 6월 시행하고 있다. '진술조력인 참여 및 활용에 관한 지침'이 마련

---

74) 진술분석관을 '12년에 4명 채용, '13년에 6명 채용함.

75) 13세 미만 아동 대상 범죄 형량을 상향조정함.

76) – 지방검찰청 피해자 국선전담변호사 11명 배치('13.7.1.), 4명 추가 배치(서울 남부, 서울북부, 대구, 광주 등 지방검찰청) ('14.1.).
　　– 대한변협에 「공판과정에서의 피해자 국선 전담변호사 제도 연구」, 동국대 산학협력단에 「피해자국선변호사 제도의 발전적 확대방안」 연구용역 의뢰·실시('13. 8.~12.).
　　– 피해자 유형별, 국선변호사 선정 관련 통계 제도 개선('14. 4.).
　　– '12. 11. 30. 기준 피해자 23,145명 지원.

되어 있다.

- '14. 9월 「아동학대범죄의 처벌 등에 관한 특례법」, 아동학대사건 처리 및 피해자 지원에 관한 지침 및 아동학대 관련 사건처리기준 등이 제정, 시행되고 있다.
- '11. 9월 신설 운영 중인 서울중앙지검 여성아동범죄조사부를 대전, 광주, 대구, 부산 등 지방검찰청에 확대 실시 예정이고, 전담검사 및 수사관 대상 기존 전문교육을 강화하였다.

NGO 의견

- 의제강간의 연령을 16세로 상향할 필요가 있다. 13세 미만 뿐 아니라 13~15세 청소년도 심리적, 인지적 취약함으로 인해 합의된 것처럼 보이지만 성인의 성적인 욕구에 이용되는 사례가 많이 있다. 특히 채팅을 통해 청소년에 대한 성인의 접근이 쉬워지면서 피해가 늘어나고 있다.
- 아동을 대상으로 한 성매매는 어떤 경우이든 "아동 성착취"임을 분명히 하여야 한다.

「아동·청소년의 성보호에 관한 법률」은 성착취를 당한 아동을 '피해 아동·청소년' 과 '대상 아동·청소년' 을 분류하고 있다. 이 때 성범죄의 피해아동·청소년은 법이 정한 보호를 받는 반면 (제36조, 제37조), 대상 아동·청소년은 '성을 사는 행위의 상대방' 다시 말해 자발적으로 성을 매매한 청소년은 보호를 위한 지원은 전혀 제공받지 못하고 있다(제38조, 제39조, 제40조).

• 「아동·청소년의 성보호에 관한 법률」을 개정하여 피해 아동청소년과 대상 아동·청소년의 구분을 폐지하여야 한다. '대상 아동·청소년'에게 부과되는 보호처분은 처벌의 성격을 가지고 있음에 따라, 범죄자로 낙인화 되고 오히려 청소년을 타켓으로 한 성착취범(성매매 당사자, 유인자 등)에 대한 신고율은 낮아지며, 그 결과 성매매가 반복되는 부작용을 야기하고 있다.

• 근본적인 대책으로서 아동 성매매 피해자에게 불이익한 가정, 학교 등 환경을 개선하기 위한 복지 시스템을 도입해야 한다.

• 아동 성매매 전담수사기관을 확충하고, 아동인권에 대한 강도 높은 교육을 실시함으로써 수사기관에 의한 2차 피해를 예방할 수 있다.

식사 제공, 소정의 용돈 등을 성매매 대가로 제공한 경우, 성착취범은 합의에 의한 성관계를 주장하거나 아동이 먼저 성매매를 제안했다며 억울해 하는 등 성착취범의 도덕적 불감증이 심각한 수준이며, 실제 재판결과에 영향을 미쳐 아동의 피해는 회복되지 못한다.

[권고 8] 형사책임 면제 없이 성범죄자의 교화를 위해 노력할 것

법무부 보호관찰과 2014년 보고

- '08. 12. 14. 소아성 기호증 등 정신성적장애를 가진 성폭력범죄자를 치료감호대상에 포함시키는 개정 「치료감호법」 시행으로 최장 15년 기간 동안 치료·재활교육을 실시할 수 있다.
- '10년 유형별 전문심리치료프로그램 개발을 완료하였다.
- 성인 성폭력 보호관찰대상자에 대한 심리치료 프로그램을 실시 중이고, 고위험군 성범죄자 치료 프로그램 개발을 완료하였다.
- 기소유예 성폭력 사범에 대한 교육을 추진하고, 위험성 수준에 따른 성범죄자 치료 프로그램을 개발할 예정이다.

NGO 의견

- 아동·청소년 대상 성범죄자에 대한 재범 방지 교육이 필요하다.

여성가족부의 아동·청소년 대상 성범죄자 재범 방지 교육 사업은 별다른 성과도 내지 못한 채 2013년 교육인원과 예산이 모두 줄었다. 성범죄자 취업제한 제도 역시 관계 당국의 책임 떠넘기기, 협업 실패로 전혀 성과를 내지 못하고 있어 국정감사에서 여성가족부가 통합적으로 운영·관리한다고 해도 관계 부처와의 협업 실천을 통해 실효성을 높일 필요가 있다고 여러 차례 지적된 바 있다.[76]

[권고 9] 여아뿐 아니라 남아에게도 재활서비스를 제공할 것

여성가족부 권익정책과 2014년 보고

- 성폭력 피해자 의료비 지원을 확대하고, 가족에 대한 심리지원 의료비도 지원한다('12. 10월).
- 해바라기아동센터의 성폭력 피해아동 심리지원 대상을 19세 미만 아동으로 확대하고, 남녀 구분 없이 모두 지원한다 ('12. 1월).

---

77) (2014 국정감사) 새누리당 황인자 의원 "청소년 성범죄 증가, 여가부 정책 효과는 미흡", 〈아주경제〉, 2014.10.29.

제2절
성인의 교정복지

교정시설과 범죄자 처우의 수준은 한 나라의 인권 수준을 가늠하는 최소한의 지표로 인식된다. 그러나 아직 우리나라의 교정처우가 국제적 규범에 얼마나 부합하는지에 대한 세부적 점검은 제대로 이루어지지 않는 실정이다. 이에 한국형사정책연구원은 2014년부터 일련의 연구를 통해 우리나라의 교정처우 수준을 국제기준과 비교하는 노력을 기울이고 있다.

이 절에서는 한국형사정책연구원에서 실시한 재범방지를 위한 교정보호의 선진화 방안 연구 시리즈로서 '교정처우 관련 국제규범에 관한 연구'(이승호 등, 2014) 및 '교정처우 의 국제규범 이행실태와 개선방안'(최영신 등, 2014) 연구보고서에 수록된 내용 중에서 과학적 교정처우에 요구되는 국제적 기준으로서 ① 재사회화 처우, ② 사회복귀의 준비 등에 관한 부분을 중점적으로 소개한다.

교정시설 수용자 처우와 관련하여 국제규범과 우리나라 교정처우의 실태를 비교한 최영신 (2015) 연구에서는 교정처우와 관련한 세부항목 21개 중에서, 국제규범의 이행평가 대상이 아니라고 판단한 4개 항목을 제외하고, 나머지 17개 항목 중에서 10개 항목이 '양호'로 평가되고 5개 항목은 '대개 이행'이며, 2개 항목이 '불충분'하다고 평가하였다. 우리나라 교정처우 중에서 특히 불충분하여 개선이 요구되는 분야는 '사회적응 프로그램'과 '갱생보호'로서 이는 재사회화 처우 또는 교정복지의 필요성을 지적하는 것이다〈표 5-6 참조〉.

본서의 제1장에서 이언담 박사가 보다 전문적이고 상세하게 성인수용자에 대한 교정복지를 기술하였으므로, 이 절에서는 '재사회화' 및 사회복귀 준비' 측면에서 유엔의 국제 기준과 우리나라의 관련 규정을 비교하는 정도에서 간략히 기술할 것이다.

〈표 5-6〉 우리나라 교정처우의 국제규범 이행실태 평가표

내용 구분		유엔 최저기준규칙	국내법규	교정 실제
처우의 목적과 방식	1. 재사회화 처우	65조	5년	–
	2. 수용자 분류	67조, 68조	10년	대체로 이행
	3. 개별 처우	66조 1항, 2항, 3항 69조	위와 동일	대체로 이행
사회 복귀의 준비	1. 가족 등과의 관계	79조, 80조	30년	양호함
	2. 처우의 사회화	61조		대체로 이행
	3. 사회적응 프로그램	60조 2항		불충분
	4. 갱생보호	64조, 81조 1항, 2항, 3항	위와 동일	불충분

출처: 최영신(2015:264–265) 재구성.

1. 재사회화를 위한 처우

교정시설 수용자에 대한 국제적 기준은 1955년 제네바에서 개최된 제1회 '유엔범죄방지 및 범죄자처우회의'[77]에서 「피구금자최저기준규칙[78]」이 결의되어 1957년에 유엔경제사회이사회의 승인을 받아 국제규범으로 채택되었다.[79] 이 규칙은 수용자에 대한 '처우의 지침'으로 중요한 역할을 담당해 오고 있으나, 일종의 '권고' 형식의 규범으로서 국제법으로서의 구속력은 없다. 이에 비해 비행소년에 대한 보호조항이 포함된 「아동권리협약」은 법적 구속력은 갖는 국제규범으로서 우리나라 정부는 유엔아동권리위원회에 협약의 이행실태를 정기적으로 보고하여야 한다.

「최저기준규칙」에 포함된 교정처우의 기본 원리는 수용자를 인간으로서 존중하는 것이며, 범죄자라 할지라도 인간으로서의 권리가 최소한 보장되고 사회복귀를 위한 처우가 제공되어야 한다는 것이다. 즉 수용자로 하여금 "석방된 후에 법을 지키면서 자활할 수 있는" 바탕을 마련하는

---

78) 유엔범죄방지 및 범죄자처우회의: The United Nations Congress on the Prevention of Crime and the Treatment of Offenders.

79) 피구금자최저기준규칙: Standard Minimum Rules for the Treatment of Prisoners.

80) 최근 유엔범죄예방 및 형사사법위원회는 2015년 5월 제24차 회의에서 "최저기준규칙"을 개정하였다.

것이 처우의 목적이어야 한다고 규정한다. 건전한 시민으로 사회에 복귀시키는 것이 수용자에 대한 처우의 목적이고, 수용자의 자존감과 책임감을 고취시키는 것이 필요하다는 점을 강조한다(최영신, 2015:258).

교정처우의 목적을 교정시설내에 있는 수용자의 사회복귀로 설정할 경우 이들에게 실행되는 처우는 사회 친화적인 것이어야 하는데, 이를 '처우의 사회화' 또는 '재사회화 처우'라고 할 수 있다. 「최저기준규칙」에서 제시하는 '처우의 사회화' 원리를 최영신(2014:282)은 다음과 같이 설명한다.

① 교정처우는 수용자를 사회로부터 배제하는 것이 아니라 사회와 계속적으로 관계를 유지 발전시키는 방향으로 기획·실행되어야 한다.

② 처우의 사회화를 위해서는 사회의 여러 기관이 교정처우에 관여할 필요가 있다.

③ 특히 사회사업가social worker의 역할이 중요하다. 사회사업가는 교정시설과 연계하여 수용자와 사회기관 사이의 관계를 증진시키기 위해 노력해야 하는 것이다.

④ 수용자의 사법상의 이익에 관한 권리와 사회보장상의 권리 및 그 밖의 사회적 이익을 최대한 보전하기 위하여 필요한 조치가 취해져야 한다. 이는 수용자의 사회적 기반을 무너뜨리지 말아야 한다는 취지이며, 그러한 기존의 사회 내에서의 이익을 배제하는 조치는 법률과 판결에 의해서만 가능하다.

이렇게 「최저기준규칙」과 「유럽교정시설규칙」이 공히 '재사회화'를 시설에 수용된 범죄자 처우의 기본 방향으로 설정하고 있는 것은 의료모델에 바탕을 둔 일방적 치료적 처우를 탈피하여 재사회화 모델re-socialization model이 추구하는 자주적 적응의 처우를 통해 수형자의 사회복귀를 도모하도록 요구하는 것이다(이승호 등, 2014:174).

최근의 새로운 모델로서 주목을 받고 있는 '재사회화 모델'은 '사회재통합 모델'로도 명명되며, 이는 범죄자의 주체성과 자율성을 인정하면서 자발적 참여하에 교정처우프로그램을 집행하는 것을 의미한다. 그 배경에는 사회가 범죄문제에 대하여 일정부분 책임을 공유하고 있기 때문에 사회는 범죄자가 사회에 다시 통합될 수 있도록 도와 줄 의무가 있다는 것을 가정하며, 사회로

복귀된 범죄자가 통합되기 위해서는 범죄가 발생했던 환경(예컨대, 가정, 직장, 지역사회 등)도 함께 변화되어야 한다는 것을 내포하는 개념이다. 이는 지역사회 중심의 사회내 처우를 더욱 활성화하고 시설내 처우에 있어서도 일종의 중간처우로서 외부통근제도나 귀휴제도 등의 확대를 의미한다(정동기 등, 2016:451-452).

(1) 교정처우의 목적

국제 규범	국내 법규
「**최저기준**」 (65조)자유형 또는 이와 유사한 처분을 선고받은 자에 대한 처우는 형기가 허용하는 한 그들이 석방된 후에 법을 지키면서 자활할 수 있는 의지를 심어주고 준비시키는 것을 목적으로 삼아야 한다. 처우는 수형자의 자존심을 키워주고 책임감을 고취하는 것이어야 한다.	「**형집행법**」 (1조) 이 법은 수형자의 교정교화와 건전한 사회복귀를 도모하고, 수용자의 처우와 권리 및 교정시설의 운영에 관하여 필요한 사항을 규정함을 목적으로 한다.

출처: 이승호 등(2014). 재범방지를 위한 교정보호의 선진화 방안 연구(Ⅲ): 교정처우 관련 국제규범에 관한 연구. 한국형사정책연구원 보고서 14-CB-06.; 최영신 등(2014). 재범방지를 위한 교정보호의 선진화 방안 연구(Ⅲ): 교정처우의 국제규범이행실태와 개선방안. 한국형사정책연구원 보고서 14-CB-07.

(2) 교정처우의 원칙

국제 규범	국내 법규
「**최저기준**」 (60조)② 형기종료 이전에 수형자를 사회에 단계적으로 복귀시키기 위하여 필요한 조치를 취하는 것이 바람직하다. 이 목적은 경우에 따라 같은 시설 또는 다른 적당한 시설에 마련된 석방준비제도에 의하거나 일정한 감독 하에서 시험적으로 행하는 석방에 의하여 달성될 수 있다. 이 경우 감독은 경찰에 맡겨져서는 안되고 유효한 사회적 원조와 결부되어야 한다. 「**유럽규칙**」 (102조)① 모든 수용자에게 적용되는 규정 외에, 수형자에 대한 교정처우는 그가 책임감을 가지고 범죄없는 생활을 영위하는 것이 가능하도록 설계되어야 한다.	「**형집행법**」 (55조)수형자에 대하여는 교육·교화프로그램, 작업, 직업훈련 등을 통하여 교정교화를 도모하고 사회생활에 적응하는 능력을 함양하도록 처우하여야 한다.

출처: 이승호 등(2014); 최영신 등(2014).

(3) 처우의 개별화

국제 규범	국내 법규
「최저기준」 (80조)수형자의 형기가 시작될 때부터 미리 석방 이후의 미래에 관한 배려를 하여야 하며, 시설 외부의 개인 또는 기관과의 관계를 유지하고 수립하도록 권장하고 원조하여 수형자 가족의 최상의 이익과 수형자 자신의 사회복귀를 촉진해야 한다.	**「형집행법」** (57조)① 수형자는 제59조의 분류심사의 결과에 따라 그에 적합한 교정시설에 수용되며, 개별처우계획에 따라 그 특성에 알맞은 처우를 받는다. ③ 수형자에 대한 처우는 교화 또는 건전한 사회복귀를 위하여 교정성적에 따라 상향 조정될 수 있으며, 특히 그 성적이 우수한 수형자는 개방시설에 수용되어 사회생활에 필요한 적정한 처우를 받을 수 있다. ④ 수형자는 교화 또는 건전한 사회복귀를 위하여 교정시설 밖의 적당한 장소에서 봉사활동·견학, 그 밖에 사회적응에 필요한 처우를 받을 수 있다.

출처: 이승호 등(2014); 최영신 등(2014).

(4) 외부전문가의 원조

국제 규범	국내 법규
「최저기준」 (61조)수형자의 처우는 사회로부터의 배제가 아니라 사회와의 계속적인 관계를 강조하는 것이어야 한다. 그러므로 사회의 여러 기관은 가능한 한 어디서든지 수형자의 사회복귀사업에 관하여 시설 직원을 원조하기 위하여 참여해야 한다. 사회사업가는 모든 시설과 연계하여 수형자와 가족 및 유용한 사회기관 사이의 모든 바람직한 관계를 유지하고 발전시키는 임무를 맡아야 한다. 법률과 판결에 반하지 아니하는 한 수형자의 사법상의 이익에 관한 권리, 사회보장상의 권리 및 그 밖의 사회적 이익을 최대한 보전하기 위하여 필요한 조치가 취해져야 한다.	**「형집행법」** (58조) 소장은 수형자의 교화 또는 건전한 사회복귀를 위하여 필요하면 교육학·교정학·범죄학·사회학·심리학·의학 등에 관한 학식 또는 교정에 관한 경험이 풍부한 외부전문가로 하여금 수형자에 대한 상담·심리치료 또는 생활지도 등을 하게 할 수 있다. (30조) ① 수용자의 교육·교화·의료, 그 밖에 수용자의 처우를 후원하기 위하여 교정시설에 교정위원을 둘 수 있다.

출처: 이승호 등(2014); 최영신 등(2014).

2. 석방전 사회복귀의 준비

가족과의 유대는 시설 수용자의 사회복귀를 위해 긴요한 바탕이다. 특히 수용기간이 길어질수록 수용자와 관계를 유지하는 사람은 가족이 유일해질 수 있다. 그럴수록 가족과의 교류를 확보하는 일은 수용자의 재사회화를 위해서 필수적인 과제이다. 이런 이념 하에 「최저기준규칙」은 수용자와 가족의 바람직한 관계정립을 요구하는 규정을 두고 있으며, 동 규칙이 제시하는 재사회화의 원칙은 다음과 같다(최영신 등, 2014:279).

① 석방을 위한 준비는 형의 시작과 함께 착수되어야 하는 장기적인 과제라는 점을 먼저 강조한다.
② 가족과의 관계를 바람직한 것으로 유지 발전시키는 것은 석방준비의 중요한 과제라고 설명한다.
③ 가족과의 관계증진이라는 과제도 수용의 초기단계에서부터 시작되어야 한다는 명제를 도출한다.
④ 가족과의 관계는 쌍방을 위해 최상의 이익을 도모하는 방향으로 증진시켜야 한다.

수용자는 교정시설 내에서 사회와 격리되어 생활하게 되므로 석방을 위해서는 수용생활로부터 사회의 준법생활로 단계적으로 전환시키기 위한 프로그램의 운용이 필요하기 때문에 「최저기준규칙」과 「교도소 작업에 대한 권고」가 모두 이를 규정하고 있다. 특히, 장기 복역 수용자들에게 주안을 두며, 사회 통근 작업의 허용도 특별히 규정하고 있다.

「최저기준규칙」은 석방 전 사회적응 프로그램을 교정시설 내 또는 시설 밖에서 모두 가능하다고 규정한다. 즉, 교정시설내에서 시행할 수도 있고 지역사회에서 일정한 감독 하에 보호관찰 등의 형태로 시행할 수도 있다는 것이다. 그러면서 동 규칙은 보호관찰 등의 방식으로 시행하는 경우에도 경찰에게 감독권을 이전해서는 안 되고 교정당국의 감독 하에 사회적 원조를 수행하는 방식이어야 함을 강조한다. 사회적응 프로그램은 「유럽교정시설규칙」에도 요구되고 있으며, 프로그램의 효율적 운영을 위해 사회기관 및 사회단체들과 긴밀한 협조관계를 유지해야 한다는 점도 강조된다(최영신 등, 2014: 286).

수용자가 사회의 구성원으로 안착하기 위해서는 사회화 처우가 수용과정에서 시작되고 석방 이후로도 계속되어야 한다. 석방 이후의 지원 시스템이 갱생보호 제도이다. 「최저기준규칙」은 석방된 수용자에게 갱생보호를 제공하기 위한 기관이 있어야 함을 강조하며, 갱생보호 기관의 성격으로서 ① 정부기관이나 사립기관의 어느 형태여도 상관없으나, ② 가능한 한 중앙 집중의 시스템을 구축하는 것이 바람직하고, ③ 교정시설 및 수용자와 모든 접촉을 가질 수 있어야 하며, ④ 수용자의 장래에 대하여 형기 시작부터 상담하는 것도 가능해야 한다. 이 외에도 석방된 수용자에게 지원되어야 할 것들의 목록으로서, ① 신분증명서와 석방을 확인하는 적절한 서류의 제공, ② 계절과 기후를 고려한 의복의 제공, ③ 숙박과 직업을 구할 수 있도록 도와주는 각종 조치의 시행 및, ④ 목적지에 도착하여 석방 직후의 기간을 살아갈 수 있는 충분한 자금도 제공되어야 한다. 이 외에도 「유럽교정시설규칙」에는 추가적으로 '목적지에 도착하기 위한 충분한 수단의 제공'도 명시하고 있다(최영신 등, 2014:290).

(1) 가족관계의 회복

국제 규범	국내 법규
「최저기준」 (79조)수형자와 그 가족의 관계를 쌍방의 최상의 이익을 위하여 바람직한 것으로 유지하고 발전시키기 위하여 특별한 주의를 기울여야 한다.	**「형집행법시행규칙」** (117조) ① 소장은 수형자와 그 가족의 관계를 유지·회복하기 위하여 수형자의 가족이 참여하는 각종 프로그램을 운영할 수 있다. 다만, 가족이 없는 수형자의 경우 교화를 위하여 필요하면 결연을 맺었거나 그 밖에 가족에 준하는 사람의 참여를 허가할 수 있다. ② 제1항의 경우 대상 수형자는 교도관회의의 심의를 거쳐 선발하고, 교정시설 안에서 실시하며, 참여인원은 5명 이내의 가족으로 한다. 다만, 특히 필요하다고 인정하는 경우에는 참여인원을 늘릴 수 있다. **「수용자 사회복귀지원등에관한지침」** (2장)가족관계회복 지원과 관련하여 가족만남의 날 행사, 가족만남의 집 이용, 가족사랑캠프, 가족접견실 등에 대하여 자세하게 규정하고 있다.

출처: 이승호 등(2014); 최영신 등(2014).

(2) 외부통근 작업의 촉진

국제 규범	국내 법규
「교도소작업에관한권고」 (9조)선발된 수용자들, 특히 장기 복역 수형자들이 석방 전 몇 개월 동안, 가능하다면 그들이 사전에 적격을 갖춘 또는 자신들이 복역 중 훈련을 마친 그러한 직종으로, 민간 고용주 또는 공공 기업에 매일 일하러 나가는 프로그램에 포함될 수 있도록 하는 계획이 수립 또는 확대되어야 한다는 것을 적극적으로 고려하여야 한다.	**「형집행법」** (68조)① 소장은 수형자의 건전한 사회복귀와 기술습득을 촉진하기 위하여 필요하면 외부기업체 등에 통근 작업하게 하거나 교정시설의 안에 설치된 외부기업체의 작업장에서 작업하게 할 수 있다. ② 외부 통근 작업 대상자의 선정기준 등에 관하여 필요한 사항은 법무부령으로 정한다. **「형집행법 시행령」** (85조) ① 수형자의 건전한 사회복귀를 지원하기 위하여 교정시설에 취업알선 및 창업지원에 관한 협의기구를 둘 수 있다. ② 제1항의 협의기구의 조직·운영, 그 밖에 활동에 필요한 사항은 법무부령으로 정한다. **「형집행법 시행규칙」** (144조)영 제85조제1항에 따른 수형자 취업지원협의회(이하 이 장에서 "협의회"라 한다)의 기능은 다음 각 호와 같다. 1. 수형자 사회복귀 지원 업무에 관한 자문에 대한 조언 2. 수형자 취업·창업 교육 3. 수형자 사회복귀 지원을 위한 지역사회 네트워크 추진 4. 취업 및 창업 지원을 위한 자료제공 및 기술지원 5. 직업적성 및 성격검사 등 각종 검사 및 상담 6. 불우수형자 및 그 가족에 대한 지원 활동 7. 그 밖에 수형자 취업알선 및 창업지원을 위하여 필요한 활동 (146조)① 법무부장관은 위원회의 외부위원을 다음 각 호의 사람 중에서 소장의 추천을 받아 위촉한다. 1. 고용노동부 고용지원센터 등 지역 취업·창업 유관 공공기관의 장 또는 기관 추천자 2. 취업컨설턴트, 창업컨설턴트, 기업체 대표, 시민단체 및 기업연합체의 임직원 3. 변호사, 「고등교육법」에 따른 대학(이하 "대학")에서 법률학을 가르치는 전임강사 이상의 직에 있는 사람

국제 규범	국내 법규
	4. 그 밖에 교정에 관한 학식과 경험이 풍부하고 수형자 사회복귀 지원에 관심이 있는 외부인사
	② 외부위원의 임기는 3년으로 하며, 연임할 수 있다.
	(102조)① 외부기업체에 통근하며 작업하는 수형자는 다음 각 호의 요건을 갖춘 수형자 중에서 선정한다. 1. 18세 이상 65세 미만일 것 2. 해당 작업 수행에 건강상 장애가 없을 것 3. 개방처우급 · 완화경비처우급 · 일반경비처우급에 해당할 것 4. 가족 · 친지 또는 법 제130조의 교정위원(이하 "교정위원"이라 한다) 등과 접견 · 서신수수 · 전화통화 등으로 연락하고 있을 것 5. 집행할 형기가 7년 미만이고 가석방이 제한되지 아니할 것 ② 교정시설 안에 설치된 외부기업체의 작업장에 통근하며 작업하는 수형자는 제1항 제1호부터 제4호까지의 요건을 갖춘 수형자로서 집행할 형기가 10년 미만이거나 형기기산일부터 10년 이상이 지난 수형자 중에서 선정한다. ③ 소장은 제1항 및 제2항에도 불구하고 작업 부과 또는 교화를 위하여 특히 필요하다고 인정하는 경우에는 제1항 및 제2항의 수형자 외의 수형자에 대하여도 외부통근자로 선정할 수 있다.
	(123조) 소장은 외부통근자의 사회적응능력을 기르고 원활한 사회복귀를 촉진하기 위하여 필요하다고 인정하는 경우에는 수형자 자치에 의한 활동을 허가할 수 있다.

(3) 사회복귀 지원체계 및 지원내용

국제 규범	국내 법규
「최저기준」 (64조) 사회의 의무는 수형자의 석방에서 그치는 것이 아니다. 그러므로 석방된 수형자에 대한 편견을 줄이고 사회복귀를 돕기 위하여 효과적인 갱생보호를 제공할 수 있는 정부기관 또는 사립기관이 있어야 한다. (81조) ① 석방된 수형자의 사회복귀를 지원하는 정부의 또는 그 밖의 부서와 기관은 가능하고 필요한 한도 내에서 피석방자가 적절한 문서 및 신분증명서를 지급받고, 돌아갈 적절한 주거와 직업을 가지며, 기후와 계절을 고려하여 적당하고 충분한 의복을 입고, 목적지에 도착하여 석방 직후의 기간을 살아갈 수 있는 충분한 자금을 받도록 하여야 한다. ② 이들 기관의 승인된 대표자는 시설 및 수형자와 필요한 모든 접촉을 가져야 하며 또 수형자의 장래에 대하여 형기 시초부터 상담을 받아야 한다. ③ 이 기관들의 활동은 그 노력을 최대로 활용할 수 있게 하기 위하여 가능한 한 중앙에 집중시키고 조정하는 것이 바람직하다. **「유럽교정시설규칙」** (107조) ① 기결수용자는 석방 전 적당한 시기에 수용생활로부터 일반사회의 준법생활로 전환할 수 있도록 하기 위한 절차와 특별프로그램에 의해 원조 받아야 한다. ② 특별히 장기형을 집행 받은 기결수용자에게는 자유사회생활에 점진적으로 복귀하기 위한 절차가 마련되어야 한다. ③ 이러한 목표는 교정시설의 석방 전 프로그램 또는 효과적인 사회적 지원과 결합된 보호관찰부의 부분적 또는 조건부 석방제도에 의해 성취될 수 있다. ④ 교정당국은 모든 기결수형자가 특히 가족생활 및 고용과 관련하여 사회에서 그들을 회복시키기 위해 석방된 수용자를 감시하고 원조하는 업무를 담당하는 기관 및 단체들과 긴밀하게 협조하여야 한다. ⑤ 그러한 사회의 기관 및 단체의 대표자는 석방준비와 석방 후 계획수립을 지원하기 위하여 필요하면 언제든지 교정시설과 수형자에게 접근할 수 있어야 한다. (33조) ① 모든 수용자는 형기가 종료하거나 법원 또	**「형집행법 시행령」** (141조) 소장은 수형자의 건전한 사회복귀를 위하여 필요하다고 인정하면 석방 전 3일 이내의 범위에서 석방예정자를 별도의 거실에 수용하여 장래에 관한 상담과 지도를 할 수 있다. (142조) 소장은 형기종료로 석방될 수형자에 대하여는 석방 10일 전까지 석방 후의 보호에 관한 사항을 조사하여야 한다. (143조) 소장은 석방될 수형자의 보호 및 재범 방지 등을 위하여 필요하다고 인정하면 그의 성격 · 교정성적 또는 보호에 관한 의견을 그의 거주지를 관할하는 경찰관서 또는 그를 인수하여 보호할 법인 또는 개인에게 통보할 수 있다. 다만, 법인 또는 개인에게 통보하는 경우에는 해당 수형자의 동의를 받아야 한다. (144조) 소장은 수형자를 석방하는 경우 특히 필요하다고 인정하면 한국법무보호복지공단에 그에 대한 보호를 요청할 수 있다. **「가석방업무지침」** (61조) ① 가석방예정자(이하 "예정자"라 한다)에 대한 처우 및 교육은 당해 예정자를 수용하고 있는 교정시설에서 실시한다. ② 소장은 예정자 처우, 인성교육, 사회복귀프로그램 및 사회봉사훈련 등 필요한 세부운영계획을 수립하여 실시한다. **「수용자 사회복귀지원 등에 관한 지침」** (59조) 소장은 석방을 앞둔 수용자로서 영치금, 작업장려금, 영치된 피복상태 등을 종합 판단하여 자력으로 귀가여비 확보가 곤란하다고 인정되는 자에게 귀가여비 등을 지급할 수 있다. (60조) 석방을 앞둔 수용자에게 지급되는 금품은 다음 각 호와 같다.

국제 규범	국내 법규
는 권한 있는 자의 석방명령이 있으면 지체 없이 석방되어야 한다. ② 석방일자와 시각은 기록되어야 한다. ③ 모든 수용자는 석방 후 자유사회에 복귀 시 그들을 원조하기 위하여 마련된 조치에 대한 이익을 가진다. ⑦ 석방 시 수용자는 적정한 서류와 신분확인서류를 필요한 바에 따라 제공받고, 적당한 숙박과 직업을 구하는 데 조력을 받을 수 있도록 각종 조치가 강구되어야 한다. ⑧ 또한 석방되는 수용자에게는 당장의 생존을 위한 수단과 기후 및 계절을 고려한 적당한 의류 및 수용자가 목적지에 도착하기 위한 충분한 수단이 제공되어야 한다.	1. 여비: 현금지급(교통비, 식비, 숙박비 등) 2. 피복 등: 겉옷 상·하의, 운동화(남·여 구분) (61조)① 석방을 앞둔 수용자에게 지급되는 금품의 지급기준은 별표 제5호와 같다. ② 여비는 수용기록부상에 등재된 주소를 기준으로 하되, 주소가 변경된 경우 신주소지 또는 확인된 귀가지를 지급기준으로 할 수 있다.

3. 교정복지를 위한 제언

교정시설 수용자의 재사회화 적응을 지원하기 위하여는 교정시설과 사회복귀를 연결하는 '지역사회내 중간처우시설'이 확충되어야 한다. 중간처우는 시설내 처우와 사회내 처우의 적절한 조화를 통해 재사회화 처우 원리를 구현할 수 있는 가장 바람직한 시스템으로 평가받는다(최영신, 2015:271).

가석방예정자나 만기출소자에 대해서는 각 교정실시별로 한 달에 1번씩 석방예정자 교육을 실시하여 출소준비를 실시하고 있다. 갱생보호에 관한 내용은 석방예정자 교육의 일부로서 안내되고 있고, 석방시 귀가여비가 확보되지 못한 수용자에 대해서는 「수용자 사회복귀지원 등에 관한 지침」에 따라서 여비(교통비, 식비, 숙박비 등)와 피복 등(겉옷 상·하의, 운동화)이 지급된다.

한국법무보호복지공단의 직원이 교정시설을 방문하여 갱생보호 관련 내용을 설명하고 있다. 교정시설에서 가석방되거나 만기 출소하는 사람 중에서 자활능력이 없는 출소자는 석방 전 준비단계에서 한국법무보호복지공단에 갱생보호를 신청하고 심사를 통해 출소와 동시에 여러 가지 서비스를 받을 수 있다(최영신 등, 2014: 291).

그러나, 갱생보호 프로그램이 다양하게 전개되고 있지만 이에 대한 출소자의 만족도는 그리 높지 않은 것으로 나타난다. 일단 갱생보호사업에서 숙식을 제공하는 시설이 대규모로 운영되고 있으나, 혜택을 실제로 받아야 하는 출소자들은 해당 시설이용을 기피하는 경향이 있다(최영신 등, 2014: 293).

참고문헌

김경태 (2014). 소년수용자의 처우 개선방안 연구. 교정연구, 62, 103-121.

김봉수, 강동욱 (2014). 소년범의 사회 내 처우의 개선방안에 대한 연구. 교정연구, 62, 123-143.

김진영 (2012). 소년수형자 교정처우 개선방안에 관한 연구. 동의대학교 지방자치연구소 〈법정리뷰〉, 29(1), 1-20.

김희수, 양혜원 (2007). 저소득 가정 아동 및 청소년의 비행행동에 대한 환경적 요인의 영향구조 비교. 청소년학 연구, 14(1), 155-188.

남영옥 · 윤혜미 (2007). 청소년의 환경적 위험과 자아탄력성이 위험행동에 미치는 영향. 인간발달연구, 14(2), 93-111

모상현, 김영지, 김영인, 이민희, 황옥경 (2010). 국제기준 대비 한국아동청소년 인권수준 연구 V : 발달권 · 참여권 기본보고서. 한국청소년정책연구원.

박현선 (1998). 빈곤청소년의 학교 적응유연성(resilience) 발달메커니즘. 청소년학연구, 5(3), 147-165.

보건복지부 (2012). 아동권리증진을 위한 아동정책 발전방안 연구 II. 연구보고서.

보건복지부, 국제아동인권센터 (2014). 유엔아동권리위원회 제3,4차 권고사항 이행점검결과 보고서

손병덕, 황혜원 (2006). 보호소년들의 가족관계와 생활환경에 대한 지각이 비행과 공격적 행동에 미치는 영향. 청소년학 연구, 13(1), 31-54.

아주경제 (2014.10.29). "청소년 성범죄 증가, 여가부 정책 효과는 미흡" (2014년 국정감사, 황인자의원)

오영희 (2009). 국제인권규약상 청소년의 권리에 관한 고찰: 소년사법제도를 중심으로. 연세대학교 법무대학원 석사학위 논문.

이명숙 (2010). "취약 아동청소년 토탈케어 지원방안", 국토연구원 · 한국여성정책연구원 · 한국청소년정책연구원 공동주최, 여성과 아동청소년 친화적 지역사회 만들기. 발표논문.

이민희 (2008). 청소년의 발달권 신장을 위한 정책과제. 청소년 인권신장 정책개발을 위한 워크숍, 자료집(54-57). 한국청소년정책연구원.

이미리, 이명숙 (2010). 보호관찰 청소년과 일반 청소년의 비교를 통한 청소년기 비행관련 생태학적 맥락분석. 미래청소년학회지, 7(4), 67-85.

이석형 (2008). 청소년비행 보호요인에 관한 타당성 연구. 청소년학 연구, 15(1), 223-246.

이승호, 윤옥경, 금용명 (2014). 재범방지를 위한 교정보호의 선진화 방안 연구(Ⅲ): 교정처우 관련 국제 규범에 관한 연구. 한국형사정책연구원 보고서 14-CB-06.

이유진 (2012). 소년보호시설의 인권상황 실태 및 개선방안. 소년보호연구, 20, 159-203.

정동기, 이형섭, 손외철, 이형재 (2016). 보호관찰제도론. 서울: 박영사.

중앙일보 (2014. 11. 25). "15세 여중생 임신시킨 40대 무죄… 대법원 '사랑이다'"

천정웅 (2008). 한국의 아동과 청소년의 참여권 신장. 한국청소년정책연구원·한국아동권리학회(편), 아동청소년 참여권 : 한-일 아동과 청소년의 참여권, 아동과 청소년의 권리의식과 실태. 학술대회자료집, 13-47.

청소년보호위원회 (1998). 청소년인권의 현황과 대책. 연구보고서.

최병문 (2008). 한국의 소년사법과 국제준칙. 비교형사법연구, 10(2), 631-656.

최영신 (2015). 교정처우의 피구금자최저기준규칙 이행실태와 개선방안. 교정담론, 9(3), 255-277.

최영신, 이승호, 윤옥경, 금용명 (2014). 재범방지를 위한 교정보호의 선진화 방안 연구(Ⅲ): 교정처우의 국제규범이행실태와 개선방안. 한국형사정책연구원 보고서 14-CB-07.

한국청소년정책연구원 (2011). 소년보호시설 인권상황 관련 의식 조사. 연구보고서.

Alder, C. & Wundersitz, J. (1994). 'New directions in juvenile justice reform in Australia', in Alder, C. & Wundersitz, J. *Family Conferencing and Juvenile Justice: The Way Forward or Misplaced Optimism?* Canberra: Australian Institute of Criminology.

Cavadino, M. & Dignan, J.(2006). *Penal systems:A Comparative approach.* London:Sage.

Hallett, C. & Hazel, N. (1998). *The Evaluation of Children's Hearing in Scotland. v. 2: the International Context.* Edinburgh:The Stationery Office.

Hazel, N.(2008). *Cross-national comparison of youth justice.* London: Youth Justice Board.

Hirschi, T.(1969). *Causes of delinquency.* Berkeley: University of California Press.

McNeish, D. (1999). Promoting participation for children and young people: Some key questions for health and social welfare organizations. *Journal of Social Work Practice, 13(2),* 191-203.

Pratt, G.(1994) *Community-based Comprehensive Wrap-around Treatment Strategies.* Unpublished Monograph.

저자약력

이언담
경기대학교 교정학 박사/ 현) 법무부 사회복귀과장 / 현) 한국교정학회 인권이사/ 현) 한국교정교육상담포럼 및 한국교정상담심리학회 부회장/ *자격증 : 교정교육상담 수련감독/ 교정상담수련감독/ 청소년상담사 1급/ 교류분석상담 수련감독/ 중독심리전문가/ *경력 : 청주여자교도소장/ 법무연수원 교수/ 경기대학교 겸임교수/ 숭실사이버대학교 초빙교수/ 사법연수원 외래교수/ *저술 : 교정상담/ 아담교정학 등

이동은
연세대학교 사회복지학 박사 / 연세대학교 사회복지학 석사 / 이화여자대학교 정치외교학 학사 / 현) 각당복지재단 연구소장 / 현) 용인대학교 초빙교수 / 한국교정교육상담포럼 이사 / 연세대학교 사회복지연구소 전문연구위원 / 법원위탁보호위원전국연합회 부회장 / 한국사회복지교육협의회 교과목집필위원(가족복지)

오영희
연세대학교 형사사법전공 법학석사 / 법무부 범죄예방정책국 소년과 기획담당 / 법무부 대구보호관찰소 관찰과장 / 법무부 서울소년분류심사원 교무과장 / 법무부 청주소년원장 / 현) 법무부 대전소년원장

손외철
영남대학교 경영학과 학사 / University of Hull(UK) 형사법과 석사 / 동국대학교 범죄학 박사 / 현) 서울보호관찰소장 / 현) 한국교정교육상담포럼 부회장 / 제34회 행정고시 / 전) 법무부 보호관찰 과장 / 부산보호관찰소장 / 치료감호소 서무과장

이명숙
서울대학교 과학교육 학사 / University of Michigan 사회복지학 석사 / 서울대학교 심리학 석사 / 연세대학교 심리학 박사 / 현) 경기대학교 교정보호학과 교수 / 현) 한국교정교육상담포럼 회장 / 전) 경기대학교 사회과학대학 학장 / 한국청소년정책연구원 제9대 원장 / 국무총리실 청소년육성위원회 전문위원 / 유네스코한국위원회 위원 / 방송위원회 심의위원

교정 교육 상담 포럼 **03**

교정의 복지학
CORRECTIONAL WELFARE

초판 인쇄 2017년 4월 25일
초판 발행 2017년 4월 28일

지은이 이언담 · 이동은 · 오영희 · 손외철 · 이명숙
펴낸이 김재광
펴낸곳 솔과학
영 업 최희선
인 쇄 월드 P&P
제 본 동신
등 록 제10-140호 1997년 2월 22일
주 소 서울특별시 마포구 독막로 295번지 302호(염리동 삼부골든타워)
전 화 02)714-8655
팩 스 02)711-4656
E-mail solkwahak@hanmail.net

ISBN 979-11-87124-20-7 93180